Antonio Cezar Lima da Fonseca

DIREITO PENAL DO CONSUMIDOR

Código de Defesa do Consumidor e Lei nº 8.137/90

DOUTRINA E JURISPRUDÊNCIA

Segunda edição
revista e atualizada

livraria DO ADVOGADO editora

Porto Alegre 1999

Capa, projeto gráfico e composição
Livraria do Advogado / Valmor Bortoloti

Revisão
Rosane Marques Borba

Direitos desta edição reservados por
Livraria do Advogado Ltda.
Rua Riachuelo, 1338
90010-273 Porto Alegre RS
Fone/fax (051) 225-3311
E-mail: livadv@vanet.com.br
Internet: www.liv-advogado.com.br

Impresso no Brasil / Printed in Brazil

À memória do meu pai,
Antonio Luiz Fagundes da Fonseca.

Prefácio

Conhecedor de seu invejável talento no trato com a Ciência do Direito, Mestrando em Direito Privado e Promotor de Justiça, convidamos o Prof. Antonio Cezar Lima da Fonseca para lecionar Direito Penal do Consumidor na *Escola Superior do Ministério Público*, no biênio 1992/93, quando a dirigimos. Sabíamos que semeávamos em terreno fértil, e esta obra apenas materializa o nosso vaticínio, e os prezados leitores comprovarão a revelação da conquista de um grande cientista penal.

É extremamente difícil prefaciar a obra e retratar a personalidade de um amigo sem se deixar contaminar pela emoção que, nestes momentos, assume o controle de nossas manifestações. No entanto, considerando a importância desta árdua tarefa, que só nos honra, e destacando a relevância para a Ciência do Direito Penal do reconhecimento e recebimento daquilo que podemos chamar de "filiação", na medida em que resgatamos este novo pensador da seara do Direito Privado, procuraremos orientar-nos pela racionalidade.

Nesta obra, *Antonio Cezar Lima da Fonseca* consegue reunir as questões mais importantes e inexploradas desse novo ramo do *Direito Penal*, sendo pioneira, posto que visualiza os fundamentos de uma verdadeira *Teoria Geral do Direito Penal do Consumidor*. E uma *teoria geral*, neste mundo de aventureiros e ilusionistas imediatistas, que vendem livros a quilo em supermercados, comprova que ainda existem pensadores compromissados com o futuro, criando princípios e regras fundamentais, sem as quais a ciência jurídico-penal tende a desaparecer.

Para a compreensão, a interpretação, o manejo e a aplicação da *lei penal* é necessária uma sistematização conceitual do delito, um conjunto de princípios ordenados e orgânicos, aplicáveis à solução de todos os casos concretos. Em outros termos, é preciso elaborar uma teoria geral do crime.

Neste trabalho, o *Prof. Antonio Cezar Lima da Fonseca*, hoje Procurador de Justiça, não apenas analisa a tipologia dos crimes contra as relações de consumo, como também lança as bases fundamentais de uma verdadeira Teoria Geral do Direito Penal do Consumidor, estabelecendo um conjunto ordenado de princípios e conceitos penais. O autor soube selecionar magistralmente os aspectos mais importantes do novo *Direito Penal do Consumidor*, reunindo-os em verdadeira preciosidade, fazendo profunda e autorizada análise. Começa pela consideração da posição enciclopédica deste novo ramo do Direito Penal, que o situa dentro do Direito Penal Econômico, fazendo percuciente análise, inclusive, de direito comparado. O autor progride, examinando a aplicabilidade dos princípios garantistas de Direito Penal, neste novo ramo da ciência criminal, destacando, inclusive, aspectos *temporais* e *espaciais* dos crimes contra o consumidor. Não deixa de enfrentar a tormentosa questão da *Responsabilidade penal da pessoa jurídica*, tema que se encontra na ordem do dia e que ocupa um espaço relevante em sede de *crimes nas relações de consumo* onde, de regra, ter-se-á, no pólo ativo, uma pessoa jurídica envolvida, direta ou indiretamente. Enfrenta a natureza, espécie e finalidade das sanções penais, particularmente as utilizadas pelo Código de Defesa do Consumidor, analisando com muita propriedade as causas modificadoras da pena, quais sejam as agravantes e atenuantes, e as majorantes e minorantes aplicáveis nesta modalidade de crimes. A sensibilidade de nosso autor revela-se também neste tema complexo e tão maltratado pelos "comentadores do Código de Defesa do Consumidor", não-penalistas, onde se tem dito de tudo, ignorando-se os princípios mais comezinhos de Direito Penal, sustentando a aplicabilidade do que chamam de "rigor" do Direito Penal Econômico, a justificar interpretações ultrapassadas de cunho neo-absolutistas e proscritas de um Direito Penal mínimo e garantista, na tentativa de assegurar a "funcionalidade" de um *Direito Penal do terror*.

Finalmente, o Prof. Fonseca enfrenta didática e detalhadamente a difícil, para não dizer quase impossível, missão de analisar os crimes em espécies do CDC. A falta de técnica, de sistematização, de precisão e definição de bens jurídicos, de afeição com a estrutura dogmático-penal, que transformaram o bom Código de Defesa do Consumidor em *imprestável diploma repressivo*, na sua parte penal, não impediram o Prof. Fonseca de realizar um belíssimo trabalho, comprovando a honestidade de seus propósitos científicos, o equilíbrio e clareza de suas idéias, e sua invejável capacidade de enfrentar questões polêmicas e malpostas na ordem jurídica. Por derradeiro, mesmo que tenha, natureza processual-penal, nosso autor não deixou de analisar com profundidade e rara felicidade o instituto da *fiança* no Direito Penal do Consumidor, que, desde o início da vigência do respectivo Código, reclamava a necessidade de um exame acurado.

De todos os elogios, no entanto, que se poderiam apresentar em relação a esta obra magnífica, talvez o mais significativo decorra do acolhimento dos princípios fundamentais do *Direito Penal da Culpabilidade*, como os princípios de legalidade, da intervenção mínima e da culpabilidade. Na verdade, nunca é demais lembrar que a consagração desses princípios, como tivemos oportunidade de afirmar, "têm a função de orientar ao legislador ordinário para a adoção de um sistema de controle penal voltado para os direitos humanos, embasado em um Direito Penal da culpabilidade, um Direito Penal Mínimo e Garantista". É inadmissível que a solução das dificuldades presentes seja buscada, como pretendem os governantes contemporâneos, através da reprodução de formas neo-absolutistas do poder público, carentes de limites e de controles, e governadas por fortes e ocultos interesses, dentro de nossos ordenamentos. Não importa o *rótulo* que se dê a um novo ramo do Direito Penal, pois sempre que se tipificarem condutas e que se impuserem sanções criminais, enfim, que se atingir o direito de liberdade do cidadão, o princípio cunhado por Feuerbach de *nullum crimen nulla poena sine lege* estabelecerá o marco fundamental. Da mesma forma a *criminalização* de uma conduta somente se justifica como *ultima ratio*, isto é, quando os demais ramos do direito revelaram-se incapazes de dar a tutela devida a bens relevantes na vida do indivíduo e da própria sociedade. E finalmente, a culpabilidade, que é a pedra angular, irrenunciável, do Direito Penal, não como uma categoria abstrata ou a-histórica, à margem ou contrária às finalidades preventivas do Direito Penal, mas como a culminação de todo um processo de elaboração conceitual, destinado a explicar por que e para que, em um determinado momento histórico, recorre-se a um meio defensivo da sociedade tão grave como a pena.

Este trabalho, agora trazido a lume, pela prestigiosa Livraria do Advogado Editora, constitui-se num verdadeiro achado, brindando o público especialista, professores, juízes, promotores, advogados e estudantes com esta verdadeira preciosidade, que vem preencher uma grande lacuna na literatura penal-consumerista, passando a ser obra obrigatória em todas as bibliotecas especializadas.

Por tudo isso, cumprimentamos, nesta oportunidade, a este neófito penalista, que estréia em grande estilo, embora não nos tenha surpreendido, posto que sempre se destacou como um pesquisador maiúsculo, revelando diariamente a vastidão de sua cultura jurídica, agora voltada para o Direito Penal, sempre disposto ao aperfeiçoamento pessoal, profissional e científico. Por todos esses atributos, é uma grande honra prefaciar esta fantástica criação que, certamente, se constituirá em guia valioso para todos os que militam na seara do Direito Penal do Consumidor.

Cezar Roberto Bitencourt

Doutor em Direito Penal. Coordenador e professor do Pós-Graduação em Ciências Penais na PUC-RS. Procurador de Justiça

Sumário

Algumas palavras 15

Nota à Segunda edição 17

Introdução 19

Capítulo I - Direito Penal Econômico e Direito Penal do Consumidor . . 21

1.1. Origens e conceito do Direito Penal do Consumidor 25

1.2. A criminalidade contra o consumidor 28

1.3. Dificuldades probatórias nos crimes econômicos e contra o consumidor 30

1.4. A proteção do consumidor no Direito Comparado 31

Capítulo II - Definição dos crimes contra o consumidor e a relação de consumo 35

Capítulo III - O Código de Defesa do Consumidor e os Princípios de Direito Penal 43

3.1. Princípio da legalidade, da intervenção mínima e da integridade da relação de consumo 44

3.2. Sujeitos e objetividade jurídica dos crimes contra o consumidor 46

3.2.1. O Sujeito ativo dos crimes contra o consumidor 49

3.2.2. Concurso de pessoas e responsabilidade das pessoas jurídicas 53

3.3. Aspectos temporais e espaciais dos crimes contra o consumidor 58

3.3.1. Tempo do crime 58

3.3.2. Lugar do crime 59

3.3.3. Concurso de crimes e conflito aparente de normas penais 61

3.3.4. A ação penal e o processo penal nos crimes do consumidor 63

3.3.5. Juizados especiais de causas criminais (Lei n. 9.099/95) 64

3.3.6. Jurisprudência 69

3.3.7. Da prescrição nos crimes contra o consumidor 70

Capítulo IV - As penas no CDC e na Lei 8.137/90 71

4.1. Generalidades 71

4.2. Penas privativas de liberdade 72

4.3. Penas pecuniárias 75

4.4. Penas restritivas de direitos 81

4.4.1. Interdição temporária de direitos 87

4.4.2. Notícia da condenação nos órgãos de imprensa 89

4.4.3. Prestação de serviços à comunidade 90

Capítulo V - Causas modificativas da pena . . . 93
5.1. As circunstâncias do crime . . . 93
5.1.1. Conceito . . . 95
5.1.2. Classificação . . . 96
5.1.3. Circunstâncias legais e judiciais . . . 97
5.1.4. Causas de aumento e de diminuição de pena . . . 99
5.2. As agravantes no CDC . . . 100
5.2.1. Agravantes legais *x* atenuantes . . . 102
5.2.2. Agravantes legais quanto ao tempo do crime . . . 104
5.2.3. Agravantes legais quanto aos efeitos . . . 108
5.2.4. Agravantes legais quanto ao modo de execução . . . 111
5.2.5. Agravantes legais quanto aos agentes . . . 113
5.2.6. Agravantes legais quanto ao objeto material . . . 123

Capítulo VI - Crimes em espécie . . . 127
6.1. Omissão de informação e alerta aos consumidores . . . 127
6.1.1. O crime . . . 128
6.1.2. Elementos objetivos do tipo . . . 130
6.1.3. Sujeitos ativo e passivo . . . 135
6.1.4. A tentativa . . . 137
6.1.5. Penas . . . 137
6.1.6. Prescrição . . . 138
6.1.7. Art. 63, § 1º, CDC . . . 138
6.1.8. Modalidade culposa . . . 140
6.2. Omissão de comunicação às autoridades competentes e aos consumidores . . . 141
6.2.1. O crime . . . 142
6.2.2. Elementos objetivos do tipo . . . 144
6.2.3. Sujeitos ativo e passivo . . . 147
6.2.4. A tentativa . . . 147
6.2.5. Concurso de crimes e de pessoas . . . 147
6.2.6. Prescrição . . . 148
6.2.7. Art. 64, parágrafo único, CDC . . . 148
6.2.8. O crime . . . 148
6.2.9. Elementos objetivos do tipo . . . 149
6.2.10. Sujeitos ativo e passivo . . . 149
6.2.11. Tentativa e concurso de crimes e de pessoas . . . 150
6.3. Execução de serviços em desobediência à determinação de autoridade competente . 151
6.3.1. O crime . . . 151
6.3.2. Elementos objetivos do tipo . . . 152
6.3.3. Os sujeitos ativo e passivo . . . 154
6.3.4. Tentativa e concurso de crimes e de pessoas . . . 155
6.3.5. Art. 65, parágrafo único, CDC . . . 155
6.3.6. Jurisprudência . . . 156
6.4. Sobre a publicidade . . . 156
6.5. Oferta não-publicitária enganosa . . . 158
6.5.1. O crime . . . 159
6.5.2. Elementos objetivos do tipo . . . 160
6.5.3. Sujeitos ativo e passivo . . . 165
6.5.4. A tentativa . . . 165
6.5.5. Concurso de crimes . . . 165
6.5.6. Jurisprudência . . . 167

6.12.4. Tentativa, concurso de crimes e de pessoas . . . 228
6.12.5. Prescrição . . . 228
6.13. Omissão na entrega do termo de garantia adequado . . . 229
6.13.1. O crime . . . 230
6.13.2. Elementos objetivos do tipo . . . 232
6.13.3. Os sujeitos ativo e passivo . . . 233
6.13.4. Tentativa, concurso de crimes e de pessoas . . . 233
6.13.5. Prescrição . . . 234

Capítulo VII - A fiança no Código de Defesa do Consumidor . . . 235
7.1. Generalidades . . . 235
7.2. Fiança ao fornecedor . . . 237
7.3. Índices de atualização monetária da fiança . . . 241
7.4. Condições econômicas do fornecedor . . . 243
7.5. Competência para agravar a fiança . . . 244
7.6. Limites da fiança na lei penal do consumidor . . . 245

Capítulo VIII - Lei 8.137/90 e a defesa do consumidor . . . 249
8.1. Generalidades . . . 249
8.2. O crime . . . 250
8.2.1. Favorecimento de compradores . . . 251
8.2.2. Venda de mercadorias em desacordo com as especificações indicadas . . . 253
8.3. Mercadoria e produto são sinônimos? . . . 255
8.3.1. Mistura de mercadorias de espécies diferentes . . . 257
8.3.2. Fraudar preços ou mercadorias . . . 260
8.4. Cobrança de valores ilegais, recusa ou indução de venda . . . 264
8.4.1. Jurisprudência . . . 269
8.4.2. Provocar alta de preços por danificação de mercadorias . . . 270
8.4.3. Venda de mercadorias impróprias para consumo . . . 271
8.4.4. Jurisprudência . . . 275
8.5. As agravantes na Lei 8.137/90 . . . 276
8.5.1. Jurisprudência . . . 276

Apêndice - Parte Penal da Lei nº 8.078, de 11.9.90 - CDC e Lei nº 8.137, de 27.12.90 . . . 277

Bibliografia . . . 283

Índice analítico . . . 289

Algumas palavras

Atuava como Promotor de Justiça na 2ª Vara da Fazenda Pública, em Porto Alegre, cursando o Mestrado em Direito Privado da Universidade Federal do Rio Grande do Sul e ministrando aulas na Faculdade de Direito Ritter dos Reis, quando, surgido o Código de Defesa do Consumidor, os Professores Doutores Luiz Pedro Leite e Cezar Roberto Bitencourt, este como Diretor da Escola Superior do Ministério Público do Rio Grande do Sul, convidaram-me para assumir a disciplina de Direito Penal do Consumidor naquela Escola.

Encarei a proposta como um desafio, não só porque já tinha certo fascínio pelo Direito do Consumidor, mas também porque aquela verdadeira intimação vinha de dois grandes membros do Ministério Público gaúcho. Ademais, vislumbrei a possibilidade de voltar ao estudo sistemático do Direito Penal, alavanca de minha atividade de Promotor de Justiça, desta vez sob a ótica consumerista.

Aquelas aulas na Escola do Ministério Público, pelos acesos debates que me propiciaram os advogados, bacharéis e alunos, empolgaram-me de tal maneira que a elas dei quase dedicação exclusiva. Abandonei algumas atividades mencionadas, principalmente o Curso de Mestrado, onde o falecimento do Prof. Clóvis Veríssimo do Couto e Silva, na mesma época, já me causara um verdadeiro vazio.

Assim, voltei à releitura do Direito Penal e ao estudo do Direito do Consumidor.

Reli os atualizados livros, porque como disse Jorge Luis Borges: reler é mais importante do que ler.

Daquelas anotações e debates surgiu o presente livro.

Não tenho comigo o desprezo de Montesquieu pelos compiladores, em Carta de Rica, pois os livros originais foram respeitados pela citação dos autores e confronto de nossas opiniões.

O Autor

Nota à segunda edição

Encorajado pela receptividade que teve meu trabalho, resolvi, praticamente, reescrevê-lo. Constatei, na prática, que a Segunda Edição é mais trabalhosa do que a Primeira, porque implica rever idéias que se sedimentavam e, algumas vezes, removê-las a fim de atualização e lapidação.

Aproveitei o advento da Lei 9.714/98 para atualizar a matéria relativa às sanções penais; elaborei comentários à Lei 8.137/90, que não havia comentado quando da 1ª edição, e ainda trouxe *jurisprudência sobre a defesa penal do consumidor.*

Enfim, tive em mira aquilo que corre pelo Oriente: um livro não deve revelar coisas; um livro deve, simplesmente, ajudar-nos a descobri-las.

O Autor

Introdução

A vida econômica é o sangue da sociedade, disse Eduardo Correia.[1] Mas não se pode olvidar que inclusive o sangue tem as suas doenças.

A vida econômica, na Idade Média, partiu de uma antipatia aos mercadores, cuja fortuna e poder aumentou através do conflito armado, para galgar foros de nobreza, quando os mercadores elaboraram leis para servir seus próprios interesses.[2]

Na era moderna, a vida econômica entrou nas Constituições, sendo que a primeira Constituição a trazer uma seção dedicada à Economia foi a alemã de 11 de agosto de 1919, a conhecida Constituição de Weimar, que nesse ponto também serviu de modelo para outras Cartas, como ensina Manoel Gonçalves Ferreira Filho.[3] Ali se fixou o norte daquilo que se denominou "ordem econômica".[4]

A Carta do Brasil, de 16 de julho de 1934, inaugurou um Título dedicado à Ordem Econômica e Social (art.115), que tem sido mantido desde então: art. 135 (CF/37); art. 145 (CF/46); art. 157 (CF/67); art. 160 (EC-1/69) e art. 170 (CF/88).

Foi a Carta Federal de 05.10.88 a primeira Constituição do Brasil que trouxe o alicerce constitucional para a construção da legislação específica de defesa do consumidor, dispondo, para este, o lugar de garantia fundamental do cidadão (art. 5º, XXXII, CF) e trazendo um *princípio constitucional impositivo*,[5] que é a defesa do consumidor (art. 170, V, CF).

Assim, garantida constitucionalmente, a lei do consumidor no Brasil traz regras de ordem pública (art. 1º, Lei nº 8.078 de 11.9.90),

---

[1] *In Direito Penal Econômico*. C.E.J. Coimbra, 1985.

[2] Tigar e Levy. *O direito e a ascensão do capitalismo*. Rio de Janeiro: Zahar, 1978, pp. 20-1.

[3] *In Direito Constitucional Econômico*. São Paulo: Saraiva, ,1990, p. 4

[4] Eros Roberto Grau. *A ordem econômica na Constituição de 1988*. São Paulo: Revista dos Tribunais, 1991, p. 68.

[5] Eros Roberto Grau. *A ordem econômica na Constituição de 1988*. São Paulo: Revista dos Tribunais, 1990, p. 252.

que não pode ser retirada do universo jurídico, nem mesmo por emenda constitucional, porque atentar-se-ia contra a Constituição.[6]

A defesa do consumidor, no Brasil, está entre os Direitos e Garantias Fundamentais, previstos no Título II da Constituição da República. Ousamos afirmar que se trata de uma verdadeira cláusula pétrea, daí por que não se pode sequer cogitar em proposta de emenda constitucional tendente a abolir da Carta aquela defesa (art. 60, § 4º, inc. IV, da Constituição Federal). Não há nenhum exagero do constituinte brasileiro, pois apenas inseriu-se no rol de países que levam a sério a defesa dos direitos de cidadania.

Assim, cumprindo o art. 48 do ADCT da Carta Federal, o legislador, em 11 de setembro de 1990, editou a Lei Federal nº 8.078, que trata do Código de Defesa do Consumidor, em cuja parte penal situa-se nosso modesto estudo.

Primeiro, tentaremos discutir algumas bases de Direito Penal Econômico e de Direito do Consumidor, para depois adentrarmos no estudo do Direito Penal do Consumidor, finalizando com nossos comentários ao Título II do Código de Defesa do Consumidor e à Lei 8.137/90.

Não temos qualquer pretensão de esgotar o assunto, mas apenas auxiliar no desenvolvimento de tão importante tema, embalado pelos estudos recentes da doutrina Penal na Economia, bem como pela presença, em Porto Alegre, na primavera de 1995, de mestres do Direito Penal em geral e do Direito Penal Econômico, tais como: Klaus Tiedeman (Alemanha), Jorge de Figueiredo Dias (Portugal), Francisco de Muñoz Conde (Espanha), Raúl Cervini (Uruguai), Cezar Roberto Bitencourt, Luiz Flávio Gomes e Damásio de Jesus (Brasil).

Sabemos, ademais, que somente criminalizar condutas não basta, pois corre-se o risco de cair naquele "Direito Penal simbólico" de que falava Winfried Hassemer. Contudo, precisamos discutir criticamente os novos institutos, a fim de que o Direito Penal do Consumidor não seja também aquele "Direito novo", como disse Eduardo Novoa Monreal, "que não se estuda e nem é ensinado pelos juristas".[7]

[6] Tupinambá Miguel Castro do Nascimento. *Comentários ao Código do Consumidor*. São Paulo: Aide, 1991, p. 15.

[7] *In O Direito como obstáculo à transformação social*. Trad. Gérson P. dos Santos. Porto Alegre: Ed. Fabris, 1988, p. 21.

Capítulo I

Direito Penal Econômico e Direito Penal do Consumidor

A mácula da vida econômica, uma de suas mais graves doenças, é aquilo que se denomina de crimes econômicos, contra os quais a Carta Constitucional Federal de 1988 autoriza a *repressão* pelo Estado (art. 173 e parágrafos). Surgem daí os ataques à *ordem econômica*, que é um bem jurídico imaterial.

A criminalidade econômica está hoje dentre aquilo que Winfried Hassemer denominou de *"criminalidade moderna"*, muito diferente da criminalidade clássica, porque transcende os direitos individuais universais, atacando bens jurídicos supra-individuais e genéricos.[1]

É nesse meio que surge também um Direito Penal dedicado à proteção daquela ordem (Direito Penal Econômico), porque o ataque à ordem econômica é obstáculo ao desenvolvimento e causa de desajuste social.[2]

O Direito Penal Econômico esteve durante muito tempo, como disse Gérson Pereira dos Santos, num *"subúrbio imprestável"*[3] do Direito Penal, e era uma "ficção" para Heleno Cláudio Fragoso. Mas o aumento desse tipo de criminalidade, agora dentro da criminalidade dita "modernizada", bem como a exigência social, vão fazendo com que aquele ganhe foros de cidadania, adentrando na legislação e proporcionando a discussão de juristas. E onde há discussão, via de regra, há importância.

Discute-se a autonomia do Direito Penal Econômico,[4] mas sabe-se que é filho da Criminologia, associado que foi à expressão "white collar crime" ("crimes do colarinho branco"), criada por Edwin E.

---

[1] *In Perspectivas de uma moderna política criminal*. Resumo elaborado por Cezar Roberto Bitencourt. *Apud* Três Temas de Direito Penal. Col. Estudos ESMPRS, n.7, 1993, p. 89.

[2] Márcia D. Lima de Carvalho. *Fundamentação Constitucional do Direito Penal*. Porto Alegre: Fabris, 1992, p. 92.

[3] *In Direito Penal Econômico*. São Paulo: Saraiva, 1981, p. 93.

[4] Por todos: Paulo Roberto da Silva Passos, *Crimes Econômicos e Responsabilidade Penal das Pessoas Jurídicas*, São Paulo: Edipro, 1997, p. 18

Sutherland, no final dos anos 30.[5] Discute-se a correção da expressão, porque se confunde com o Direito Penal dos Negócios ou o Direito Penal Financeiro. Porém, como se sabe, as palavras "white collar crime" estão associadas aos escândalos econômicos em geral, com as sofisticadas fraudes dos grandes executivos, dos profissionais, mas, popularmente, ligam-se àqueles crimes de poderosas corporações contra os fracos consumidores, trabalhadores e cidadãos.[6]

Wilfried Bottke[7] distingue um Direito Penal Econômico em *sentido amplo*, que abarcaria os crimes econômicos em sentido amplo (furto, estelionato, apropriação indébita, falsificação de documentos, entre outros), do Direito Penal Econômico *em sentido estrito*. Este, sim, que pretende a proteção das condições essenciais de funcionamento do sistema econômico, outorgado ao legislador penal a partir da Constituição. Neste é que se situa o Direito Penal do Consumidor.

Nosso Código Penal de 1940 comprova o esquecimento aquele ao qual nos referimos, porque nele não existe sequer *uma* seção ou capítulo dedicados a este direito, embora tenha tangenciado com algumas normas penais indiretas de cunho penal econômico. Sob tal aspecto, ele se enquadra em normas de Direito Penal Econômico em sentido amplo.

Pode-se afirmar, também, que são poucas as faculdades de Direito no país que se ocupam do estudo sistemático do Direito Penal Econômico. Aliás, os cursos de extensão universitária também dão mínima atenção aos crimes econômicos em geral e do consumidor em particular, adotadas tais denominações sem qualquer pretensão polêmica. E são os crimes econômicos e do consumidor que se inserem entre os mais abjetos, os mais danosos, porque ofendem o âmbito coletivo, a esfera da coletividade.

Veja-se os crimes contra o sistema financeiro, quando é lesada uma comunidade de pequenos poupadores, que são a maioria dos depositários no país; os crimes contra o mercado de consumo em geral, o escondimento de mercadorias essenciais à população; a sone-

---

[5] Em 1939, Edwin Sutherland, sociólogo na Universidade de Indiana, apresentou ensaio intitulado "White collar Criminality", perante o 34º Congresso da Sociedade Americana de Sociologia. Com ele, Sutherland rejeitou as teorias criminológicas de seu tempo, que colocavam a culpa do comportamento ilegal na pobreza, na falta de instrução, na ruptura do lar e em patologias pessoais. Formulou a hipótese de que fortuna, educação, estrutura familiar sólida e mentes fortes não impedem, necessariamente, os indivíduos de violarem a lei. Amparados na teoria de Sutherland, em 1949, surgiu um estudo maciço, publicado pela Dryden Press, intitulado apenas "White Collar Crime". *Apud*, Russel Mokhiber. *In, Crimes Corporativos*. Trad. James Cook. São Paulo: Ed. Página Aberta, 1995, p. 23

[6] Hazel Croall. *White Collar Crime*. Great Britain: Open University Press, 1994, p. 3

[7] *In. Hacia Un Derecho Penal Económico* Europeo. Madrid: BOE, 1995, pp. 637 e ss.

gação de impostos, a fraude fiscal; a omissão na produção de medicamentos para um país doente como o nosso; a comercialização de alimentos e medicamentos estragados, impróprios ao consumo; a utilização nos alimentos de substâncias proibidas em outros países; a elevação desmesurada de preços, em áreas vitais da produção do país e essenciais ao consumidor; crimes contra a economia popular; enfim, crimes que podem ser considerados graves em virtude da imensidade de sujeitos atingidos. Essa é a doença da vida econômica, a que nos referimos.

Na verdade, a tarefa de elaborar leis em Direito Penal Econômico em geral, e do Consumidor em particular, é bastante difícil. Como observou Raúl Cervini, ela pode ser comparada a uma operação de microcirurgia, onde se impõe um mínimo de atividade com o instrumento mais preciso.[8]

No campo do Direito Penal Econômico, também, ocorre aquilo que Eduardo Novoa Monreal, em seu clássico "O Direito como obstáculo à transformação social", chamou de *confusão legislativa*, onde abundam defeitos de forma, em leis que não exibem qualquer elegância ou a perfeição técnica de outras épocas (Porto Alegre: Ed. Sergio Fabris, p. 47).

Fundado em tais dificuldades é que os crimes econômicos em geral não são perseguidos, ou são perseguidos tardiamente com resultados ridículos.

Daí por que se pode dizer que tais crimes são de natureza difusa, cuja *cifra oculta*, como dizia Nilo Batista, atinge níveis espantosos, podendo afirmar-se que os tribunais brasileiros só por exceção conhecem e decidem esta classe de ilícitos.[9]

Os crimes contra as relações de consumo se encontram naquela *cifra negra*, como disse Günter Kaiser, ou seja, entre aqueles delitos que não se descobrem e, acaso descobertos, não são denunciados, sendo que dos denunciados nem todos resultam em condenação.[10]

E a tudo isso o Direito Penal tradicional assiste incrédulo, procurando remendar a legislação, na via especial, tipificando, aqui e ali, casuisticamente, numa febre legislativa, que não é a solução. Enquanto isso, continua-se sonegando o estudo diuturno do Direito Penal Econômico, e agora do Direito Penal do Consumidor, em algumas

[8] *In* "La protección penal del consumidor y el desafio de la regionalización". *Estudos sobre a proteção do consumidor no Brasil e no Mercosul.* Porto Alegre: Livraria do Advogado Editora, 1994, p. 193.

[9] *In* "Concepção e princípios do direito penal econômico, inclusive a proteção dos consumidores no Brasil". *Revista de Direito Penal e Criminologia.* Rio de Janeiro: Forense, n. 1.

[10] *In Introducción a La Criminologia.* Madrid: Dykinson, 1988, p. 235.

faculdades, com isso contribuindo-se para o descaso da ciência penal econômica.

Ainda a considerar-se existe certo rigor técnico nas normas de Direito Penal Econômico,[11] eis que, moldado em normas eminentemente técnicas e que se utilizam da compreensão de outros ramos da ciência em geral: contabilidade, economia, medicina, engenharia, química, biologia etc.

Tal característica repercute na dificuldade de prova dessas infrações, exigindo um aparelhamento especial dos órgãos de repressão, da polícia judiciária, do Ministério Público e da Magistratura.

Segundo Eric Hobsbawn, foi a partir dos anos 50 e 60 que surgiu a Era de Ouro dos países capitalistas desenvolvidos, "onde a produção mundial de manufaturas quadruplicou entre o início da década de 1950 e o início da década de 1970 e o comércio mundial de produtos manufaturados aumentou dez vezes".[12]

Tal crescimento só podia decorrer da produção de massa, advinda daquilo que se chamou de "revolução industrial" e com o consumo sem precedentes, eis que a Economia estava traumatizada pelo advento de duas Grandes Guerras.

Aparece-nos, então, o *Direito do Consumidor*, que, como verdadeira *política pública*,[13] surgiu com o discurso de John Kennedy ,[14] em Mensagem ao Congresso dos EUA, em 15 de março de 1962, onde foram definidos os quatro direitos fundamentais dos consumidores: *o direito à segurança, o direito à informação, o direito de escolha e o direito de ser ouvido ou consultado.*[15] A mensagem, a rigor, foi um marco na questão consumerista,[16] porque, a partir daí até nossos dias, "tal movimento foi crescendo acentuadamente".[17]

Quando o mestre Mauro Cappelletti esteve em Porto Alegre, no Rio Grande do Sul, nos idos de 1984, ressaltava, dentre aquilo que chamou de "*grandes ondas do movimento de acesso à Justiça*", a pobreza jurídica, *a segunda onda*, não apenas daqueles que não possuíam re-

[11] Jean-François Renucci. *Droit Pénal Économique*. Paris: Masson/Armand Colin, 1995, p. 8. Antonio H. Benjamin. *Direito do Consumidor*. São Paulo: Revista dos Tribunais, nº 1/107, chama isso de tecnicismo.

[12] *In Era dos Extremos, o breve século XX*. São Paulo: Companhia das Letras, 1994, p. 257.

[13] surge o consumerismo, que é um movimento encetado pelos consumidores na defesa dos seus interesses, como diz Mario Ferreira Monte

[14] "Consumer bill of rights message"

[15] Carlos Ferreira de V. Almeida. *Os Direitos dos Consumidores*. Coimbra: Almedina, 1982, p. 30; René Ariel Dotti. O Direito Penal Econômico e a proteção do Consumidor. *Revista de Criminologia*, 1982; Fábio Konder Comparato. *Revista de Direito Mercantil*, nº 80.

[16] Carlos Ferreira de V. Almeida. *Op. cit.*, p. 30.

[17] Mário Ferreira Monte. *Da Protecção Penal do Consumidor*. Portugal/Coimbra: Almedina, 1996, p. 79

cursos financeiros, mas sim a pobreza jurídica dos grandes grupos, das categorias, dos consumidores em geral, que não tinham condições de se defender individualmente e que necessitavam de proteção. Ali se ligava a proteção dos consumidores ao acesso à justiça e aos interesses difusos: interesses que não são individuais, privados, mas envolvem grupos, categorias, massas, classes da sociedade.[18] É nesse sentido protecionista que avança nossa legislação do consumo, a fim de *fazer uma daquelas ondas a* que se referiu Cappelletti.

1.1. ORIGENS E CONCEITO DO DIREITO PENAL DO CONSUMIDOR

Se a proteção do consumidor era estranha à própria teoria econômica clássica, como ensina Fábio Konder Comparato,[19] o consumidor tinha pouca chance de proteção pelo Direito Penal tradicional. Mas esta existia, embora tênue.

A proteção penal do consumidor estava assegurada desde a Idade Média dentro do quadro das Corporações. Sob a Revolução Francesa, aquela proteção foi assegurada no domínio dos preços, por leis sobre a *taxation* em certos produtos e pela célebre lei *du Maximum*.[20]

No Brasil, quando recém-descoberto, vigoravam as Ordenações Afonsinas, e a legislação penal que mais teve aplicação tinha por fonte o Livro V das Ordenações Filipinas, publicadas a 11 de janeiro de 1603, sob o reinado de Felipe II, de Portugal.[21] O chamado Código Filipino trouxe proteção *indireta* a interesses do consumidor, com penas verdadeiramente desproporcionais a favor deste, inclusive a pena de morte.[22]

Como se disse, a partir dos anos 60 é que a informação e a representação de consumidores passaram a se constituir, para legisladores e governantes dos países ocidentais, uma constante preocupação.[23]

No entanto, foi nos anos 70 (1973), que o movimento consumerista se impôs mais fortemente, com a Carta do Conselho da Europa

18 Conferência de Porto Alegre, em 27.11.84, traduzida por Tupinambá Pinto de Azevedo.

19 *In* "Proteção do Consumidor: importante capítulo do Direito Econômico". *Revista de Direito Público*, n. 80, RT, 1986, p. 185.

20 Reynald Ottenhof. "La protection des consommateurs en Droit Comparé". *Revue Internationale de Droit Pénal*, vol. 53.

21 José Henrique V. Pierangelli. *Códigos Penais do Brasil*. São Paulo: Jalovi, 1980, p. 6.

22 Título LVII. Ver Tupinambá Miguel Castro do Nascimento. *In Comentários ao Código do Consumidor*. São Paulo: Aide, 1991, p. 12.

23 Cas *et* Ferrier. *In Traité de Droit de La Consommation*. PUF, 1986, p. 1.

sobre Protecção do Consumidor, "diploma que viria a influenciar significamente os países europeus em matéria de consumo",[24] bem como pelo advento da Constituição Espanhola (1978). A Carta da Espanha , aliás, foi a primeira Constituição a dedicar atenção especial à defesa do consumidor e, posteriormente, "inspirando-se nesse precedente" a Constituição de Portugal de 1982 "consagrou um artigo à proteção do consumidor".[25]

No Brasil da década de 50, o Pres. Getúlio Vargas sancionou uma lei de proteção "indireta" aos consumidores, porque destinada a regular o mercado de consumo, que ficou conhecida por Lei de Economia Popular (Lei Federal nº 1.521, de 26.12.51). Nos anos 60, nova proteção indireta, na seara administrativa, com o surgimento da Lei Delegada nº 4, de 26.12.62, do Pres. João Goulart, "para assegurar a livre distribuição de produtos necessários ao consumo do povo".

Na *Constituição Brasileira de 1988*, como dissemos, é que surgem dispositivos fazendo referência expressa à defesa do consumidor: arts. 5º, inc. XXXII; 170, inc. V, e 48 ADCT, criando verdadeiros princípios de defesa do consumidor.

Apenas na década de 90 é que surgem leis de defesa do consumidor, cumprindo-se preceito constitucional de proteção direta às relações de consumo, dispondo-se uma proteção penal: as Leis nº 8.078, de 11.9.90 (CDC) e 8.137, de 27.12.90.

Não se pode negar que tais diplomas trazem aspectos importantes, embora ainda não aplicados em sua totalidade, pelos problemas culturais antes anotados. O CDC, por seu turno, é uma das leis mais modernas de defesa do consumidor no mundo, sendo considerado o "culminar de todo o movimento consumerista" e "o primeiro passo para que, no resto do mundo, se condense ou se codifique o, por vezes, arrazoado de leis relativas ao consumidor".[26]

É sob tal ótica que deve ser vislumbrado o Direito Penal do Consumidor (DPC), ou Direito Penal do Consumo,[27] isto é, como um *ramo* do Direito Penal Econômico que tem por finalidade o estudo de toda a forma de proteção penal à relação de consumo, como bem jurídico imaterial, supra-individual ou difuso. Visa a fazer valer a proteção assegurada pela própria legislação consumerista.

O Direito Penal do Consumidor circula em torno dos crimes contra o consumidor, os quais são forma de abuso do poder econômi-

---

[24] Mario Ferreira Monte, *op. cit.*, p. 79

[25] Fábio Konder Comparato. "A proteção ao consumidor na Constituição Brasileira de 1988". *Revista de Direito Mercantil*, RT, n. 88, p.66.

[26] Mario Ferreira Monte. *Op. cit.*, p. 82

[27] Mario Ferreira Monte. *Da Protecção Penal do Consumidor*, Coimbra: Almedina, 1996, p. 57.

co que atentam contra a ordem econômica geral e devem ser coibidos, em face da determinação constitucional (art. 173, §§ 4º e 5º, C.F.). Ele seria um "conjunto de normas que se desenvolvem em torno das infrações cometidas nas relações de consumo" (Idem).

O Direito Penal do Consumidor insere-se, assim, no rol da *natural reação social contra a injusta pressão econômica exercida por uma das partes* da relação de consumo sobre a outra, como disse Gabriel Stiglitz.[28]

Não se pretende com o Direito Penal Econômico (DPE), ou com o Direito Penal do Consumidor (DPC), à evidência, tolher a produção, porque sem esta não há desenvolvimento. Ademais, não se pode situar os empresários num perfil pessimista, como advertiu Eduardo Correia, eis que toda a seiva da economia seria estancada se aqueles tivessem que olhar os seus negócios de forma pessimista.[29]

Por outro lado, o Direito Penal do Consumidor tem caráter *subsidiário*, assim como o Direito Penal Econômico, pois a sanção penal só deve ser dirigida quando esgotados os outros meios de sanções.

O Direito Penal do Consumidor surgiu, assim, como *um capítulo do Direito Penal Econômico*, como disse Antonio Herman Benjamim.[30] Naquele direito, é o consumidor que nos vem de imediato à indagação. Mas para falarmos de consumidor é necessário ter-se em vista a mentalidade de consumo de que todos somos impregnados, porque daí à criminalização das condutas contra aquele é apenas um passo.

Conta Jean Baudrillard que os indígenas da Melanésia sentiam-se maravilhados com os aviões que passavam no céu. Mas tais objetos nunca desciam até eles. Só os brancos conseguiam apanhá-los. A razão estava em que os brancos possuíam no solo, em certos espaços, objetos semelhantes que atraíam os aviões que voavam. Os indígenas lançaram-se então a construir um simulacro de avião com ramos de árvores, galhos e lianas. Delimitaram um espaço que iluminavam de noite e puseram-se pacientemente à espera que os verdadeiros aviões ali viessem aterrar.

O miraculoso do consumo também se serve de todo um dispositivo de objetos simulacros e de sinais característicos de felicidade, esperando em seguida que a felicidade ali venha pousar. Daí por que se disse que é um pensamento mágico que governa o consumo, e as satisfações que os objetos em si conferem são o equivalente dos aviões simulacros, dos modelos reduzidos dos Melanésios.[31]

---

28 *In Protección Jurídica del Consumidor*. Buenos Aires: Depalma, 1990, p. 4.

29 *In Direito Penal Econômico*. Coimbra: Ed. CEJ, 1985.

30 *In* "O direito penal do consumidor: capítulo do direito penal econômico". *Revista Direito do Consumidor*. São Paulo: RT, n.1/103 e ss.

31 *In* "A sociedade de consumo". *Arte e Comunicação*, p. 22.

Vivemos, portanto, o tempo dos objetos, como disse Baudrillard. É por isso que somos os consumidores, sabido que *la consommation est la fin de toute activité économique.*[32]

1.2. A CRIMINALIDADE CONTRA O CONSUMIDOR

Os crimes contra o consumidor, assim como aqueles contra a ordem econômica, não são tratados com rigor nos Tribunais, seja porque há raridade de processos, seja porque trazem complexidade jurídica e fática ou porque existe um "ressentimento relativamente desorganizado do público para com os crimes do colarinho branco".[33] Também, como disse Nilo Batista, em relação a estes, porque a origem e o relacionamento social dos autores desses crimes podem igualmente permitir mecanismos de identificação com funcionários do aparelho judiciário,[34] o que não acontece com o ladrão de galinhas, com o assaltante de bancos, etc. Daí que se disse que tais crimes são cometidos, principalmente, pelo *colarinho branco*, o *cuello blanco*, o *white collar*, na feliz expressão de Sutherland, em 1940.

Ainda, não aprendemos a lidar com os crimes contra a ordem econômica. No ano de 1998, um megainvestidor, denunciado por crimes do colarinho branco, teve a notícia de anulação de sua condenação publicada nos cadernos econômicos dos jornais.[35] No ano de 1999 ainda continuamos a vislumbrar os crimes do colarinho branco sendo tratados pelos noticiários nas páginas de economia (*Correio do Povo*, dia 27-4-99, p. 10), ou seja, o ladrão de galinhas colocado na coluna policial, e o criminoso maior, nos enfoques econômicos.

Na verdade, bem referiu Mokhiber: "Os meios públicos de comunicação não expressam os sentimentos morais organizados da comunidade quanto aos crimes do colarinho branco, em parte porque os crimes são complicados e não são facilmente apresentados como notícia, mas, provavelmente em grande parte, porque esses meios de comunicação são controlados por homens de negócios e ainda porque essa mídia está também envolvida na violação de muitas dessas leis".[36]

---

32 Thierry Bourgoignie. Introduction a "Le Contrôle des clauses abusives dans l'intérêt du consommateur dans les pays de la CEE". *Revue Internationale de droit comparé*. 1988.

33 MOKHIBER, Russel. *Crimes Corporativos*. São Paulo: Ed. Página Aberta. 1995, p. 16

34 *In* "Concepção e princípios do Direito Penal Econômico, inclusive a proteção dos consumidores, no Brasil". *Relatório apresentado ao Colóquio preparatório de Friburgo da Brisgóvia* (Alemanha).

35 Correio do Povo, Seção Economia, 18-11-98, p. 12; Folha de São Paulo, Caderno Dinheiro, 19-11-98, p. 3

36 *Op. cit.*, pp. 16/7.

O delinqüente econômico, assim como aquele que pratica crimes contra o consumidor, vem da classe dos *cavalheiros*, como disse Cezar Bitencourt em um Seminário Internacional de Direito Penal Econômico (1992 - Porto Alegre). Não tem as características do delinqüente comum. Não possui rótulos especiais, somáticos ou psíquicos, que o faça mais suscetível de chegar ao delito, como refere Francisco Muñoz Conde.[37]

O criminoso econômico participa da comunidade e chega até a colaborar com seu crescimento. Às vezes senta-se lado a lado com as autoridades nas recepções, nas festas, nas comemorações. Faz parte da "mesa principal", com os agentes do Estado, como juízes, delegados ou promotores, como se vê nas pequenas comunas. Muitas vezes presta auxílio material à Polícia, ou loca um prédio ao Judiciário, ou ao Ministério Público e participa intensamente em uma ou outra campanha política para o Legislativo ou o Executivo.

Daí à impunidade se vai rapidamente, para o que também colaboram outros fatores: a deficiência do ordenamento repressivo, que está estruturado para o crime tradicional; a falta de vontade política na repressão desses crimes, que é reflexo da situação cultural; e por quase uma total impossibilidade de exercer nesse campo uma oportuna e eficaz prevenção.[38] Isso para não falar do benefício que obtém com o já surrado e vetusto procedimento utilizado no processo penal.

O criminoso do consumidor, assim como um delinqüente econômico, está sempre bem amparado, não só porque pratica um crime de "inteligentsia", mas porque, detendo o poder econômico, contrata em sua defesa os melhores escritórios de advogados, cujos trabalhos recursais e técnicos são de alto quilate e vão até os mais altos pretórios do país, esgotando todas as instâncias na via recursal, vencendo o processo pelo tempo ou pela inflação.

Não se pode, à evidência, vislumbrar o crime contra o consumidor e nem o crime econômico apenas sob a ótica criminológica, isto é, a de que *só o poderoso* pratica tal crime. Afinal, como adverte Francisco Muñoz Conde[39], no Direito Penal moderno, delinqüente é aquele que comete um crime, e não aquele que procede de um meio social determinado e tem determinadas conotações pessoais.

---

[37] *In Revista Brasileira de Ciências Criminais*, IBCCRIM, São Paulo, nº 11/8.

[38] Rafael Miranda Gallino. *Delitos contra el orden económico*. Buenos Aires: Ed. Pannedille, 1970. p. 15.

[39] *In*, "Delincuencia económica: Estado de la cuestión y propuestas de reforma". *Hacia un derecho penal económico europeo*. Madrid: DOE, 1995, p. 266.

1.3. DIFICULDADES PROBATÓRIAS NOS CRIMES ECONÔMICOS E CONTRA O CONSUMIDOR

Os crimes econômicos e do consumidor trazem muitos tipos formais, crimes de perigo abstrato, ou de mera conduta. O aparato processual existente está viciado na *materialidade,* no resultado material do ilícito. A polícia, o Ministério Público e a Magistratura preocupam-se, o que é natural, com o resultado material da infração penal.

A polícia judiciária, quando atende eventual vítima nesses tipos de crimes, defronta-se ora com o problema da competência (muitos crimes afetos à área da Polícia Federal), ora com o problema de *como* materializar o crime no famoso auto de exame de corpo de delito, porque, muitas vezes, são exigidos conhecimentos técnicos distantes da massa pericial existente e à disposição no serviço público.

Nos crimes contra o consumidor, p .ex., torna-se muito difícil fazer prova pericial em objeto pertencente ao próprio sujeito ativo, isto é, nos quais é o próprio criminoso que detém a tecnologia, o segredo industrial etc. Já dizia Bacigalupo, aliás, que a investigação dos crimes econômicos requer um pessoal especializado e diverso daquele que investiga assassinatos, roubos, extorsão ou falso testemunho.[40]

Ainda estamos acostumados a ver o crime como ensejador de um resultado sensível no mundo exterior, isso dado à imensa maioria de crimes de resultado naturalístico. Precisamos, quase sempre, ver ou sentir essa modificação do mundo para nos darmos conta de que estamos frente a um crime. E daí facilmente podemos olvidar que "o resultado nem sempre é uma modificação sensível do mundo exterior", como já advertia Everardo da Cunha Luna em magnífica monografia sobre esse tema.

O agente policial está sempre à procura dos "vestígios do crime"; no inquérito policial, entende-se como prova básica o auto de exame de corpo de delito, sem o qual, afora aqueles crimes já elencados no Código Penal (crimes formais ou de mera conduta), não há denúncia.

Mas nos crimes econômicos em geral, e em especial naqueles contra as relações de consumo, muitas vezes, está ferido o bem jurídico, existe um crime e não se encontra o famoso *auto de exame de corpo de delito,* porque se está diante de crimes de perigo abstrato, crimes formais, ou de mera conduta, onde há uma ofensa (dano ou perigo)

---

40 *In Cuestiones penales y aspectos legislativos del Derecho Penal Económico.* Buenos Aires: Astrea, 1974, p. 89.

presumida, como dizia Manoel Pedro Pimentel. E aí não tem havido uma correta persecução.

É comum ouvir-se nas rádios (e em algumas emissoras de televisão), especialmente naquelas mais populares, propagandas ofensivas ao consumidor do tipo: "remédios milagrosos", com "plantas importadas"; padres e curas milagreiros; oficinas de consertos inacreditáveis; maiores liquidações de vestuário da cidade e os mais baixos preços do mercado. Condutas que, em análise detida, caracterizam ilícitos penais. E as propagandas continuam, sem que nos demos conta da agressão criminosa realizada à relação de consumo, ao consumidor, o qual não tem condições de verificar a veracidade da informação.

Enquanto isso acontece a olhos vistos, ainda estamos esperando um resultado no mundo exterior; esperamos uma "queixa" na Delegacia mais próxima ou "uma vítima" dessas agressões, para só então agirmos. Isso é preciso mudar, porque "os tipos penais de proteção ao consumidor não exigem, para sua consumação, a realização de qualquer dano físico, mental ou econômico ao indivíduo-consumidor".[41]

1.4. A PROTEÇÃO DO CONSUMIDOR NO DIREITO COMPARADO

A proteção penal dos consumidores é apenas *um* dos aspectos protetivos,[42] mas aquela engloba ainda duplo prisma: proteção física do consumidor e uma proteção dos seus interesses econômicos. O resguardo de processo penal insere-se naquela.

Vamos verificar como se apresenta a proteção penal dos consumidores nos Estados Unidos, Canadá, Austrália, Áustria, Alemanha, Bélgica, Inglaterra, Itália, Espanha, Suécia, Finlândia, Dinamarca e Noruega.

A proteção física ao consumidor está presente em todos os países referidos, sendo a mais completa, graças a uma legislação abundante e perfeccionista.

Ocorre que a proteção física do consumidor é a que mais aparece, principalmente no domínio da saúde, onde a primeira categoria de proteção concerne ao nível alimentar. Em todos os países existe uma legislação sobre produtos alimentícios, às vezes um verdadeiro Códi-

[41] Benjamim. *Op. cit.*, p. 112.

[42] Ottenhof, *loc. cit.*, p. 370.

go Alimentar, como na Áustria e na Espanha. Nos EUA e Canadá tem-se uma lei sobre alimentos, drogas e cosméticos, sendo que existem outras leis sobre produtos alimentícios de primeira necessidade.

A segunda categoria diz respeito à proteção contra produtos e substâncias suscetíveis de causar danos à saúde. Alguns países possuem leis especiais sobre produtos perigosos (Canadá, Suécia e EUA), e outros, sobre venenos, medicamentos e pesticidas (Inglaterra, Dinamarca e Noruega).

A terceira categoria concerne à proteção contra as fraudes em geral e nos delitos de falsificação de mercadorias, colocada às vezes no próprio Código Penal (Canadá, Itália e Bélgica) e às vezes em lei especial (Inglaterra, Suécia e Noruega).

As sanções penais são severas em todos os países, à exceção da Espanha, onde o Código Alimentar possui sanções unicamente administrativas. Sanções do tipo tradicional: multas mais ou menos elevadas e prisão, geralmente até três anos, mas na maioria dos casos no máximo até um ano.

Em alguns países, como Alemanha, Canadá, EUA, Bélgica, v.g., aplicam outras sanções ditas complementares, adaptadas ao Direito Penal Moderno, do tipo confisco dos produtos, interdição do estabelecimento e publicidade do julgamento e condenação.

No que diz respeito à proteção dos interesses econômicos dos consumidores, os países analisados apresentam uma proteção penal variável, como diz Ottenhof,[43] em função dos recursos mais ou menos importantes à sanção penal. Existem sistemas fortemente criminalizados, sistemas medianamente criminalizados e sistemas de proteção mista.

Nos primeiros, especialmente no recente Código Penal Francês, é muito freqüente o recurso à sanção penal. Há uma preocupação sobre matéria de concorrência, mas existe uma proteção específica aos consumidores, eis que o Estado intervém, visando a preços mais baixos ou a produtos de melhor qualidade no interesse do consumidor. As sanções aplicadas são aquelas tradicionais do Direito Penal: multa e prisão, bem como as sanções complementares já mencionadas.

Nos sistemas medianamente criminalizados, o recurso à sanção penal é excepcional, isto é, ele se equilibra com outros modos de proteção que o complementam. Assim ocorre na Alemanha e na Áustria, onde se protege mais diretamente contra a publicidade enganosa.

Nos sistemas de proteção penal mista, o recurso à sanção penal ocorre não somente de forma excepcional, mas ainda se encontra

[43] *Op. loc. cit.*, p. 376

concorrentemente com outras sanções não-penais. Isso ocorre basicamente na Suécia. Aqui a proteção penal é geralmente limitada a duas medidas precisas: publicidade enganosa e vendas casadas. Pode-se aplicar às vezes uma interdição, dependendo da escolha da autoridade competente.

Em Portugal, a Constituição da República incluiu no seu Título III o art. 60, sob a epígrafe "Direitos dos Consumidores", enumerando-se-os em seguida. Naquele país, a proteção penal do consumidor não tem sido efetiva.

Capítulo II

Definição dos crimes contra o consumidor e a relação de consumo

Pertence à soberania do Estado o ato de defesa penal do consumidor, porque, como alertou John Kenneth Galbraith,[1] desafia o bom-senso que o suprimento de bens de consumo e de serviços seja de algum modo assumido pelo Estado. Resta, assim, a proteção penal, quando o Estado cumpre as disposições constitucionais (arts. 22, inc.I c/c 24, inc. VIII, e 48 ADCT da C.F.).

O Código de Defesa do Consumidor (CDC), no sentido científico do termo, código não é, mas sim uma lei especial (lei ordinária), que traz normas de Direitos do Consumidor, Civil, Econômico, Processual Civil, Penal, Processual Penal, Administrativo e Comercial, todas dirigidas à proteção da relação de consumo. Forma, portanto, um *microssistema de defesa do consumidor*.

O chamado Código de Defesa do Consumidor (Lei nº 8.078, de 11 de setembro de 1990) é a base do Direito Penal do Consumidor, embora não seja a única lei que trata da proteção às relações de consumo (ver a Lei 8.137/90). A lei penal do CDC (Título II) traz problemas de técnica, tais como: o excessivo uso de conceitos indeterminados,[2] ou tipos penais abertos,[3] com muitas referências a um ou outro elemento subjetivo dubitativo, que colocam em xeque o princípio da legalidade e, para alguns, traz dispositivos até desnecessários.[4]

Um direito técnico (Jean-François Renucci) ou com tecnicidade (Antonio Herman Benjamin) é comum na lei penal do consumidor. Aliás, diz-se que isso é característica das normas penais de cunho econômico. Sob a ótica penal, no entanto, tem-se na lei do consumidor

[1] *In, A sociedade Justa*, p. 16

[2] Vicente Greco Filho. *Dos crimes da lei de licitações*. São Paulo: Saraiva, 1994, p. 1.

[3] Marcelo Fortes Barbosa. *Garantias Constitucionais de Direito Penal e de Processo Penal*. São Paulo: Malheiros, 1993, p. 65.

[4] Alberto Zacharias Toron. "Aspectos Penais da Proteção ao Consumidor." *Fascículos de Ciências Penais*. Porto Alegre: Ed. S. Fabris, nº 4, 1991, p. 49.

até uma espécie de atecnicidade, pela ampla utilização de conceitos de outras ciências, ou seja, ampara-se em noções não necessariamente penais e menos de direito. Noções da Economia, v.g., quando se refere a "mercado de consumo" (art. 64), a "grave crise econômica" (art. 76, inc. I), a Bônus do Tesouro Nacional ou "índice de referência" (art. 79); da Publicidade e Marketing (arts. 66 a 69) até pela palavra "oferta" (arts. 66, § 1º, e 75) ; da Medicina, nos conceitos de saúde, nocividade e periculosidade (arts. 63, 65 e 68); de Informática, nos conceitos de banco de dados (arts. 72 e 73); do Direito Administrativo na referência, v.g., à autoridade competente (arts. 64 e 65), servidor público (art. 76, inc. IV, *a*); do Direito Agrário, na referência a rurícola (art. 76, inc. IV, *b*); do Direito Comercial na referência à cobrança de dívidas (art. 71).

Os crimes contra o consumidor ou contra as relações de consumo não estão, já se disse, só no Código de Defesa do Consumidor. É o que dispõe o art. 80 do CDC. Daí por que tais normas estão *dispersas* no ordenamento legislativo, atendendo a outra característica das suas normas, como apontada por Herman Benjamin ("dispersão"). A Lei 8.137/90, que comentamos adiante, é o típico exemplo de lei consumerista que está fora do corpo de normas do CDC.

Assim como no Direito Penal Econômico, o Direito Penal do Consumidor apresenta certo *rigor* em suas penas. É *un droit rigoureux*, ensina Jean-François Renucci, que lamentavelmente desponta nas penas pecuniárias. Foi esse *rigor* que modificou os parâmetros mínimo e máximo previstos no Código Penal para as penas de multa. Tal característica, no plano penal, é mudança *para pior*, que deve ser abandonada, eis que, enquanto o Moderno Direito Penal tende até à não-intervenção, à *ultima ratio* para aplicação da pena criminal, o legislador consumerista pretende agravar-lhe as sanções.

As penas privativas do direito de liberdade, mesma forma, apresentam-se "rigorosas", porque impõem-se a condutas banais, tal como aquela de se deixar de escrever ou mal preencher um termo de garantia (verdadeiro crime de bagatela), que prevê uma pena de detenção de até seis meses ou multa (art. 74). Isso fere o princípio da intervenção mínima. Como é do comum conhecimento, tais condutas são praticadas, no mais das vezes, pelo mero vendedor, e não pelo grande fornecedor. Destarte, a pena acaba recaindo sobre o pequeno, quando isso poderia ser solucionado por norma administrativa.

Por outro lado, com o atual sistema processual, como já tinha advertido Voltaire de Lima Moraes, as penas facilmente serão alcançadas pela prescrição.[5] Porém, num sistema de processo célere, como

[5] *In* "Da tutela do Consumidor". *Revista do Ministério Público do RS*, 1990, nº 24, p. 34.

o que se tem adotado para os crimes contra as relações de consumo (Juizados Especiais Criminais), é que se verá a efetividade daquelas penas.

Os crimes contra o consumidor trazem, ainda, conceitos vagos, indeterminados, pelo uso do advérbio *imediatamente* (arts. 64, parágrafo único, e 73); conceitos de ilicitude especial, como a palavra *injustificadamente* (art. 71); enfim, conceitos que não dão qualquer garantia ao acusado, que fica na dependência da "avaliação criteriosa" de um juiz.

As normas penais de defesa do consumidor se utilizam de *tipos penais em branco*, no que sofre acirrada crítica da doutrina, tal como no art. 65, CDC, ou no art. 7º, inc.II, da Lei 8.137/90, que exigem a determinação suplementar do que seja *alto grau de periculosidade ou a classificação oficial*, respectivamente.

Os crimes contra as relações de consumo têm, em sua quase totalidade, crimes formais ou de mera conduta, que não estão a exigir um resultado material, como advertiu Cezar Roberto Bitencourt: a consumação ocorre com a própria ação, já que não se exige resultado naturalístico.[6]

Os tipos omissivos próprios na lei penal do consumidor estão em seis dentre os doze artigos (arts. 63, 64, 66, 69, 73 e 74) que tipificam tais crimes, a significar que o legislador esteve preocupado com as condutas sem resultado material e com a tentativa, uma vez que aqueles "também não admitem a tentativa".[7]

Os crimes contra o consumidor, antes da violação à relação de consumo, ferem um bem jurídico primordial: a ordem econômica. Depois, é no interior desta, eles *maculam a relação de consumo*. A ordem econômica, por seu turno, também é um bem jurídico, que tem caráter igual ao da relação de consumo: é um bem supra-individual[8] e imaterial. Os crimes contra as relações de consumo, *então, são crimes que ferem a ordem de proteção e defesa do consumidor*.

Podemos afirmar que, num *sentido lato*, o crime contra o consumidor é um crime econômico, entendido este como crime que fere a ordem econômica: *delito económico es toda lesión al orden público económico*, como disse Miranda Gallino.[9]

Em vez de crime econômico, poder-se-ia utilizar a expressão *crimes contra a ordem econômica*. Isso porque podemos inserir na ordem

---

[6] *In Lições de Direito Penal - parte geral*. 3. ed. Porto Alegre: Livraria do Advogado Editora, 1995, p. 68.

[7] Idem, *op. loc. cit.* p. 81.

[8] João Marcello de Araujo Jr. *Dos crimes contra a ordem econômica*. São Paulo: RT, 1995, p. 36.

[9] *In Delitos contra el orden económico*. Buenos Aires: Ed. Pannedille, 1970, p. 24.

econômica não só os crimes contra o consumidor, mas também outros, que são igualmente crimes econômicos: os crimes fiscais, os crimes contra a economia popular, cambiais, falimentares, crimes contra o Mercado de Capitais, crimes nas incorporações imobiliárias, crimes contra o Sistema Financeiro de Habitação, crimes contra a propriedade industrial, crimes de abuso de poder econômico, crimes tributários, crimes empresariais, corporativos ou negociais e até contra o meio ambiente.[10]

Então, ampliando o *parentesco* antes referido, dizemos que o Direito Penal Econômico é filho da Criminologia e tio do Direito Penal do Consumidor, este um "irmão" do Direito do Consumidor. Os últimos são filhos dos denominados direitos difusos ou coletivos.

É no *bojo do desenvolvimento do direito penal econômico*, para utilizarmos a lúcida lição de Benjamim, que se forma o direito penal do consumidor,[11] eis que, a sucessiva violação da relação de consumo estava a exigir medidas concretas em prol do consumidor.

O consumidor, em si considerado, como destinatário final do serviço ou produto, não teve muita atenção do legislador penal de 1940. Apenas em *um* dispositivo do Código Penal, aliás, há referência direta e expressa ao consumidor – no art.175. Isso não significa, obviamente, que à época não existisse consumidor, pois, como já disse o Pres. Kennedy, na mensagem que referi infra, *todos somos consumidores*.

Houve uma indecisão inicial sobre *o conceito de consumidor*, que tinha "uma noção imprecisa", como disse Comparato, "sem qualquer precedente jurídico".[12]

Consumidor, então, identifica-se como destinatário final da mercadoria, que é o seu cerne. Já se disse: todos somos consumidores, inclusive o Estado, que é quem assegura com o seu aparato a integridade da relação de consumo. O consumidor pratica o *ato de consumo*, que não deve ser confundido com outros atos jurídicos, apenas aparentemente de consumo. Veja-se o ato de comércio (ato do comerciante), por exemplo, que não pode ser regrado pelo CDC, exceto quando transformado em ato de consumo (com um consumidor no pólo ativo).

Consumo e consumidor são palavras que se originam da ciência econômica, considerados como o *último estágio do processo econômico*,[13]

---

[10] Idem, p. 40.

[11] *Op. loc. cit.*, p. 104.

[12] *In* "Proteção ao consumidor: importante capítulo do direito econômico". *Revista de Direito Público*. São Paulo: RT, 1986, nº 80/186.

[13] Jean Calais-Auloy e Franck Steinmetz. *Droit de la consommation*. 4ª ed. Paris: Dalloz, 1996, p. 3

sendo que a *soberania do consumidor* é uma das idéias mais acalentadas na economia ortodoxa.[14]

O Código de Defesa do Consumidor, acabando com aquela "noção imprecisa", porque inexistente em outras legislações o conceito de consumidor, esgrimiu que *consumidor é toda pessoa física ou jurídica que adquire ou utiliza produto ou serviço como destinatário final* (art. 2º, *caput*, CDC).

Mas o consumidor surgido exatamente pela vivência do tempo dos objetos, multiplicado pelo que se denominou consumerismo, uma verdadeira doutrina, fez com que o legislador também se preocupasse com a célula-mãe do consumidor, a sua origem, que é *a relação de consumo.*

O fornecedor, por seu turno, tem na lei do consumidor o rol de suas obrigações, os deveres legais e seu conceito jurídico: *fornecedor é toda pessoa física ou jurídica, pública ou privada, nacional ou estrangeira, bem como os entes despersonalizados, que desenvolvem atividades de produção, montagem, criação, construção, transformação, importação, exportação, distribuição ou comercialização de produtos ou prestação de serviços* (art. 3º, *caput*, CDC). Adiante analisamos quem pode ser fornecedor para os fins penais.

Os crimes do consumidor podem ser *próprios e impróprios,* como diz Benjamim,[15] que ainda os menciona como impróprios *acidentalmente de consumo* e impróprios *reflexamente de consumo.* Os crimes impróprios são todos aqueles que protegem de forma indireta o consumidor, ou seja, não têm sua atenção especialmente voltada para o consumidor, embora possam, em algumas ocasiões, socorrer o consumidor. Como disse o citado autor: não foram moldados com os olhos postos no consumidor e no fornecedor.[16] Os crimes de consumo impróprios são aqueles que protegem o consumidor em dada relação e às vezes protegem também um fornecedor. Nesse aspecto, então, muitos crimes podem ser impropriamente de consumo. Já os crimes de consumo próprios são aqueles onde a relação de consumo tem particular importância, porque só na presença desta é que eles ocorrem. Eles estão na lei penal brasileira do consumidor e protegem a relação de consumo que a própria lei veio resguardar. É ao redor deles que está o Direito Penal do Consumidor.[17] São os crimes do Código de Defesa do Consumidor e da Lei nº 8.137/90.

[14] John Kenneth Galbraith. *A sociedade justa.* Rio de Janeiro. Ed. Campus, p. 16

[15] *In* "O Direito Penal do Consumidor: capítulo do direito penal econômico". *RDC*-1/113.

[16] Idem, p. 113.

[17] Benjamim, *op. loc. cit.*, p. 116.

Refletimos sobre a classificação que trata de crimes acidentalmente e reflexamente de consumo e ousamos afirmar que tal divisão é uma superfetação no direito brasileiro.

Ocorre que a diferença entre os crimes acidentalmente de consumo,[18] isto é, aqueles que somente no caso concreto ganham a qualidade de crime de consumo e os crimes reflexamente de consumo, estes considerados como aqueles que protegem o consumidor no âmbito de outro objeto que lhe é principal, é mínima e sem qualquer relevância prática.

Com efeito, desimporta ao aplicador da lei se o crime é acidentalmente ou reflexamente de consumo, porque basta dizer-se que não se está frente, em dado fato delituoso, a um crime contra o consumidor forma própria, ou seja, a um crime contra as relações de consumo, para saber-se e afirmar-se que o crime é impróprio.

Vejamos um exemplo dado dos crimes contra o sistema financeiro nacional, os quais estão classificados como crimes impróprios reflexamente do consumo. A preocupação do legislador nesse campo não teve nem de forma indireta a proteção do consumidor, e sim a proteção do próprio sistema financeiro, de forma direta, pois sem a seriedade deste toda a ordem capitularia. A proteção indireta que se pode ver em tais crimes é no aspecto monetário, da seriedade cambial, tanto que a lei vigente teve a participação maior de economistas, cujo ingresso no campo legislativo, como disse o saudoso Pimentel, foi como uma incursão de macacos numa casa de louças.[19]

Nos crimes contra o sistema financeiro nacional, o consumidor (poupador, p. ex.) só é lembrado na hora de pagar a conta, principalmente, pelos discursos demagógicos de alguns políticos. Assim, não se vislumbra nesses crimes uma "preocupação" do legislador com o consumidor. Assim, não sendo crimes próprios, tais crimes são impróprios somente, porque o consumidor não foi lembrado nem "reflexamente".

Tanto o consumidor não foi lembrado ou protegido que se sair divulgando aos seus companheiros de poupança (iguais consumidores) que certa instituição está prestes a quebrar, incidirá em crime (art. 3º, Lei nº 7.492/86). E a informação adequada é que seria a proteção do consumidor, como também inocorreu no caso do Banco Econômico. Destarte, não se pode dizer que crimes dessa natureza protejam indiretamente o consumidor, porque a proteção direta é à ordem financeira e indiretamente protege os outros sujeitos que participam

[18] Idem, p. 114.

[19] Manoel Pedro Pimentel. *Crimes contra o sistema financeiro nacional*. São Paulo: RT, 1987, p. 11.

com seriedade do sistema financeiro, seja pelo incremento de papel-moeda, seja pelo investimento e segurança da própria ordem financeira.

Claro, em um caso específico pode estar um consumidor, ou vários, na situação de proteção da norma. Mas isso pode ocorrer até em outras figuras penais, como no estelionato e até na lesão corporal. Nem por isso se pode chamá-los de crimes acidentalmente de consumo, porque, não sendo crimes de consumo próprios (em presença da relação de consumo), eles são crimes de consumo impróprios, somente.

Capítulo III

O Código de Defesa do Consumidor e os princípios de Direito Penal

Com o art. 61, inicia-se o Título II da lei penal de defesa do consumidor, tratando-se, ali, "das infrações penais": "*Constituem crimes contra as relações de consumo previstas neste Código, sem prejuízo do disposto no Código Penal e leis especiais, as condutas tipificadas nos artigos seguintes*".

Não há similar na Lei 8.137/90, porque lei posterior que faz referência direta às relações de consumo.

O artigo 61, CDC, sofreu acirradas críticas da doutrina, reconhecidas expressamente como verdadeiras pela autoridade de José Geraldo Brito Filomeno,[1] um dos encarregados do Anteprojeto de Código de Defesa do Consumidor.[2]

No Título II do CDC, surgem as infrações penais; os *crimes* contra as relações de consumo, isto é, onde as condutas típicas dirigem-se na proteção das relações de consumo, cujos sujeitos passivos são a coletividade de consumidores[3] e o consumidor, em si considerado. A referência do Código à relação de consumo deixa evidente o caráter *supra-individual* das normas penais.[4]

Aqui, surgem os princípios de Direito Penal e também de Direito Penal do Consumidor. Não entendemos se possa olvidar essa principiologia, uma vez que, como já advertiu Hassemer,[5] se o próprio Direito Penal já se mostrou incapaz de solucionar os modernos problemas da criminalidade, não é pelo abandono puro e simples de sua base que se solucionarão os problemas da nova criminalidade.

---

1 *In Manual de Direitos do Consumidor*. São Paulo: Atlas. 1999, pp. 234/5.

2 V. *Código Brasileiro de Defesa do Consumidor comentado pelos autores do anteprojeto*. São Paulo: Ed. FU, 1991, p. 1.

3 Ibidem.

4 Eduardo A. Alvim. *Código do Consumidor Comentado*. São Paulo: RT, 1995, p. 283

5 Winfried Hassemer. *Três Temas de Direito Penal*. Porto Alegre: ESMP-7, p. 84.

3.1. PRINCÍPIOS DA LEGALIDADE, DA INTERVENÇÃO MÍNIMA E DA INTEGRIDADE DA RELAÇÃO DE CONSUMO

Com a edição da lei penal do consumidor, atende-se ao *princípio da legalidade*, ou seja, à *primeira das garantias constitucionais diretas*, como referiu o Des. Marcelo Fortes Barbosa.[6]

Através do princípio da legalidade do art. 5º, inc. XXXIX, da Carta Federal, assegura-se que nenhum fato pode ser considerado crime e nenhuma pena criminal pode ser aplicada sem que antes da sua ocorrência exista uma lei definindo-o como crime e cominando-lhe a sanção correspondente.[7]

Neste título da lei penal do consumidor existem dezenove artigos, que ora são vistos como doze tipos penais novos: "doze tipos de crimes, até então sem descrição como fato criminoso no ordenamento jurídico brasileiro";[8] ora "cerca de dezessete tipos penais".[9]

Os arts. 61, 75, 76, 77, 78, 79 e 80 não são normas incriminadoras, mas normas gerais de Direito Penal e de Direito Processual Penal. Deles, apenas os arts. 79 e 80 tratam de processo penal. O art. 62 foi vetado pelo Governo Fernando Collor. Na Lei 8.137/90, apenas um dispositivo foi diretamente dirigido à proteção das relações de consumo, embora nele se vislumbrem diversos tipos penais.

É de se notar, portanto, que estamos diante de crimes, e não de contravenções. A denominação "crime", por seu turno, atende ao sistema "qualitativo", ou da "qualidade" da pena: para os crimes foram adotadas as penas de reclusão e detenção e/ou a multa.

Esse critério ou sistema, crimes e contravenções, a que a doutrina chama de bipartido, ficou evidente na lei penal brasileira quando o legislador penal, na Lei de Introdução ao Código Penal (Dec.-Lei 3.914/41), dispôs que crime é a infração penal a que a lei comina pena de reclusão ou detenção (art. 1º).

O sistema, de acordo com o art. 80, CDC, continua harmônico, pois, sem afastar as disposições existentes no Código Penal e na legislação esparsa,[10] inclusive, eventuais contravenções contra o consumidor.

---

6 *In Garantias Constitucionais de Direito Penal e de Processo Penal*. São Paulo: Malheiros, 1993, p. 64.

7 Cezar Roberto Bitencourt. "Princípios garantistas e a delinqüência do colarinho branco". *Revista IBCCRIM*, 11/119.

8 Tupinambá Miguel Castro do Nascimento. *Comentários ao Código de Defesa do Consumidor*. São Paulo: Aide, 1991, p. 146.

9 Luiz Luisi. *A tutela Penal do Consumidor*. Porto Alegre: Ed. Sergio Fabris, 1991, p. 60.

10 Filomeno. Op. cit. p. 121.

O chamado *princípio da intervenção mínima*, por seu turno, resta arranhado em alguns dispositivos da lei penal do consumidor. Através desse princípio, como ensina Cezar Roberto Bitencourt, a criminalização de uma conduta só se legitima se constituir meio necessário para a proteção de determinado bem jurídico.[11] Veja-se o art. 74, CDC: *deixar de entregar ao consumidor o termo de garantia devidamente preenchido* é crime punido com detenção de um a seis meses ou multa. Assim, a simples conduta de alguém que deixa de entregar um papel de garantia ao consumidor, ou o entrega malpreenchido, implica a abertura de um procedimento policial, um acerto no juizado especial criminal, ou eventual oferecimento de uma denúncia e outro processo penal; outro processo a engrossar as prateleiras forenses, quando tal proceder poderia simplesmente dar causa a uma reclamação sob sanção administrativa. Ademais, como sabemos, quem preenche o termo de garantia é sempre o simplório trabalhador (balconista ou vendedor).

O art. 75, CDC, por sua vez, aparenta pretender a responsabilidade criminal do administrador, diretor ou gerente da pessoa jurídica, tão-somente por deterem essa função na empresa. Assim, parece ferido o *princípio da culpabilidade*, visando a lei penal do consumidor à responsabilização penal pelo autor, e não pelo fato como exige o princípio citado.

Um verdadeiro princípio do Direito Penal do Consumidor é o da *integridade* ou da *intangibilidade da relação de consumo*, i.é, através das normas penais do consumidor, a que se visa é assegurar a integridade daquela relação, sua seriedade, importância e retidão. Os dispositivos penais consumeristas só serão aplicados quando presente um consumidor, como destinatário final da mercadoria ou do serviço, e um fornecedor, como aquele que presta o produto ou o serviço, ligados por um liame, um nexo econômico-jurídico, onde origina a própria relação de consumo

Outro princípio, aplicado amplamente às normas de Direito Penal do Consumidor, é o da *informação veraz*, da informação adequada e séria. Isso significa que o fornecedor pode ser penalizado criminalmente pela omissão da informação ao consumidor. Temos salientado, aliás, que o princípio da correta informação praticamente domina os delitos relativos às infrações de consumo.

---

[11] *In Lições de Direito Penal - Parte Geral*. 3.ed. Porto Alegre: Livraria do Advogado Editora, 1995, p. 32.

3.2. SUJEITOS E OBJETIVIDADE JURÍDICA NOS CRIMES CONTRA O CONSUMIDOR

Em se tratando de crime, há de existir uma conduta humana, daí por que não se fala em crimes contra o consumidor praticados pela pessoa jurídica: *Societas delinquere non potest*, diziam os romanos.

Embora saibamos que muitos crimes contra o consumidor são praticados por pessoas físicas "escondidas" em pessoas jurídicas, a responsabilidade destas não se faz possível com o sistema penal brasileiro atualmente em vigor. Isso veremos mais detidamente em análise adiante.

Mas a pessoa jurídica (a Empresa "Y"), embora não possa ser o sujeito ativo em tais crimes (devendo a investigação policial incriminar os responsáveis), pode muito bem ser o sujeito passivo, quando colocada na figura de consumidor. Afinal, já se disse, o Código protege é a relação de consumo, que tem "titularidade híbrida", ou seja, "pertencem, a um só tempo, ao consumidor individual e à coletividade de consumidores".[12] Basta, para tanto, que aquela atenda ao conceito legal de consumidor do art. 2º do CDC, como "destinatário final da mercadoria ou serviço".

Veja-se o exemplo de revendedora de automóveis (pessoa jurídica) que contrata empresa (pessoa jurídica) para desinsetizar suas instalações, daí decorrendo qualquer prejuízo àquela. O sujeito passivo mediato é uma pessoa jurídica (a revendedora de automóveis), o que será analisado adiante.

Proteger a *relação de consumo* significa proteger o consumidor.

Mas o consumidor surgido exatamente pela vivência do tempo dos objetos, multiplicado pelo que se denominou consumerismo, uma verdadeira doutrina, fez com que o legislador também se preocupasse com a célula-mãe do consumidor, a sua origem, que é *a relação de consumo*. Como já disse Mário Ferreira Monte, o fenômeno do consumo se materializa e se concretiza nas chamadas *relações de consumo*.[13]

A relação de consumo é uma relação jurídica *sui generis* com dois pólos, um ativo e outro passivo; com dois sujeitos-base: o fornecedor e o consumidor. É *a objetividade jurídica* nos crimes contra o consumidor. Porém, é de se observar que essa relação jurídica de consumo, que tem sujeito ativo no consumidor e sujeito passivo no fornecedor, não tem aquela concepção tradicional civilista, onde seus participantes têm igual poder, uma vez que no "mercado de consumo atuam

[12] Benjamin. *Op. cit.*, p. 117.

[13] *Op. loc. cit.*, p. 15

fortes e fracos". Os fornecedores são os fortes, aqueles que detêm o poder econômico, os produtores; os fracos são a universalidade de consumidores.[14] Mesmo que um bem jurídico, como ensina Damásio de Jesus, ela é objeto jurídico desses crimes que ofendem a ordem econômica.[15] A relação jurídica de consumo é o objeto do Direito do Consumidor, já o disse Benjamin;[16] é seu núcleo atômico, dizemos nós.

No plano penal do consumidor, essa relação se inverte e se transforma: no pólo ativo, o fornecedor, o agente do crime; no pólo passivo, dois sujeitos: um consumidor determinado (sujeito passivo mediato), a vítima, e a coletividade de consumidores (sujeito passivo imediato), todos nós, potencialmente atingidos pelo fato delituoso.

É sobre essa órbita que gira o direito penal do consumidor: proteção primordial e direta à relação de consumo (sua objetividade jurídica); proteção penal indireta ao consumidor e à coletividade de consumidores. Aquela é seu bem jurídico; um bem imaterial e supraindividual, pertencente a todos e a ninguém isoladamente, suficiente a fazer com que, como disse Juan Bustos Ramirez, tenhamos de *repensar* todas as categorias do delito; o consumidor é um dos seus sujeitos, ao lado da coletividade de consumidores, como referi.

O *fornecedor*, por seu turno, tem na lei do consumidor o rol de suas obrigações, os deveres legais e seu conceito jurídico: *fornecedor é toda pessoa física ou jurídica, pública ou privada, nacional ou estrangeira, bem como os entes despersonalizados, que desenvolvem atividades de produção, montagem, criação, construção, transformação, importação, exportação, distribuição ou comercialização de produtos ou prestação de serviços* (art. 3º, *caput*, CDC). Adiante analisamos quem pode ser fornecedor para os fins penais.

O *consumidor* é um dos sujeitos passivos dos crimes contra a relação de consumo e é um dos pólos da relação jurídica de consumo. Entende-se que *o consumidor não é "o sujeito passivo principal"* nestes crimes, e sim a coletividade; o consumidor é sujeito passivo secundário ou mediato[17] e pólo ativo da relação de consumo,[18] nesta sim, assumindo caráter de principalidade, pois sem ele (consumidor) inexiste a própria relação de consumo.

[14] João Marcello de Araujo Jr. *Dos crimes contra a ordem econômica*. São Paulo: RT, 1995, p. 100

[15] *In* "Nova visão da natureza dos crimes contra as relações de consumo". *Revista dos Tribunais*, 696/305.

[16] Antonio Herman. "O Direito do Consumidor". *Revista do MPRS*, 26/106.

[17] Idem.

[18] Tomasetti Jr. *Revista Direito do Consumidor*, 4/67.

Então, quem protege a relação de consumo protege direta e logicamente o consumidor, daí por que não se disse no CDC *crimes contra o consumidor*, mas *crimes contra as relações de consumo*. Mas as duas expressões se equivalem.[19]

Evidente, a só criação de tipos penais novos não soluciona o problema do incremento da criminalidade, eis que, as raízes do crime vão a questões sociais e econômicas. Mas no campo da criminalidade econômica pouco se justifica o aumento do crime, pois seus agentes, em sua grande maioria, não estão afastados do meio socializado e nem padecem da pobreza que assola milhões de brasileiros.

Por outro lado, a regulação somente administrativa de algumas condutas humanas não tem dado certo, principalmente pela *ineficiência do aparato fiscalizador do Estado*. A criação de entidades administrativas pelo Estado, neste tema de normas de cunho econômico, aliás, tem-se mostrado um rotundo fracasso. Veja-se a SUNAB, v.g., cujos fiscais são em número ínfimo para a extensão do país; veja-se o IBAMA, que tem igualmente os mesmos problemas; note-se o CADE, agora elevado a autarquia, onde poderá se tornar um novo INAMPS, INPS, IAPAS, enfim, aquelas autarquias falidas da República.

É com a criação de tipos penais à defesa do consumidor, portanto, que o Promotor de Justiça (e as associações de defesa consumerista) têm um instrumento intimidatório, que podem fazer valer, bem ou mal, mas que atua concretamente na defesa do interesse difuso dos consumidores.

Em conferência na cidade de Porto Alegre (1995), o Prof. Damásio de Jesus insurgia-se contra a criação de crimes e mais crimes, como se isso, somente, solucionasse a questão da insegurança geral. Não deixa de ter razão o nosso mestre, mas é de se observar que o Direito Penal, na seara do consumidor, não está ao lado do poder econômico, da repressão aos pobres, e sim de acordo com aquilo que anotei ao início, referendado pelas palavras de Mauro Cappelletti: precisamos alcançar e proteger os pobres com o aparato judicial naqueles direitos denominados difusos, ou coletivos, como o são os dos consumidores.

Com efeito, o *art. 12* do código repressivo comum estatui que as regras gerais aplicam-se aos fatos incriminados pela lei especial, se esta não dispuser de modo diverso. As regras gerais tanto podem ser normas incriminadoras ou não, podendo estar na Parte Geral ou na

---

[19] Verificamos, em alguns programas de concurso público, a exigência de temas: crimes contra o consumidor e crimes contra as relações de consumo, como se isso pudesse ser tecnicamente separado. Errado. Os crimes contra o consumidor é o título que abrange os crimes contra as relações de consumo.

Parte Especial do Código, como sabemos. É o que dispõe, em outras palavras, parte do citado art. 61 do CDC.

O art. 360 do Código Penal, igualmente, faz ressalva aos crimes especiais, especialmente àqueles contra a guarda e o emprego da economia popular, matéria sabidamente de Direito Penal Econômico.

Para justificar-se o art. 61 comentado poder-se-ia dizer que *é um princípio* no CDC. É uma verdadeira *cláusula geral*, aberta, no sentido de que orienta, supre, ensina, enfim, normativiza todas as circunstâncias gerais do ilícito penal do consumidor. Porém, repetimos, não se fazia necessária sua inserção, eis que, vigente aquele art. 12 do Código Penal (art. 10 do Código Penal de 1940). Em outras palavras: é através do art. 12 do Código Penal que se analisam questões relativas ao elemento subjetivo dos tipos, questões de jurisdição e de competência, de agravantes e de atenuantes, de prescrição, questões relativas ao tempo e lugar do crime, enfim, podemos dizer que na ausência de norma penal especial regendo o comportamento, procura-se socorro no dispositivo da lei penal comum.

As infrações penais relativas ao consumidor não se encontram apenas no CDC, pois existem outros delitos contra o consumidor.[20] Isso é ressalvado pelo próprio art. 80 do CDC. Claro, uma proteção direta à relação de consumo, em si considerada, está no CDC e na Lei 8.137/90 (comentada adiante), porém, proteção indireta ao consumidor existe até no Código Penal de 1940. Veja-se, p.ex., o caso dos arts.132, 171, *caput*, 272, 273, 274, 275, 276 e 277 (estes na nova redação da Lei n. 9.677/98) do Código Penal, v.g., que podem vir a proteger determinado consumidor e tantas vezes cumpriram essa função.

A lei penal do consumidor forma, com o Código Penal, aquele *todo único* de que falava Nelson Hungria,[21] devendo-se entender que o Código Penal ainda é a *lei penal fundamental* do sistema.

3.2.1. O Sujeito ativo dos crimes contra o consumidor

Sujeito ativo do crime, como ensina Mirabete, é aquele que pratica a conduta descrita na lei penal.[22] É o agente do crime, o indiciado, o réu ou acusado.

A questão do sujeito ativo nos crimes contra o consumidor assume particular importância, uma vez que, dito crime, só se configurará quando presente na história do fato delituoso a relação de consumo. Às vezes, temos uma relação de consumo meramente aparente, um

[20] René Ariel Dotti. *Comentários ao Código do Consumidor*. Rio de Janeiro: Forense. 1991, p. 224.

[21] *In Comentários ao Código Penal*. v. 1, t. I. Rio de Janeiro: Forense, 1977, p. 213.

[22] Julio Fabbrini Mirabete. *Manual de Direito Penal*, Atlas, 1997, p. 118.

fato criminoso comum, ou uma relação comercial qualquer, o que pode ocasionar falsa visão acerca do agente ativo do crime, e má aplicação da lei penal do consumidor.

Ocorre que os fatos puníveis podem ser praticados por qualquer pessoa, sabido que existem fatos cuja autoria "está limitada a determinadas pessoas que apresentam certas qualidades, jurídicas ou de fato, ou que se acham em situação especial (crimes próprios ou especiais)".[23]

Nos crimes contra o consumidor, o agente ativo do crime é o *fornecedor ou prestador de serviços*, conceituados pela própria lei, no art. 3º, *caput*, do CDC.[24] Ditos crimes têm, portanto, uma qualidade híbrida necessária nos crimes relativos a um novo Direito Penal, uma normatividade penal difusa.

O conceito do art. 3º, *caput*, CDC, porém, não pode ser totalmente aplicado à esfera criminal consumerista, porque ele engloba pessoas jurídicas e outros entes de discutível penalização. Como sabemos, *societas delinquere non potest*.

Fornecedor é conceito "amplíssimo", "não havendo diferenciação quanto ao produtor e o intermediário ou comerciante".[25] Aliás, um dos "protagonistas" da relação de consumo, preferiu-se aquela palavra a "industrial", "vendedor", "prestador de serviços", ou qualquer outro termo *restritivo*, como diz Filomeno.[26]

Mas outras figuras se pode inserir no lato conceito de fornecedores, os quais podem ser considerados agentes do crime: o fabricante, o produtor, o construtor nacional ou o importador, na forma do art. 12, *caput*, do CDC. Todos eles devem responder "na medida de sua culpabilidade", uma vez que, muitas vezes, a responsabilidade destes será apenas civil, forma objetiva, sem consideração alguma na seara criminal.

A *pessoa física* é sempre o agente primário do crime. Aqueles que praticam atos de camaradagem, de favor ou decorrentes de parentesco ou vizinhança, os conhecidos "favores" não poderão ser considerados agentes de crime contra o consumidor. Seja porque não presente a profissionalização necessária ao conceito de fornecedor, nem a remuneração ou a habitualidade, que devem ser também considerados quanto ao sujeito ativo do crime.

---

[23] Heleno Cláudio Fragoso. *Lições de Direito Penal*, Forense, 1995, p. 269.

[24] "Fornecedor é toda pessoa física ou jurídica, pública ou privada, nacional ou estrangeira, bem como os entes despersonalizados, que desenvolvem atividades de produção, montagem, criação, construção, transformação, importação, exportação, distribuição ou comercialização de produtos ou prestação de serviços.

[25] Toshio Mukai, *Comentários*. Saraiva, 1991, p. 8.

[26] José Geraldo Brito Filomeno. *Manual de Direitos do Consumidor*. 3ª. ed. Atlas, p. 42.

Não vemos como, portanto, criminalizar-se o "agir" da *pessoa jurídica*. Claro, o ideal seria que, a exemplo de nações européias,[27] pudéssemos criminalizar a atuação da pessoa jurídica na órbita consumerista. Mas com o sistema constitucional vigente, com os princípios de Direito Penal insculpidos no art. 5º, CF, isso não se faz possível na órbita do consumidor. Destarte, quando o crime surgir por intermédio de uma pessoa jurídica, a investigação deve ser conduzida para apurar eventuais responsabilidades dos dirigentes desta, que agiram com culpabilidade, independente de sua posição na empresa (diretor, administrador ou gerente).

Dentre as pessoas jurídicas, podemos considerar fornecedores aqueles que lidam com a administração imobiliária, v.g., o locador (RT-720/45), sendo o locatário o sujeito passivo do crime; as atividades educacionais, serviços de transportes em geral, saúde, telefonia, correios.[28]

Existem atividades diversas na lei do consumidor, as quais, para a órbita da responsabilidade civil, se equiparam, mas na ótica penal devem ser distinguidas, sob pena de adotarmos a responsabilidade objetiva no plano penal do consumidor. Veja-se o caso de produto apresentado no mercado, em cuja produção comparecem várias empresas, vários fabricantes. No plano civil não há problema, onde a responsabilização é do fabricante, ou daquele que põe o produto em circulação, assegurando-lhe direito de regresso contra seu fornecedor.[29] No plano penal, todavia, há de ser devidamente apurado o nexo de causalidade entre a conduta de cada um (fabricante-fornecedor-montador) e o fato delituoso, onde pode surgir desde crimes dolosos e culposos, até o concurso de pessoas ou a isenção plena de responsabilidade penal. Daí a importância de uma investigação criminal bem conduzida, a fim de apurar-se a "medida da culpabilidade" dos envolvidos.

A pessoa jurídica *pública*, igualmente, não pode ser sujeito ativo em crimes contra o consumidor. Os seus dirigentes, sim, eventualmente podem sê-lo, sempre na medida de sua culpabilidade, apurando-se o nexo causal entre sua atuação e o fato delituoso.

Inviável a consideração penal de agente ativo às pessoas naturais *estrangeiras*, exceto se estiverem, eventualmente, no país. Isso deve restar bem esclarecido, uma vez que, com o advento do MERCOSUL,

---

[27] Ver: Klaus Tiedemann. "Responsabilidad penal de personas jurídicas y empresas en derecho comparado". *Revista de Ciências Criminais-IBCCRIM* RT, nº 11, p. 21

[28] Nesse sentido: João Batista de Almeida. *A proteção jurídica do consumidor*, p. 32.

[29] José Reinaldo de Lima Lopes. *Responsabilidade civil do fabricante*, RT, p. 88.

tais condutas devem ser levadas em consideração, dada sua repetição atualmente.

No aspecto penal, deve ser levada em conta uma hipótese interessante, que ocorre quando o fornecedor (agente do crime) é o fabricante e este não é identificado. No plano civil, a responsabilidade pode recair sobre o comerciante (art.13, I e II, CDC), mas naquela seara isso seria possível? Temos que nesta hipótese, mesma forma, a investigação criminal deve apurar a devida atuação do comerciante. Se este agiu sabendo ou devendo saber do fato de que sua conduta era indevida, responderá criminalmente pela lei penal do consumidor. Mas se agiu com negligência, imperícia ou imprudência, só será punido, à evidência, se o tipo que o enquadrar agasalhar o crime culposo. Em outras palavras: não é sempre que o comerciante responde pela lei penal do consumidor, ou, pode responder civilmente, mas não penalmente.

Os entes *despersonalizados*, destituídos do atributo da personalidade, mesma forma, não podem ser penalizados. Mas como possuem capacidade postulacional, como as entidades de fato, seus responsáveis podem sê-lo, na medida de sua culpabilidade.

Os *revendedores e os distribuidores*, igualmente, podem ser responsabilizados criminalmente. Aqueles, porque muitas vezes ocupam o lugar de comerciante ou de prestação de assistência técnica e manutenção, sendo que até se confundem com o próprio fabricante; os distribuidores, porque, tendo relação direta com o produto ou o serviço, via de regra, têm ciência da tecnologia aplicada e dos eventuais defeitos que apresentam. Destarte, novamente, é o inquérito policial que armará o agente ministerial para a devida persecução penal.

No tocante aos *profissionais liberais*, porque prestadores de serviços, eles podem incidir na lei penal do consumidor. Faz-se necessário distinguir, como adverte Oscar Ivan Prux,[30] pois, neste tipo de prestação de serviços pelo profissional liberal existem duas espécies de obrigações: as chamadas obrigações de meio e as obrigações de resultado.

Aqui, pedimos socorro ao Direito Civil, porque *obrigação de meio* é aquela em que o devedor se obriga tão-somente a usar da prudência e diligência normais na prestação de certo serviço para atingir um resultado, sem, contudo, comprometer-se a obtê-lo;[31] *obrigação de resultado* é aquela em que o credor tem o direito de exigir do devedor a

[30] *In:* "Um novo enfoque quanto à responsabilidade civil do profissional liberal", *RDCon* 19/205.

[31] Maria Helena Diniz. *Dicionário Jurídico*, vol. 3, p. 412.

produção de um resultado, sem o qual haverá o inadimplemento da relação obrigacional.[32]

Pensamos que, quando se tratar de obrigação de meio, o profissional responderá apenas na medida de sua culpabilidade, mas pela lei penal comum. Veja-se o caso de profissional médico, que ao fazer uma cirurgia, imperitamente, acaba causando lesão corporal no paciente; ou uma enfermeira, que acaba ministrando medicamento indevido ao doente, ocasionando-lhe a morte ou lesão grave. Aplica-se o Código Penal em tais casos.

Em se tratando de obrigação de resultado, porém, o entendimento é diverso, uma vez que, nesse tipo de obrigação, às vezes surgido pela publicidade massiva do profissional, este é contratado para uma tarefa onde vale sua simples experiência, ou seja, não há risco de erro na realização da atividade contratada. Em ocorrendo lesão ou prejuízo ao consumidor, havendo previsão penal, claro, aplica-se a lei consumerista. Veja-se o caso de profissional que afirme, por publicidade, conseguir determinado resultado favorável ao seu eventual cliente (uma ação judicial, v.g.). Obviamente, existem casos da impossibilidade de cumprimento dessa promessa, o que pode caracterizá-la como uma publicidade verdadeiramente enganosa, aplicando-se o CDC (art. 67, CDC).

Concluindo, parece-nos que, como disse João Batista de Almeida, é mais cômodo definir fornecedor por exclusão, isto é, dizer quem não pode ser considerado agente ativo do crime. Nesse passo, "só estariam excluídos do conceito de fornecedor aqueles que exerçam ou pratiquem transações típicas de direito privado e sem o caráter de profissão ou atividade, como a compra e venda de imóvel entre pessoas físicas particulares, por acerto direto e sem qualquer influência da publicidade.[33]

3.2.2. Concurso de pessoas e responsabilidade das pessoas jurídicas

Quando o fornecedor é pessoa física ou natural, a questão da identificação do sujeito ativo não apresenta maiores problemas. Também, assim, quando a pessoa jurídica é constituída de apenas uma "pessoa", um diretor, um administrador, enfim. Porém, quando o fornecedor aparece sob a forma de sociedades, ou de pessoa jurídica organizada em estruturas, ou até pessoa jurídica formada de outras pessoas jurídicas (casos de fusão, incorporação, grandes conglomera-

[32] Idem.

[33] *In: A proteção jurídica do consumidor*, Saraiva, 1993, p. 31.

dos empresariais, etc.) é que surge a dificuldade na identificação do real agente do crime contra as relações de consumo.

Essa dificuldade já havia sido apontada muito antes da edição do Código de Defesa do Consumidor, sendo que Paulo Salvador Frontini, em escrito clássico, dizia ser "praticamente impossível localizar dentro da empresa - cujos órgãos de decisão são colegiados - o verdadeiro responsável pela conduta punível".[34]

Não se pode olvidar, ainda, a existência de sociedades fornecedoras sem personalidade jurídica, porque seus atos constitutivos não estão registrados, mas que, mesmo assim, a lei as considera existentes no plano civil, que são as chamadas *sociedades de fato* ou *entes despersonalizados*.

Tentando explicitar essa questão é que surgiu o art. 75, dispondo sobre a responsabilidade criminal de diretores, administradores e gerentes de fornecedores pessoas jurídicas.

O crime "cometido" pela pessoa jurídica (*rectius*: através de) ou a responsabilidade penal das pessoas coletivas é "vasto, cheio de ciladas e difícil de dominar, designadamente por causa das diferentes concepções existentes a seu respeito", como expressa Raymond Screvens.[35] Recentemente, aliás, surgiu magnífico estudo sobre o assunto.[36]

Mas não é de hoje que penalistas de escol sugerem uma revisão dos princípios do Direito Penal Moderno, para incluir a responsabilidade criminal de pessoas jurídicas,[37] inclusive, criando forma de participação dos diretores nos delitos praticados por prepostos, invocando-se a culpa *in eligendo, in negligendo ou in vigilando*, como referiu Manoel Pedro Pimentel.[38] Maggiore, no entanto, apontou essa pretensão de inútil, danosa e imoral.

Temos visto o crescimento assustador de tais entes, nascidos por força do próprio aparato legislativo e pelo incentivo do modelo econômico implantado no país, quando servem para "esconder" pessoas físicas na prática de crimes. Neles a responsabilidade penal é diluída, desconhecendo-se até o *modus operandi* do agente, como bem apontou Paulo Salvador Frontini.

Os princípios basilares do Direito Penal Moderno, por seu turno, são: legalidade, responsabilidade pessoal, culpabilidade, individua-

---

[34] *In* "Crime Econômico por meio da empresa. Relevância da omissão causal". *Revista de Direito Mercantil*, nº 5/44.

[35] *Apud* Manuel António Lopes Rocha. *A responsabilidade penal das pessoas colectivas - Novas perspectivas. Direito Penal Econômico*. Coimbra: Almedina, 1985, p. 109.

[36] Sérgio Salomão Shecaira. *Responsabilidade Penal da Pessoa Jurídica*. São Paulo: RT, 1998

[37] Gérson Pereira dos Santos. *Direito Penal Econômico*. São Paulo: Saraiva, 1981, p. 132.

[38] *In* "Aspectos Penais do CDC". *Revista dos Tribunais*, 661/255.

lização da pena, presunção de inocência (art. 5º, incs. XXXIX, XLV, LVI, LVII e LVIII, da Carta Federal) e intervenção mínima, sendo que vários desses princípios não podem ser aplicados à pessoa jurídica.[39]

A pretensão de se impor sanção penal às pessoas jurídicas, consoante ensina Zaffaroni, é um dos caminhos que com maior freqüência se nega ou se pretende negar o princípio de que não há delito sem conduta (*nullum crimen sine conducta*). É do Direito Romano, aliás, o aforismo *societas delinquere non potest* - a sociedade não pode delinqüir. Em outras palavras: a pessoa jurídica não pode ser réu em processo penal.

Na questão da responsabilidade penal das pessoas jurídicas alinham-se três teorias: 1) da ficção; 2) da realidade e 3) abstracionista.

Pela teoria da ficção, a pessoa jurídica é reduzida a uma entidade fictícia, distinta dos seus membros e é sobre estes que a pena deve recair. Seus defensores foram Savigny e Windscheid. A teoria nega a possibilidade de a pessoa jurídica ser sujeito de Direito Penal.

Pela teoria da realidade existe a responsabilidade penal das pessoas jurídicas, pois estas teriam uma vontade coletiva, objetivada e distinta da vontade subjetiva dos indivíduos que a compõem. Seus defensores: Giercke, Mestre, De Marsico e outros.

Na terceira teoria, desconsiderada por grande parte da doutrina, a pessoa jurídica é mera abstração, incapaz de vontade criminosa no seu todo, limitando-se ao agir contravencional, declarando-se passível apenas de sanções administrativas de polícia, jamais penais.[40]

Os argumentos contrários à responsabilização criminal das pessoas coletivas, ou jurídicas, que se amparam nos princípios do Direito Penal Moderno já citados, não são irrespondíveis, como apontou o jurista português Manuel Antonio Lopes Rocha.[41] Mas as dificuldades persistem.

O Direito Penal Francês (março de 1994) passou a adotar a responsabilidade criminal para as pessoas jurídicas, mediante a imposição de penas de multa, interdição temporária e até uma espécie de "pena de morte" à pessoa jurídica, através de sua dissolução pura e simples.

Em recente Seminário de Direito Penal Econômico, realizado em Porto Alegre, o Prof. Klaus Tiedemann disse-nos que a plena responsabilidade penal das pessoas jurídicas *também existe* nos direitos inglês, escocês, irlandês, holandês e norueguês.

No Brasil, tem-se pretendido ver nos arts. 173, § 5º, e 225, § 3º, da Carta Federal, a possibilidade da responsabilização criminal às pes-

---

39 V. Min. Vicente Cernicchiaro. *Direito Penal e Constituição*. São Paulo: RT, 1991, p. 142.

40 Giuseppe Maggiore. *Derecho Penal*. Bogotá: Temis, 1985, p. 475.

41 *In Direito Penal Económico*. CEJ, 1985, pp. 119 e ss.

soas jurídicas. Pelo menos, assim professa o Des. Gérson Pereira dos Santos, entendendo que a atual Constituição acolhe, nas condutas e atividades lesivas ao meio ambiente, sanções penais e administrativas para as pessoas físicas e jurídicas.[42]

José Henrique Pierangelli[43] e René Ariel Dotti,[44] porém, em excelentes estudos, concluíram que tal pretensão não se faz possível com os textos atualmente inscritos na Constituição, eis que se colidiria com direitos e garantias fundamentais do cidadão e até com vários daqueles princípios de Direito Penal.

No direito penal ambiental, porém, surgiu a Lei 9.605/98, instituindo crimes ambientais e responsabilizando a pessoa jurídica, mas sem trazer um devido norte procedimental, com o que está recebendo acirradas críticas.

É com o art. 75, CDC, que a lei penal do consumidor inicia a aplicação da pena, tratando do concurso de pessoas, e referindo a responsabilidade criminal dos diretores, administradores ou gerentes da pessoa jurídica.

Com relação ao *concurso de pessoas*, o dispositivo em estudo já foi taxado de "supérfluo", "inadequado", "heresia", "prolixo" e de "cartola de mágico".

Realmente, à luz do Direito Penal, a lei do consumidor, ao tratar do concurso de pessoas, é repetitiva e desnecessária: repete, com outras palavras, o art. 29, *caput*, do Código Penal, e desmerece o princípio dos arts. 12 do Código Penal e 61 do próprio CDC: as regras gerais do Código Penal aplicam-se aos fatos incriminados na lei especial, se esta não dispuser de modo diverso.

A doutrina tem entendido que o artigo trouxe responsabilidade criminal da pessoa jurídica, pelos diretores, administradores ou gerentes[45] ou a responsabilidade penal objetiva destes.[46]

Responsabilidade penal objetiva, como sabemos, pelas lições de Damásio de Jesus, ocorre quando há sujeição de alguém à imposição de pena sem que tenha agido com dolo ou culpa, ou sem que tenha ficado demonstrada a sua culpabilidade, com fundamento no simples nexo de causalidade material.[47]

---

[42] *In* "Societas delinquere non potest". *Fascículos de Ciências Penais*. v. 5. Porto Alegre: Ed Sergio Fabris, 1992, p. 91.

[43] *In* "A responsabilidade penal das pessoas jurídicas e a Constituição". *Revista do MPRS*, 1992, nº 28/60.

[44] *In* "A incapacidade criminal da pessoa jurídica". *Revista do IBCCRIM*, 11/184 e ss.

[45] Luisi. *Op. cit.*, p. 74

[46] Paulo Costa Jr. *Op. cit.*, p. 252.

[47] *In Direito Penal, Parte Geral*. São Paulo: Saraiva, 1985, p. 397.

Dizer-se que há responsabilidade criminal das pessoas jurídicas pelos diretores, administradores ou gerentes é uma forma suave de responsabilizar àquela, violando-se, assim, os princípios do Direito Penal e o clássico *societas delinquere non potest*. Afinal, sempre uma pessoa jurídica terá diretores, ou administradores, ou gerentes. Então, sempre responsabilizar-se-á aquela nas pessoas destes.

Não nos parece, por outro lado, que o legislador do art. 75 tenha pretendido criar para os administradores da pessoa jurídica um dever de zelo ou cuidado acessório com o produto ou o serviço, uma vez que este dever é inerente ao sistema de defesa do consumidor, pois traz a responsabilidade civil objetiva.

Então, à vista de tais entendimentos, o art. 75 contém uma incredulidade: responsabiliza subjetivamente, na medida da culpabilidade, àqueles que concorrem ao crime (que podem ser administradores, diretores ou gerentes) e responsabiliza objetivamente só porque se é diretor, administrador ou gerente?

O artigo estudado, então, impõe outras questões: quis a lei penal do consumidor consagrar a responsabilidade penal das pessoas jurídicas? A responsabilidade, tal como consagrada no dispositivo, é objetiva? Se não há responsabilidade penal das pessoas jurídicas, como interpretar o art. 75 relativamente ao diretor, administrador ou gerente?

Já vimos a impossibilidade de responder afirmativamente acerca da responsabilidade penal da pessoa jurídica, o que seria até inconstitucional. Disso decorre evidente negativa à segunda questão: inexiste responsabilidade penal objetiva no Direito Penal, principalmente da pessoa jurídica.

O Prof. Alberto Zacharias Toron demonstrou que o art. 11 da Lei nº 8.137/90, que trata das relações de consumo, ao dispor "quem, de qualquer modo, inclusive por meio de pessoa jurídica, concorre para os crimes definidos nesta lei, incide nas penas a estes cominadas, na medida de sua culpabilidade", teria revogado parte do art. 75, CDC.[48]

Igualmente, ousamos afirmar que o artigo 11 da Lei nº 8.137/90, por tratar também de relações de consumo, por ser lei posterior ao CDC e por incluir, na matéria de concurso de pessoas, a referência a "inclusive por meio de pessoa jurídica" tornou sem sentido o artigo 75, CDC. Revogado este, portanto.

Dessa forma, o sistema fica harmônico sem a menção a diretor, administrador ou gerente: basta a inclusão de qualquer um, ou de

---

48 *In* "Aspectos penais da proteção ao consumidor". *Fascículos de Ciências Penais*. v.4. Porto Alegre: Ed. Sergio Fabris, 1991, p. 54.

todos, no liame subjetivo do crime, para responderem "na medida de sua culpabilidade".

Era isso, aliás, em outras palavras, que preconizava o mestre Paulo Salvador Frontini em seu estudo já referido.

3.3. ASPECTOS TEMPORAIS E ESPACIAIS DOS CRIMES CONTRA O CONSUMIDOR

Aqui é de se analisar, também sob a ótica penal comum, a questão relativa ao tempo de ocorrência do crime contra o consumidor, ou seja, ao momento consumativo, bem como aquela do espaço territorial onde se considera consumado.

3.3.1. Tempo do crime

Com relação ao tempo do crime contra o consumidor, sabe-se, aplica-se a teoria da atividade, prevista no art. 4º do Código Penal: considera-se praticado o crime no momento da ação ou omissão, ainda que outro seja o momento do resultado.

Diz Alberto da Silva Franco que é neste momento da ação ou omissão que se objetiva o querer do agente e, portanto, revela-se a sua rebeldia ao comando da lei, aí devendo-se situar o *tempus delicti*.[49]

O tempo do crime fixa a lei que o vai reger, a imputabilidade do sujeito, os elementos subjetivos, a prescrição, bem como a questão do eventual surgimento de nova lei contra os crimes de consumo que por aí pode ser solucionada.

Veja-se que a lei penal do consumidor trouxe situação explícita a ser resolvida por essa teoria. No art. 118 dispôs-se que a lei de defesa do consumidor entraria em vigor dentro de 180 (cento e oitenta) dias a contar de sua publicação, que ocorreu no DOU de 12.9.90. Assim, as condutas delitivas ocorridas de 12.9.90 até 11.3.91, embora previstas nos arts. 63 até 74 do CDC, seriam atípicas pela lei penal do consumidor, não obstante pudessem ser típicas sob a ótica do direito penal comum. Outra questão interessante é que as condutas contra as relações de consumo poderiam ser criminalizadas sob a Lei 8.137/90, a partir de janeiro/91.

Um caso interessante foi decidido pelo Tribunal de Alçada do Rio Grande do Sul, onde se considerou a aplicação do art. 66 do CDC em lugar do art. 171 do Código Penal, para um crime ocorrido no tempo daquela *vacatio legis* do art.118, CDC, por força da retroatividade *in mellius* do art. 2º do Código Penal.

[49] *In Código Penal e sua Interpretação Jurisprudencial.* São Paulo: RT, 1990, p. 39.

Ficou assim ementado dito acórdão:

"CÓDIGO DO CONSUMIDOR. PROPAGANDA ENGANOSA. CRIME CONTRA AS RELAÇÕES DE CONSUMO. Divulgação de curso supletivo não legalizado com lesão aos alunos matriculados freqüentadores das aulas. Evento iniciado no interregno da *vacatio legis*. Infração penal tipificada por imperativo de aplicação do princípio da lei mais benigna. Retroatividade *in mellius*. Concessão do *sursis*. Apelação provida em parte. Unânime." (Rel. Léo Afonso E. Pereira, *in Julgados do TARGS*, 90/64).

3.3.2. Lugar do crime

Também tem importância nessa matéria, intermediando-se com a do processo penal, a questão relativa *ao lugar do crime* contra o consumidor, principalmente levando-se em conta a intensificação comercial do Brasil com outros países.

Agora, com a criação do MERCOSUL (Mercado Comum do Sul), através do Tratado de Assunção,[50] é de se atentar o eventual surgimento de problemas aos consumidores, decorrentes da comercialização de produtos e até de serviços defeituosos, viciados, de um país para outro, que possam dar origem a crimes contra o consumidor previstos em nossa lei.

Já advertia Cervini que as agressões mais lesivas ao consumidor revestem caráter transnacional, e seus autores costumam romper o circuito de validade e de eficácia das normas penais nacionais.[51]

Ao nível penal comum, *locus comissi delicti*, ou lugar do crime considera-se o lugar em que ocorreu a ação ou omissão, no todo ou em parte, bem como onde se produziu ou deveria produzir-se o resultado (art. 6º, CP).

Quando o produto ou o serviço se originam em nosso país, não há problema, e a questão se resolve pelas regras normais de competência, nos termos do art. 70, *caput*, do Código de Processo Penal: "A competência será, de regra, determinada pelo lugar em que se consumar a infração".

Está consumado o crime, lembrando Mirabete, quando o tipo está inteiramente realizado, ou seja, quando o fato concreto se subsume no tipo abstrato descrito na lei penal.[52]

---

[50] Realizado na Cidade de Assunção-Paraguai, em 26.3.91, assinando pelo Brasil o Presidente Fernando Collor de Mello.

[51] Raúl Cervini. Artigo em *A proteção do consumidor no Brasil e no MERCOSUL*. Porto Alegre: Livraria do Advogado Editora, 1994, p. 203.

[52] Julio Fabbrini. *Manual de Direito Penal*. São Paulo: Atlas, 1985, p. 154.

Todavia, na lei criminal do consumidor, tal problema deve ser tratado com certo cuidado, eis que, muitos tipos dela constantes são crimes de mera conduta, crimes nos quais é despiciendo o resultado naturalístico, surgindo discussão acerca da natureza de tais crimes para uma melhor análise.

Suponha-se o crime do art. 63, CDC, crime omissivo próprio, que se tenha consumado em Manaus, *v.g.*, tão-só com a omissão pelo fabricante de dizeres sobre a nocividade de certo produto. O produto é embalado em Manaus e vem para o comércio do Rio Grande do Sul. Aqui se descobre o crime havido. Mas vamos complicar a hipótese: o produto é embalado em Buenos Aires (ARG) e vem para São Paulo (BR), em virtude do MERCOSUL, onde aqui se constata aquela conduta criminosa.

No primeiro caso, não há mistério, procedendo-se de acordo com a regra processual penal antes mencionada; mas, no segundo é que surgem os problemas a serem considerados, exatamente porque com acordos onde se pretende intensificar as relações de comércio, pela supressão tarifária, os delitos tendem a se multiplicar. Afinal, tais delitos assumem caráter de crimes à distância e assim "adquirem maior grau de eficácia e estão mais a salvo da ação do sistema penal".[53]

Aí é preciso que se distingam as situações, pois necessário que se estude se o tipo penal é crime de mera conduta ou de resultado naturalístico, ou material, porque também surge a importância da determinação do lugar do crime.

Sabemos, os momentos executivo e consumativo do crime podem não coincidir. Quando o crime se integra no plano jurídico, diz-se que estamos diante de seu momento consumativo; dizendo-se executivo aquele momento em que o agente completa a ação ou a omissão no plano natural, como lecionou o saudoso Manoel Pedro Pimentel.[54]

Então, nos crimes de mera conduta, nos crimes omissivos, por serem crimes sem resultado, consumam-se com a execução da conduta, aliás, "são os únicos em que se confundem os momentos executivo e consumativo".[55] Daí dizer-se que se o crime está na mera conduta, realizada esta, perfeito estará o crime.[56]

Em nosso exemplo, portanto, o crime se consumou em Buenos Aires e aí aparece a situação de como aplicar a lei penal brasileira à espécie, se é que se pode aplicar.

---

[53] Cervini. *Op. cit.*, p. 198.

[54] *In Crimes de mera conduta*. São Paulo: RT, 1975, p. 100.

[55] Idem.

[56] Ibidem.

Não há notícia de existência de Tratado Internacional em matéria de defesa penal do consumidor entre o Brasil e outros países, inclusive com os integrantes do MERCOSUL, cujo Tratado de Assunção não abordou a questão penal, e sim a estritamente comercial. Até quando o Protocolo de Las Leñas fez referência à jurisdição penal, salientou somente casos de "reparação de danos" e "restituição de bens". Não se falou em sanções penais. Na Argentina não temos legislação similar às normas penais brasileiras de defesa co consumidor.

Daí não se poder falar em aplicação pura e simples do art. 7º e incisos do Código Penal, pois além de não atendido o requisito prévio referente ao Tratado, ainda existem outros óbices, tais como a necessidade de entrar o agente em território nacional, intervenção do Ministro da Justiça etc.

O Brasil é um dos países com a lei de defesa do consumidor mais avançada do mundo. Os países do MERCOSUL e até outros do estrangeiro ainda têm legislação esparsa e/ou deficiente, quando não inexistente.

Essa questão também deve ser pensada no plano penal, porque na esfera civil já existe proteção indenizatória aos consumidores brasileiros, ante a responsabilização direta do importador (arts. 12 e 13, do CDC) da mercadoria ou serviço prejudicial.

Então, é de se entender que, embora com lei moderna, o país está desprotegido quando existe o crime transnacional contra o consumidor, porque muitas das infrações penais contra o consumidor descritas no CDC ou não existem no exterior ou não existe qualquer Tratado Internacional para a repressão desses crimes.

Daí que a conduta praticada em Buenos Aires é atípica.

Impõe-se, portanto, que os futuros Tratados Internacionais levem em consideração, também, não só a matéria econômica, comercial, mas principalmente o Direito Penal do Consumidor.

3.3.3. Concurso de crimes e conflito aparente de normas penais

Suponhamos que o fornecedor, com uma só omissão, dê causa a dois crimes, um da lei penal do consumidor e outro do Código Penal. Suponha-se que o agente fornecedor omita sinais ostensivos sobre a periculosidade de certo produto de periculosidade inerente, que utilizado venha a causar deformidade permanente, ou lesão corporal grave no consumidor. Isso aconteceu no caso "talidomida", onde a empresa "Chemie Grunenthal" promoveu a droga como maravilhosa e potente, sem qualquer sinal de toxicidade.[57]

[57] Russel Mokhiber. *Crimes Corporativos, op. cit.*, p. 370

Agora, vamos supor que o fornecedor, ao cobrar certa conta (dívida), se utilize de ameaça à integridade física do consumidor. Na espécie, igualmente, parece que a conduta do fornecedor estaria subsumida nos arts. 147, CP, e 71 do CDC. Isso acontece diuturnamente.

A doutrina não tem sido uníssona, ora se falando que o caso primeiro se resolve pelo concurso de crimes,[58] ora se ensinando que o segundo se resolve pelo concurso aparente de normas penais.[59] Mas é preciso distinguir, assim como se distingue o concurso de crimes do concurso aparente de normas penais.

As formas de concurso de crimes, sabemos, são o concurso material (art. 69, CP) o concurso formal (art. 70, CP) e o crime continuado (art. 71, CP).

O concurso material surge quando o agente, mediante mais de uma ação ou omissão, pratica dois ou mais crimes, idênticos ou não; o concurso formal, também chamado de ideal, aparece quando o agente, mediante uma só ação ou omissão, pratica dois ou mais crimes; no crime continuado, o agente, mediante mais de uma ação ou omissão, pratica dois ou mais crimes da mesma espécie e, pelas condições de tempo, lugar, maneira de execução e outras semelhantes, devem os subseqüentes ser havidos como continuação do primeiro.

O concurso aparente de leis,[60] ou conflito aparente de normas,[61] soluciona questões que, para a mesma e única conduta, há a previsão de dois crimes diferentes.[62] Isso se resolve pelos princípios da especialidade *(lex specialis derogat generalis)*, da subsidiariedade (*lex primaria derogat legi subsidiariae*) e da consunção *(lex consumens derogat legi consumptae)*.

Poderíamos admitir que tanto na primeira hipótese existe uma única conduta (o fornecedor omitiu informação), como existe na segunda (o fornecedor ameaçou alguém); também podemos admitir que tanto na primeira hipótese existem dois crimes (o fornecedor violou o CDC, quando omitiu a informação, e o CP, quando feriu culposamente alguém) como na segunda (o fornecedor violou o CP, quando ameaçou, e o CDC, quando a ameaça era para cobrar dívida).

---

58 Francisco Cavalcanti. *Comentários ao Código de Proteção e Defesa do Consumidor*. Belo Horizonte: Del Rey, 1991, p. 143.

59 Nascimento. *Op. cit.*, p. 152.

60 Luis Jiménez de Asúa. *Principios de Derecho Penal*. Buenos Aires: Abeledo Perrot, 1990, p. 141.

61 Damásio de Jesus. *Direito Penal*. v.1, Saraiva, 1985, p. 92.

62 Nascimento. *Op. cit.*, p. 152.

Não se pode confundir, como já advertiram Fragoso[63] e Damásio de Jesus,[64] o concurso de crimes e o conflito aparente de normas penais.

Na primeira hipótese, existe típico concurso formal de crimes, ou seja, com uma única conduta dois crimes foram cometidos, ou seja, foram violados dois bens jurídicos. No segundo caso, uma única conduta e um só bem jurídico foi violado: a relação de consumo, porque a ameaça decorre dessa relação entre fornecedor e consumidor.

Então, não se pode fechar o raciocínio dizendo-se que tudo se resolve pelo conflito aparente de normas, mas, sim, que plenamente possível a existência efetiva de concurso formal de crimes.

Note-se, ainda, que o art. 71, CDC, apresenta-se como um crime complexo, isto é, encerra dois ou mais tipos em uma só descrição legal e quanto a isso não está encerrada a discussão sobre qual princípio incide no crime complexo. Uns entendem que existe consunção e para outros é caso de especialidade.[65]

3.3.4. A ação penal e o processo penal nos crimes do consumidor

A ação penal para alguns crimes contra as relações de consumo sofreu modificações com a edição da Lei dos Juizados Especiais (Lei Federal nº 9.099, de 26.9.95).

Em princípio, a ação penal no CDC é pública e incondicionada, ou seja, praticado o crime, age-se de ofício, geralmente sem necessidade de qualquer representação. Aqui, presente o princípio da obrigatoriedade da ação penal, porque normas de ordem pública aquelas de respeito ao consumidor. Claro, o Ministério Público pode pedir o arquivamento do inquérito e em sendo atendido: *tollitur quaestio*. Mas o juiz pode tomar providências da lei processual penal, até encaminhando o inquérito ao Procurador-Geral, quando discordar do entendimento do *parquet* (art. 28, CPP). O Procurador-Geral, por seu turno, designará outro agente para oferecer a denúncia, caso concordar com o Juízo, ou ratificará aquele entendimento inicial, quando o inquérito será arquivado, descabendo qualquer recurso.

É incondicionada a ação penal, porque o seu exercício não se subordina a qualquer requisito, isto é, pode ser iniciada sem a manifestação de vontade de qualquer pessoa.[66]

---

[63] Heleno Claudio. *Lições de Direito Penal*. Rio de Janeiro: Forense, 1985, p. 374.

[64] *Op. cit.*, p. 94.

[65] V. por todos Damásio de Jesus. *Op. cit.*, p. 101.

[66] Damásio de Jesus. *Código de Processo Penal Anotado*. São Paulo: Saraiva, 1990, p. 17.

É de se observar, no entanto, que com a edição da Lei nº 9.099/95 surge o chamado *princípio da oportunidade*, bem como a necessidade de representação da vítima nos crimes de lesões leves ou culposas contra o consumidor (art. 88).

Pela oportunidade, o Ministério Público poderá transigir quanto ao oferecimento da denúncia, ou seja, a peça acusatória ficará na dependência do cumprimento de condições previamente firmadas pela acusação e réu. Adiante, no título próprio, analiso mais aprofundadamente a questão.

A CF/88 expressamente admitiu a queixa subsidiária da denúncia, quando esta não intentada no prazo legal (art. 5º, LIX). Daí por que se admite a ação penal subsidiária, ajuizada pelas entidades representativas do consumidor, públicas ou privadas, como dispõe o art. 80, CDC, mas tão-somente quando o agente não se manifestar no prazo legal, que é de quinze dias se o fornecedor estiver solto ou afiançado, ou de cinco, se preso, contado da data em que o agente receber o IP (art. 46, CPP) ou concluir a investigação que fizer.[67]

Entendemos que, por questão de igualdade processual, o Ministério Público pode aditar a queixa, repudiá-la, oferecer denúncia substitutiva e intervir em todos os atos do processo e retomar a ação penal como parte principal, como dispõe a lei do processo penal (art. 29, CPP).

O processo penal, porque não descrito no CDC, e porque seus crimes são apenados com detenção, pode iniciar por denúncia (art. 394, CPP) ou queixa subsidiária (art. 80, CDC): há o recebimento da denúncia ou da queixa, interrogatório, defesa prévia com o máximo de cinco testemunhas (art. 539, CPP) e audiência de instrução e julgamento, com a ouvida das testemunhas da denúncia e da defesa; após, debates orais reduzidos a termo e sentença (em audiência ou não).

A jurisdição criminal é da Justiça Comum. No Estado do Rio Grande do Sul, os crimes contra as relações de consumo serão julgados pelos Pretores, por força do Código de Organização Judiciária do RS.

3.3.5. Juizados especiais de causas criminais (Lei nº 9.099/95)

A Constituição Federal, em seu art. 98, inc.I, determinou que a União, no Distrito Federal e nos Territórios, e os Estados criassem juizados especiais, providos por juízes togados ou togados e leigos, para julgamento das "infrações penais de menor potencial ofensivo".

[67] José Paganella Boschi. *Ação Penal*. Rio de Janeiro: Aide, 1997, p. 169, anota que é inconstitucional o disposto no art. 80, CDC, no que diz respeito à ação penal subsidiária.

O advento da Lei Federal nº 9.099, de 26 de setembro de 1995, definiu tais *infrações de menor potencial ofensivo* como as contravenções e crimes a que a lei comine pena máxima não superior a um ano, excetuados os casos em que a lei preveja procedimento especial (art. 61). Então, ressalvados aqueles procedimentos de lei especial, o critério adotado pelo legislador é o da quantidade da pena, desimportando sua qualidade (reclusão, detenção ou prisão simples). A lei, realmente, inaugurou uma nova fase do direito e do processo penal brasileiro, porque insere naquele as novas tendências da Criminologia, dando razão a Garcia-Pablos de Molina, que salientava o processo de revisão do saber criminológico, desmistificador e relativizador de velhos conceitos, que "amplia e enriquece nossos conhecimentos sobre o problema criminal".[68]

Daí que a situação do processo para *alguns dos crimes* contra o consumidor muda com o advento dessa lei (Lei dos Juizados Especiais-LJE) e com a expedição das leis estaduais, que terão de disciplinar "a organização, composição e competência" dos Juizados (art. 93), bem como a questão das "despesas processuais reduzidas", para casos de homologação de acordo civil e aplicação de pena restritiva de direito ou multa (art. 87, LJE).

A Constituição Estadual do Rio Grande do Sul outorga competência ao Tribunal de Justiça para propor à Assembléia Legislativa as normas de processo e de procedimento que serão aplicáveis aos Juizados Especiais e de Pequenas Causas (art. 95, V, *g*).

A Lei Federal nº 7.244, de 7.11.84, que regulava a criação e o funcionamento do Juizado Especial de Pequenas Causas, foi expressamente revogada pela Lei nº 9.099/95 (art. 97).

O Rio Grande do Sul já havia implantado Juizados Especiais Cíveis através das Leis nº 9.442, 3.12.91, e 9.446, de 6.12.91.

A lei analisada (9.099/95) trouxe vantagens, mas também possíveis conseqüências práticas funestas à Justiça Criminal, principalmente no âmbito da prova.

A lei mescla matéria civil, principalmente no âmbito da autonomia da vontade para a efetivação de acordos judiciais, com a matéria penal. Aliás, parece que um dos objetivos principais do processo perante o juizado especial é reparação dos danos sofridos pela vítima (art. 62), onde se inclui, obviamente, o consumidor.

Permite-se, o que pode causar alguma facilidade, a descentralização dos serviços judiciários para os locais de maior facilidade de acesso ao consumidor vitimado, ou seja, o aparato judicial poderá ir

---

[68] *Criminologia*. Tradução de Luiz Flávio Gomes. São Paulo: Ed. RT, 1992, p. 31.

até o local onde estão as partes (art. 90), desde que tudo anunciado e todos intimados previamente, claro.

Lamentamos que, como previu a lei, os crimes com pena máxima não superior a um ano (arts. 63 § 2º; 66, *caput* e parágrafos; 67; 69 a 74, todos do CDC) foram considerados como *infrações penais de menor potencial ofensivo* (art.61, Lei nº 9.099/95). Parece-nos equivocado taxar-se, assim, um crime contra o consumidor. Ora, se é leve a pena imposta, isso não significa que o crime seja de "menor potencial ofensivo", uma vez que, em se tratando de interesses difusos, pertencentes a todos, sequer existem condições de saber quantos sujeitos passivos mediatos foram atingidos com o crime. Na comunidade de centenas ou milhares de consumidores não se pode entender um crime como de "menor potencial ofensivo", baseado tão-somente na pena imposta. Ninguém nega que a celeridade no julgamento de tais crimes deveria ser buscada, porém, sem macular a figura do consumidor e da relação de consumo, que é bem jurídico supra-individual.

Nos crimes dos arts. 63, § 2º, 66, § 2º, 69, 72, 73 e 74 do CDC, onde a pena é alternativa e inferior a um ano, quando o juiz aplicar a pena de multa unicamente, ainda poderá reduzi-la até a metade (art. 76, § 1º, LJE). É de se observar que a pena de multa deve ter prioridade na escolha judicial, aplicando-se, em princípio, a pena privativa de liberdade só quando a multa for impaga (art. 85, LJE). Quando o juiz sentenciante não optar pela pena de multa, onde esta for alternativa, deve justificar no ato sentencial a sua escolha, eis que aquela se apresenta, nos crimes de menor potencial ofensivo, como prioritária, uma vez que o norte legal é a sua aplicação (art. 62, LJE).

A LJE tornou discutível a possibilidade da lavratura do auto de prisão em flagrante com a imposição de fiança naqueles artigos acima apontados. Permite-se que o agente fornecedor, assumindo o compromisso perante termo firmado com a autoridade policial, compareça posteriormente ao Juizado, com isso afastando o flagrante (art. 69, parágrafo único, Lei 9.099/95), o que repercutirá também no art. 79 do CDC, até com seu possível afastamento.

É de se notar que o auto de prisão em flagrante é que foi abolido pela concordância do fornecedor em comparecer ao Juizado, mas como prova do fato delituoso ocorrido está plenamente substituído pelo termo lavrado pela autoridade policial e tem a mesma força probante daquele. Ocorre que o estado de flagrância é o crime acontecendo. O flagrante, como disse Magalhães Noronha, é *a certeza visual do crime*, prova plena, essencial da acusação. É de se considerar, ainda, que o agente de crime que está acontecendo, ou que aconteceu, só pode ser detido pela prisão em flagrante. É a prisão em flagrante que impede a reiteração da conduta criminosa. Isso está na Constituição Federal quando refere que ninguém será preso senão em flagrante delito (art. 5º, inc. LXI). Então, nesse ponto, jamais se pode afastar a prisão em flagrante que, no caso já exposto, repetimos, foi apenas substituída pelo termo de encaminhamento. O indiciado não é preso, mas foi "flagrado". Não vai preso, mas terá contra si o termo da autoridade policial, no qual deve o indiciado apor sua assinatura e, por segurança, estar acompanhado de defensor.

Aqui começam as dificuldades práticas, pois o agente do crime pode se negar a comparecer à polícia. Aí, s.m.j., então deverá ser autuado mesmo em flagrante, a fim de ser *conduzido* legitimamente ao juizado especial criminal. Ocorre que a autoridade policial, ou seja, em o crime ocorrendo, detido o agente, deve encaminhá-lo de imediato ao juizado, como diz o art. 69 da Lei 9.099/95. Encaminhar, já dizia Plácido e Silva, tem sentido de endereçar ou dirigir. Pergunta-se: como é que a autoridade policial vai "encaminhar" ao juizado um agente criminoso que não foi preso em flagrante? Parece-nos, repetimos, que a autoridade aí poderá lavrar o flagrante e conduzir coercitivamente, porque preso o agente. Aqui, o flagrante substitui o termo e é o que dá a força coercitiva à autoridade policial. Sem o flagrante, a condução de uma pessoa, contra sua vontade, ao juizado especial criminal é arbitrária (pois, na prática a pessoa está presa, detida pela autoridade) e pode redundar em abuso de autoridade. Esta arbitrariedade é uma situação não recomendável para uma "infração de menor potencial ofensivo".

Ademais, o compromisso assumido pelo fornecedor de comparecer à justiça especial não significa que compareça. Daí por que se deve dar força probante ao termo lavrado e ao compromisso assumido pelo indiciado.

A lei de 1995 criou duas "peças", chamadas de "proposta" e ambas oriundas do *parquet*, via de regra: uma, que afasta a denúncia escrita do Ministério Público, mas com valor daquela já recebida e sentença prolatada, onde o Ministério Público "propõe" penas restritivas de direito e multa (art. 76, *caput*, LJE); outra, a proposta de suspensão do processo penal contra o fornecedor, por dois a quatro anos, que deve vir com a denúncia oral (art. 89, *caput*, LJE). Deve priorizar-se, tanto na denúncia quanto na proposta, a via oral, porque devem ser reduzidas a termo (art. 78, LJE), com cópia entregue ao acusado. A proposta aceita pelo fornecedor impede-lhe a reincidência (art. 76, § 4º, LJE).

É interessante observar que o fornecedor pode não querer a "suspensão" proposta (art. 89, §§ 1º e 7º, LJE) que até lhe é desfavorável muitas vezes. Veja-se que pode o agente do crime preferir pagar uma multa em processo célere e livrar-se deste, até porque a multa não gera reincidência (art. 76 § 4º, LJE) a ficar três ou quatro anos "em período de observação", sujeito a ver recomeçar o processo. A suspensão, a rigor, cria uma espécie de *sursis* sem pena. Aliás, o dispositivo parece ferir o princípio constitucional da presunção de inocência, pois o acusado aceita contra si uma acusação, sem que haja qualquer decisão judicial declarando-o culpado e sem que o Ministério Público até então nada tenha provado. Pode ser prático, mas contraria o sistema processual penal de que a prova incumbe à acusação.

A suspensão do processo penal no tempo implica demora na instrução criminal e aí, a prática o diz, prejudicará o processo penal na busca da verdade material. Ocorre que no mais das vezes as testemunhas desaparecerão durante o tempo da suspensão, quiçá olvidando detalhes importantes do fato, mudança de endereço, etc., e o Ministério Público acabará não provando nada. Outro instituto que, pelo advento temporal, pode colaborar com a impunidade.

É o *princípio da oportunidade* da ação penal, adotado no direito alemão para a criminalidade de bagatela (*Opportunitätsprinzip*). Tal princípio é a faculdade outorgada ao titular da ação penal para dispor, sob determinadas condições, de seu exercício, com independência de que se tenha provado a existência de um fato punível contra um autor determinado, como anota Luiz Flávio Gomes.[69]

A proposta aceita pelo agente traz conseqüência triste ao consumidor, pois homologada ela tem força de sentença que não gera qualquer efeito civil (art. 76, § 6º). Na prática, isso significa a imposição de outra *via crucis* processual ao consumidor, que deverá dirigir-se ao juízo cível se quiser indenização. Claro, pode utilizar-se da sentença como princípio de prova no juízo cível, mas deste não se libertará. Aí, a lei contraria seu inicial propósito, que é de privilegiar o aspecto reparatório acima do criminal.

Apareceu o denominado procedimento sumariíssimo, com "denúncia oral" reduzida a termo, que oferece o Ministério Público (art. 77, LJE). É dispensado o inquérito policial, quando vier prova da materialidade. No caso de o fornecedor não comparecer à audiência, depois de intimado, ou nos casos de não acolhimento da proposta, falta de acordo entre as partes ou sua não-homologação pelo juiz, surge também aquela acusação.

Naqueles crimes da lei penal do consumidor, onde há pena de multa alternativa e ela for a imposta (arts. 63, § 2º; 66, § 2º;69; 72; 73 e

[69] *In Suspensão Condicional do Processo Penal*. São Paulo: RT, 1995, p. 31.

74, CDC) deve ser paga de imediato na Secretaria do próprio Juizado (art. 84, LJE), extinguindo-se a punibilidade. Agora, com o advento da Lei 9.714, de 25.11.98, pelo novo sistema de substituição, ficou mais difícil o envio de criminoso contra o consumidor ao cumprimento de pena detentiva.

Nos crimes referidos, muda também a competência recursal, que passa a ser das Turmas dos Juizados Especiais, compostas por três juízes de carreira (art. 82, LJE). Claro, seria desejável que da lei constasse a participação, nas Turmas, de Advogado e membro do Ministério Público, assim como existe na composição dos Tribunais. Cezar Roberto Bitencourt,[70] aliás, lembra que não faltará quem objete pela necessidade da participação daqueles classistas nas Turmas. Vemos que não tem sentido o afastamento dos classistas, numa espécie de "fechamento" do juizado, sem a oxigenação que o quinto também proporciona. Mas, assim como se encontra, não vemos inconstitucionalidade.

3.3.6. Jurisprudência

"CRIMES CONTRA AS RELAÇÕES DE CONSUMO. COMPETÊNCIA DOS JUIZADOS ESPECIAIS CRIMINAIS. Embora definidos em lei especial, por não estarem sujeitos a procedimento especial, as infrações definidas no Código de Defesa do Consumidor são de competência dos Juizados Especiais Criminais" (TACrimRJ, Confl.Competência n. 1.205, 3ª Câm., rel. Juiz Ricardo Bustamante, j. 23-9-97, *apud*, Boletim IBCCrim-61/226).

"*HABEAS CORPUS* contra os Juizados Especiais Criminais. Competência das Turmas Recursais. São as Turmas Recursais competentes para conhecer e julgar os *habeas corpus* interpostos contra os Juizados Especiais Criminais e não as Câmaras Criminais isoladas do Tribunal de Justiça, vez que este órgão tem a sua competência definida no art. 9º do Regimento Interno do Egrégio Tribunal, não se encontrando no mesmo qualquer referência aos Juizados Especiais Criminais. O enunciado nº 7, fruto do Encontro de coordenadores e juízes das Turmas Recursais dos Juizados Especiais, ressalta que cabe às Turmas Recursais julgar as ações constitucionais de *habeas corpus*" (TJRJ, HC n. 616/98, 2ª Ccrim, rel. des José Lucas Alves de Brito, j. 18-6-98, v.u., *apud*, Boletim IBCCrim-73/313).

---

[70] *Juizados Especiais Criminais e alternativas à pena de prisão*. Porto Alegre: Livraria do Advogado Editora. 1995, p. 49.

3.3.7. Da prescrição nos crimes contra o consumidor

Temos a prescrição como perda do poder-dever de punir do Estado pelo não-exercício da pretensão punitiva ou da pretensão executória durante certo tempo.[71]

Tanto a prescrição da pretensão punitiva (art. 109, Código Penal) quanto a prescrição da pretensão executória (art. 110, *caput*, do Código Penal) devem ser consideradas na lei penal do consumidor, eis que alguns dispositivos possuem penas detentivas de curta duração.

Apresentamos, pois, uma prévia visão da prescrição da pretensão punitiva dos tipos da lei penal do consumidor, à vista do art. 109, Código Penal:

Art. 63, *caput*; 63, § 1º; 64, *caput* e parágrafo único; 65, *caput*; 66, *caput* e § 1º; 67; 68; 70; 71; 72: prescrição punitiva em 04 anos;

Art. 63, § 2º; 66, § 2º; 69; 73 e 74: prescrição punitiva em 02 anos.

Consideramos, também, que o CDC permite a aplicação da pena de multa unicamente, e aí a prescrição opera-se em dois anos (art. 114, Código Penal).

A matéria da prescrição nos crimes da Lei 8.137/90 será vista adiante.

---

[71] Damásio de Jesus. *Prescrição Penal*. São Paulo: Saraiva, 1995, p. 20.

Capítulo IV

As penas no CDC e na Lei 8.137/90

4.1. GENERALIDADES

Se a prisão é uma exigência amarga, mas imprescindível, como disse Cezar R. Bitencourt,[1] a pena impõe-se, não só como deflagradora daquela, mas como retribuição do Estado, de caráter preventivo, ao comportamento ilícito do *cives*.

A pena sempre teve norte constitucional. Na Carta de 1988, mais da metade dos direitos e garantias individuais é dedicada aos infratores, criminosos e presos, como observou argutamente Miguel Reale,[2] obviamente, ali também se dispôs sobre a pena criminal, direta ou indiretamente (artigo 5º, incs. XXXIX, XLI, XLII, XLIII, XLV, XLVI, letra *e*, XLVII, XLVIII, XLIX, LVII, LXI, LXII, LXIII, LXIV, LXV, LXVI, LXVII e LXVIII CF/88).

Realmente, é difícil encontrar a pena correta e necessária para determinada conduta, aliás, para tanto já advertia Michel Foucault,[3] no sentido de que o castigo que convém para um crime repousa em uma tal desvantagem que torne definitivamente sem atração a idéia de um delito.

O Código de Defesa do Consumidor, ao lado das penas administrativas, trouxe também sanções penais, porque não teria sentido tal corpo de normas sem qualquer reprimenda. Seria como dar-se uma arma ao consumidor (a Lei) retirando-lhe a munição (as sanções penais), no que ele só poderia soltar a arma e sair correndo. Assim também a Lei 8.137/90.

Atendendo à praxe e à apontada dificuldade na feitura de leis penais, alguns críticos da lei do consumidor acharam grave que muitas condutas, que poderiam ser resolvidas nos âmbitos administrativo

[1] *In Falência da Pena de Prisão*. São Paulo: RT, 1993, p. 11.

[2] *Apud* Ives Gandra Martins. *Os direitos do infrator e a revisão constitucional*. FSP de 9.6.93.

[3] *In Vigiar e punir*. Trad. Ligia Vassalo. Rio de Janeiro: Vozes, 1987, p. 94.

e civil, foram criminalizadas. Mas no Brasil, com pena ou sem pena, o ilícito não recrudesce, e a fúria propagandística, v.g., de alguns fornecedores, é insana.

Com o atual sistema de penas vigente, inclusive, em relação ao crime contra a relação de consumo, equivoca-se o insigne ex-Des. Luiz Melíbio U. Machado,[4] quando disse que a legislação penal aparenta ser severa, *mas é frouxa, porque prevê sempre pena de prisão e termina não punindo ninguém, porque não deixa margem a castigos alternativos.*

Tem-se aqui, na verdade, um leque de modalidades de penas, pois, a lei do consumidor adotou as três espécies já previstas no Código Penal: privativa de liberdade, restritivas de direitos e multa, assim como está no diploma repressivo (art. 32 e incisos). Existem, portanto, castigos alternativos,[5] restando aos Juízes e Promotores a compreensão do fenômeno de Direito Penal Econômico, bem como da extensão e importância da relação de consumo no Direito Penal do Consumidor, do qual é verdadeiro epicentro.

Hoje, passado algum tempo da edição do CDC, temos que não foi feliz o legislador quando tentou um "sistema peculiar" de sanções, eis que, quando tentou inovar, complicou-se. Ora, se o sistema é o mesmo do Código Penal, a única tentativa de inovação foi a "ressurreição" de revogada pena acessória (art. 78, inc. II, CDC). Complicou-se, porque tal pena é inconstitucional.

Destarte, quando for o caso de aplicação da pena privativa de liberdade, pecuniária ou restritiva de direitos, considerando que a Lei 9.099/95 possibilitou a transação penal em inúmeros crimes do CDC, deve-se atender aos critérios normais de previsão e imposição das penas do Código Penal.

4.2. PENAS PRIVATIVAS DE LIBERDADE

Não se pretende discutir o acerto ou desacerto da adoção da pena que restringe o exercício do direito de liberdade, embora se saiba que a prisão tem sido apontada como o grande fracasso da justiça penal.[6]

As penas privativas de liberdade são a reclusão e a detenção, sendo que o Código do Consumidor e a Lei 8.137/90 adotaram apenas

---

[4] *In* "A cultura da impunidade". *Zero Hora* de 3.4.95, p. 21.

[5] No mesmo sentido: Cezar Roberto Bitencourt. *Juizados Especiais Criminais e alternativas à pena de prisão*. Porto Alegre: Livraria do Advogado Ed., 3ª ed., 1997, p. 190

[6] Luiz Régis Prado. *Multa Penal*, cit. p. 87. Ver também o livro do Prof. Cezar Roberto Bitencourt. *Juizados Especiais Criminais e Alternativa à Pena de Prisão*. Porto Alegre: Livraria do Advogado Editora, 1997.

a detenção. Tem-se aí, portanto, a moderna tendência de unificação do sistema prisional, como advertiram Mirabete e Cunha Luna.[7]

Em alguns tipos, o CDC adotou penas cumulativas, privativa de liberdade (detenção) e pecuniária (multa): arts. 63, *caput* e § 1º; 64 e parágrafo único; 65; 66 e § 1º; 67; 68; 70 e 71. Já na Lei 8.137/90, a pena é sempre alternativa (detenção ou multa). No primeiro caso (penas cumulativas), significa que o juiz deve aplicar a pena de detenção e depois a multa, executadas conjuntamente; no outro (penas alternativas) o juiz aplicará uma ou outra: ou a detenção, ou a multa (arts. 63, § 2º; 66, § 2º; 69, 72, 73 e 74, e art. 7º e incs. da Lei 8.137/90), ou a restrição de direitos, esta substituída. Enfim, escolhidas e devidamente justificadas na sentença, como necessárias e suficientes à repressão e prevenção do crime contra o consumidor.

A pena de detenção no CDC varia dos mínimos de um mês (arts. 63, § 2º; 66, § 2º; 69; 73 e 74); de três meses (arts. 66, *caput* e § 1º; 67; 70 e 71) e de seis meses (arts. 63, *caput*; 64 e parágrafo único; 65; 68 e 72) até os máximos de 6 meses (arts. 63, § 2º; 66, § 2º; 69; 73 e 74), um ano (arts. 66 e § 1º; 67; 70; 71 e 72) e dois anos (arts. 63, *caput* e § 1º; 64; 65 e 68). Na Lei 8.137/90, a pena varia de 02 a 05 anos de detenção, com a possibilidade de redução em alguns crimes culposos.

Apresentamos o quadro seguinte, para facilitar a visualização dessas penas:

Penas	**Arts. CDC**	**Espécie**
1 a 6 meses/multa	63, § 2º; 66, § 2º; 69, 73 e 74	Alternativas - JEC
3 meses a 1 ano/multa	66, *caput* e § 1º; 67; 70 e 71	Cumulativas - JEC
6 meses a 1 ano/multa	72	Alternativa - JEC
6 meses a 2 anos/multa	63, *caput* e § 1º; 64, *caput* e parágrafo único; 65 e 68	Cumulativas

Penas	**Lei 8.137/90**	**Espécie**
2 a 5 anos/multa	todos os crimes (art. 7º)	Alternativas
Reduzidas: 1/3 detenção - 1/5 multa	Crimes culposos do art. 7º, incs. II, III e IX	Alternativas

Na aplicação da pena, o juiz segue as normas do art. 59 do Código Penal, devendo, ainda, mirar o art. 57 *caput*, do CDC, analisando a gravidade da infração, a vantagem auferida com o crime e a condição econômica do fornecedor, substituindo, naquele, o critério cabível deste artigo, cuidando para não incidir em dupla avaliação. Presente,

[7] Por todos: Julio Fabbrini Mirabete. *Manual de Direito Penal*. v. 1, 1997, 12ª ed., p. 250.

portanto, o critério trifásico do art. 68 do Código Penal: *pena-base + circunstâncias atenuantes e agravantes + causas de aumento e de diminuição da pena*. Na análise das agravantes da lei penal do consumidor (CDC e Lei 8.137/90), estudaremos a aplicação destas apontando certa discussão doutrinária existente.

Refiro, ainda, que em havendo possibilidade de substituição (art. 44 e §§, CP), ou aplicação alternativa de penas que beneficie o acusado, o juiz é obrigado a fazê-la. Claro, "pode" entender de assim não proceder, porém, deve fundamentar essa escolha na sentença, ante os princípios da individualização da pena (art. 5º, inc. XLVI, CF), da fundamentação dos atos do Poder Judiciário (art. 93, inc. IX, da CF) e da ampla defesa (art. 5º, inc. LV, CF).

As penas privativas de liberdade, tanto do CDC, quanto da Lei 8.137/90, exigem que o juiz se manifeste sobre a suspensão condicional da pena (*sursis*) e o regime de cumprimento da pena aplicada. Obviamente, a aplicabilidade de penas restritivas de direitos afasta automaticamente a possibilidade de *sursis*.[8] Se a pena aplicada for inferior a quatro anos ou se o crime for culposo, primeiro, o juiz deve considerar a hipótese de substituição da pena de detenção por restrição de direitos. Somente não sendo possível tal substituição é que se examina o *sursis*.

Também, entendemos que em havendo somente crime contra as relações de consumo, previsto no CDC, o regime fechado é inaplicável, porque previsão geral do art. 33, *caput*, do Código Penal. Mas se o regime é conseqüência da pena imposta, é também do comportamento do condenado. Daí por que se diz sobre a forma progressiva de execução da pena, "segundo o mérito do condenado" (art. 33, § 2º, CP). A própria lei penal comum ressalva que pode existir mudança para regime fechado se houver necessidade. Claro, não tem sentido que réu reincidente em crime contra as relações de consumo, ou até de mau comportamento prisional, seja beneficiado pelo regime da pena, quando, exatamente praticou igual crime contra as relações de consumo. Então, achamos que, atendidas as circunstâncias de cada caso, em regressão, o regime fechado também deve ser considerado.

Na Lei 8.137/90, porém, o regime inicial de cumprimento pode ser o semi-aberto, desde que atendidos os pressupostos legais: condenado não reincidente, cuja pena seja superior a quatro anos (art.33, § 2º, *b*, CP).

---

[8] Cezar Roberto Bitencourt. *Juizados Especiais Criminais. Op. cit.*, p. 179.

A recente modificação (Lei 9.714/98) do Código Penal (art. 44, CP) permitiu maiores opções na aplicação das penas restritivas de direitos.

Na substituição da pena privativa de liberdade pela restrição de direitos, o que deve ser observado são as condições do art. 44, incs e §§ do C. Penal.

Na condenação à pena igual a um ano a substituição, pode ser feita por multa (valor em dias-multa) ou por uma pena restritiva de direitos (art. 44, § 2º, CP). Isso deve ser possibilitado sempre nos crimes dos arts. 63, § 2º, 66, *caput* e §§, 67, 69 a 74, todos do CDC. Na Lei 8.137/90 isso não é possível, porque o mínimo daquelas penas é dois anos de detenção.

Na condenação à pena privativa de liberdade superior a um ano (nos artigos restantes do CDC e naqueles da Lei 8.137/90, cuja pena aplicada for inferior a 04 anos), a pena privativa de liberdade pode ser substituída por uma pena restritiva de direitos e multa (cumulativas) ou por duas restritivas de direito (art. 44, § 2º, última parte, CP). Tal pena pode ser cumprida pelo condenado em tempo menor, mas nunca inferior à metade da pena privativa de liberdade fixada (art. 46, § 4º, CP).

Para os condenados reincidentes, a nova redação do Código Penal reviveu o critério da "reincidência específica", porque não permite a substituição se o réu é reincidente em crime contra as relações de consumo (art. 44, § 3º, CP). Além disso, a substituição só é possível se o juiz entender (e justificar) que a medida (substituição) é "socialmente" recomendável.

No caso de crimes culposos (arts. 63, § 2º, 66, § 2º, CDC; art. 7º, incs. II, III e IX, da Lei 8.137/90) sempre é possível a substituição da detenção aplicada por restrição de direitos.

4.3. PENAS PECUNIÁRIAS

O vocábulo "multa" origina-se da palavra latina *mulcta* (reproduzir, multiplicar).

Como diz Luiz Régis Prado, a pena de multa é a sanção criminal pecuniária por excelência, e sua natureza jurídica é a de pena,[9] daí, ter o caráter da pessoalidade (art. 5º, inc. XLV, CF/88), da legalidade (art. 5º, inc. XXXIX, CF/88), da culpabilidade, devendo ser individualizada com o *due process of law*.

[9] *In Multa Penal*. 2ª ed. São Paulo: RT, 1993, pp.17 e 19.

A pena de multa, consoante Eugenio Raul Zaffaroni, pode ensejar alguma injustiça, eis que para alguns *pode ser realmente sentida como uma diminuição patrimonial, mas para outros, de maior capacidade econômica, podem nem senti-la.*[10]

Desde o início dos tempos existe a pena de multa[11] e é, ao lado do confisco e da indenização ao ofendido, um dos tipos de penas pecuniárias[12].

"Art. 77 - *A pena pecuniária prevista nesta Seção será fixada em dias-multa, correspondente ao mínimo e ao máximo de dias de duração da pena privativa de liberdade cominada ao crime. Na individualização desta multa, o juiz observará o disposto no art. 60, § 1º, do Código Penal*".

A pena de multa criminal deve ser norteada, principalmente, pela situação econômica do réu. Tem fundamentos constitucional (art. 5º, inc. XLVI, *c*, CF) e legal (arts. 32, inc. III, e 60, CP).

O CDC e a Lei 8.137/90 adotam o denominado "sistema brasileiro da pena de multa",[13] fixada em *dias-multa*, podendo ser aumentada até o triplo, se o juiz considerar que, em virtude da situação econômica do réu, é ineficaz, embora aplicada ao máximo (art. 77, CDC c/c art. 60, § 1º, Código Penal).

Com relação a essa pena, é preciso algumas advertências.

Primeiro, o sistema de aplicação da pena pecuniária do CDC aplica-se tão-somente às infrações penais do Título II do CDC, jamais à Lei 8.137/90. Ficamos, portanto, com um sistema mais rígido no CDC, porque as penas de dias-multa da Lei 8.137/90, seguem o sistema comum do Código Penal. Adiante tecemos considerações acerca desse "novo e rígido sistema".

Segundo, tem-se dito que a pena de multa não pode superar o número máximo de meses da pena privativa de liberdade aplicada. Porém, como disse o eminente Juiz Federal Francisco Cavalcanti: essa relação inexiste[14] no CDC. Ocorre que a pena de multa é principal, e não acessória à pena privativa de liberdade, ou seja, ela tem limites próprios, estabelecidos na própria lei penal do CDC. A redação do art. 77, na verdade, atesta Luiz Luisi,[15] não é das mais felizes, podendo ensejar aquela outra interpretação.

---

[10] *In Manual de Derecho Penal*. Buenos Aires: Ediar, 1985, p. 689.

[11] Cezar Roberto Bitencourt. *Op. cit.*, p. 184.

[12] Idem.

[13] Idem, *op. loc. cit.*

[14] *In Comentários ao Código de Proteção e Defesa do Consumidor*. Belo Horizonte: Del Rey, 1991, p. 159.

[15] *In* "A tutela Penal do Consumidor", *apud Criminalidade Econômica e contra o consumidor*. Porto Alegre: S. Fabris, 1991, p. 71.

Terceiro, a regra da especialidade, do concurso aparente de normas, parece ter afastado o mínimo e o máximo da pena de multa previstos pelo Código Penal, que dispõe ser entre dez e trezentos e sessenta dias-multa (art. 49 *caput*), respectivamente. O CDC previu que o mínimo da pena de multa é fixada em dias-multa "correspondente ao mínimo e ao máximo de dias de duração da pena privativa da liberdade *cominada* ao crime" (art. 77, CDC). Isso significa que no art. 63, *caput*, CDC, v.g., a multa parte de 180 dias-multa (mínimo da pena cominada: 6 meses de detenção x 30 dias-multa); no art. 66, *caput*, CDC, a multa tem o mínimo de 90 dias-multa (3 meses de detenção = 90 dias-multa) e assim por diante. É assim que se tem aplicado, v.g., na Ap. Crim. 853.343/0, RT-722/466.

O Código Penal dispõe também acerca do máximo de dias-multa (360 dias-multa - art. 49, CP), mas a lei penal do consumidor permite que se suplante esse máximo, uma vez que a pena de multa tem seu limite máximo no número de "dias de duração da pena privativa da liberdade cominada ao crime" (art. 77, CDC), quando pode chegar a até dois anos (720 dias-multa). O que diz o artigo em comento (art. 77, CDC) é que o mínimo e o máximo da pena cominada são os limites ao juiz, para os dias-multa a serem inicialmente fixados.

Quarto, o réu tem direito à aplicação da multa com base nos valores da época do fato (art. 49, § 1º, CP), mas a constatação de sua situação econômica é a da época da sentença, claro, depois com as correções devidas para fins de pagamento (art. 49, CP). Como diz o Min. Cernicchiaro: o condenado tem direito à pena da data do crime.[16]

Quinto, quanto à execução, a pena de multa deve ser paga depois do trânsito em julgado da sentença condenatória, no prazo de dez dias.

As penas de multa relativamente a crimes contra o consumidor de competência do Juizado Especial Criminal são *cobradas* pela Secretaria do Juizado. Se a multa não for paga pelo condenado, a execução segue à Fazenda Pública Federal. Tal orientação é da Turma Recursal dos Juizados Especiais de Porto Alegre, no CC 01397509454 (CDROM - Juizados Especiais no RS), rel. Juiz Umberto Guaspari Sudbrack, assim: "caberá à secretaria deste (JEC) obter o cálculo da multa e das custas, intimar o réu pessoalmente para pagar e, não realizado o pagamento, no prazo legal, remeter à Fazenda Pública Federal a documentação necessária à cobrança da dívida ativa" (julgado em 28.11.97).

---

16 *Op. cit.*, p. 312.

A conversão da pena de multa em pena privativa de liberdade não mais é possível (art. 51, CP), nem mesmo nos Juizados Especiais Criminais (art. 85, Lei 9.099/95), porque a multa penal é considerada dívida de valor. Agora, impaga a multa, fica o réu com uma dívida ativa(?) frente à Fazenda Pública Nacional.

Na verdade, temos reservas quanto a essa "tributarização" de uma pena criminal. Veja-se que o legislador, a rigor, transformou por lei ordinária uma pena criminal, prevista na Constituição Federal (art. 5º, inc. XLVI, alínea *c*, CF), em título da dívida ativa (art. 51, CP), ou seja, transformou instituto de Direito Penal em Direito Tributário, eliminando o caráter criminal da multa (possibilidade de transformar-se em pena privativa de liberdade).

De outra banda, embora certa parte da doutrina e alguma jurisprudência orientem-se no sentido de que o Ministério Público continua competente para a execução da pena de multa impaga[17] temos que a questão não é tão pacífica. Aliás, por nós, entendemos que, diante da Lei 9.268/96, e separadas as funções de Ministério Público e de advogado do Estado (Procurador da Fazenda Nacional e Procurador do Estado), o *parquet* não pode mais executar a pena de multa, porque fora de suas funções institucionais. Ocorre que a pena de multa impaga deve ser vista como verdadeira *dívida ativa* do Estado, aplicando-se até a lei correspondente. Isso é expresso no art. 51 do CP. Ora, o Ministério Público de há muito tempo não cobra dívida ativa, aliás, no processo de execução fiscal nem se exige a sua intervenção, consoante dispõe a Súmula 189 do STJ: *É desnecessária a intervenção do Ministério Público nas execuções fiscais.*

Ademais, assim se orienta o TJSP (RT-754/617) e o STJ: "Com a nova redação dada pela Lei 9.268, de 1996, ao art. 51 do CP, a titularidade para promover a execução de pena de multa impaga em decorrência de processo criminal passou a ser da Fazenda Nacional, sendo parte ilegítima para este fim o Ministério Público" (RT-757/519) O rito da cobrança da pena de multa é o da Lei de Execução Fiscal (RT-747/668).

Obviamente, a cobrança ficará a cargo dos Procuradores da Fazenda Nacional, e não dos Procuradores do Estado, salvo se eventual lei dispuser de modo diverso. Destarte, transitada em julgado a sentença condenatória e impaga a multa, a escrivania (ou secretaria do juizado) extrai certidão e a envia ao órgão competente da Fazenda Nacional (Procuradoria da Fazenda Nacional) quanto à pena de multa;

[17] Cezar Roberto Bitencourt e Luiz Régis Prado. *Código Penal Anotado*, RT, 1997, p. 301

extrai-se outra certidão das custas do processo e a envia à Procuradoria do Estado respectivo.

Com relação à discussão que existia, acerca da possibilidade de substituir-se a pena privativa de liberdade por pena de multa (multa substitutiva), quando havia penas cumulativas (detenção e multa), restou superada ante a edição da Súmula 171 do STJ: "*Cominadas* cumulativamente, em lei especial, penas privativa de liberdade e pecuniária, é defeso a substituição da prisão por multa".

Não se deve confundir, como fizeram alguns autores, a multa penal, ora prevista, com aquela do art. 57, parágrafo único, do CDC, multa de caráter nitidamente *administrativo*. Naquela, já se disse, tratamos de pena criminal, imposta pelo Estado-Jurisdição através de um processo penal e em virtude de um crime; na multa administrativa existe uma pena surgida em procedimento legal não-jurisdicional, administrativo, realizado pelo Estado-Administração. Os conceitos não podem ser confundidos, portanto, a fim de não se considerar os limites da multa administrativa para a multa penal, como já se fez alhures.

A lei penal do consumidor comprova que a pena pecuniária é autônoma e não tem qualquer referência com a pena concretizada na sentença. Ocorre que a lei (CDC) fala em pena "cominada" ao crime, e não em pena "aplicada". Isso significa que o julgador não está jungido à pena privativa liberdade aplicada e pode melhor dosar economicamente a pena, exatamente na individualização dos arts. 59, CP, e 57, CDC.[18] Daí por que se diz que a aplicação da pena de multa é feita abstratamente,[19] ou seja, despicienda a consideração à pena privativa da liberdade. Esta pode ser aplicada ao mínimo, e aquela suplantar o máximo da lei penal comum (360 dias-multa).

E como se afere a pena de multa?

Consideram-se basicamente dois aspectos: 1) fixa-se o número de dias-multa na sentença, *segundo a culpabilidade do autor e considerações de ordem preventiva*;[20] 2) fixa-se o valor de cada dia-multa, levando-se em consideração a situação econômica do réu,[21] ou seja, *de conformidade com sua condição econômica, arbitra o dia-multa em uma quantidade concreta de dinheiro*, como ensina Luiz Régis Prado: *multiplicando-se o número de dias-multa pela cifra que representa a taxa diária*

[18] No mesmo sentido: Paulo José da Costa Jr. *Comentários ao Código de Proteção do Consumidor*. São Paulo: Saraiva, 1991, p. 260.

[19] Milhomens e Magela Alves. *Manual de Direito do Consumidor*. Rio de Janeiro: Forense, 1994, p. 167.

[20] Luiz Régis Prado. *Multa Penal*, 2ª ed. p. 74

[21] Ver Cezar Roberto Bitencourt. *Juizados Especiais Criminais, op. cit.*, p. 202

se obtém a sanção pecuniária que o condenado deve pagar.[22] O valor de cada dia-multa não pode ser inferior a um trigésimo do maior salário mínimo mensal vigente ao tempo do fato, nem superior a cinco vezes esse salário (art. 49, § 1º, CP), atendendo-se à situação econômica do réu (art. 60, CP).

Nos crimes do CDC, num primeiro momento, estabelece-se o número de dias-multa dentro dos limites da pena cominada ao crime (30 dias-multa = um mês de detenção; 730 dias-multa = dois anos de detenção). Aqui, leva-se em conta a gravidade do crime, a culpabilidade, os antecedentes, a conduta social, a personalidade, os motivos, circunstâncias e conseqüências do crime, "bem como todas as circunstâncias legais, inclusive as majorantes e minorantes".[23] Nos crimes da Lei 8.137/90 segue-se o parâmetro do Código Penal (mínimo de 10 e máximo de 360 dias-multa), porque esta lei não expressa diferentemente como o fez o CDC. Num segundo momento, perquire o Juiz o valor do dia-multa, consoante escrevemos acima. Pode suceder de a multa aplicada ao fornecedor, mesmo com a pena aplicada ao máximo, tornar-se ineficaz diante das condições econômicas daquele. Aí se poderá elevá-la ao triplo (art. 77, segunda parte, do CDC).

Em suma: a pena deve ser tal que o réu não saia sorrindo, mas que não prefira ir preso, chorando, por não conseguir pagá-la.

É de se observar, ainda, que o mínimo da pena de multa pelo CDC pode chegar a 28 dias-multa (se o crime do art. 73, CDC, v.g., for cometido no mês de fevereiro) e ir até o máximo de 730 dias-multa (correpondente ao máximo da pena de detenção, v.g., para o crime do art. 65, CDC, que são dois anos: 2 x 365 dias-multa = 730 dias-multa). Mas sempre se considera o mês como de trinta dias, quando o delito, v.g., for praticado em mês de trinta e um dias, porque em benefício do réu tal entendimento. Tal sistema se infere pela redação do art. 77, CDC.

A lei penal comum havia referido relação do dia-multa com o maior salário mínimo vigente no país no dia do crime. Todavia, a Carta Constitucional de 1988 proibiu a vinculação do salário mínimo para qualquer fim (art. 7º, inc. IV). Tem-se entendido de se adotar "que cada dia-multa corresponde a quarenta vezes o valor mensal da unidade fiscal de referência",[24] isso por força da Lei nº 8.383/91.[25]

---

[22] *Op. cit.*, pp. 74 e 75.

[23] Bitencourt, *op. cit.*, p. 193.

[24] v. Luiz Régis Prado. *Op. cit.*, p. 61, nota 72.

[25] Contra: Eduardo Arruda Alvim. *Código do Consumidor Comentado*. São Paulo: RT, 1995, p. 336.

É de se observar que a Lei Federal nº 8.383, de 30.12.91, dispõe da instituição da UFIR "como medida de valor e parâmetro de atualização monetária (1) de tributos e de (2) valores expressos em cruzeiros na legislação tributária federal, bem como (3) os relativos a multas e penalidades de qualquer natureza. Então, trata-se de índice de correção, ou seja, parâmetro de atualização monetária de Direito Tributário. Ainda, é de notar-se que aquela lei se refere, sempre e sempre, a imposto de renda, pessoas físicas e jurídicas, sendo de se entender que dispôs em relação com multas fiscais, tributárias, administrativas, jamais a multa-pena-criminal.

Daí que não concordamos, s.m.j., com aquela posição, afastadora do salário mínimo, uma vez que este, na espécie, é relação, e não vinculação na fixação da multa; só atua como limite para que o juiz possa movimentar-se na pena imposta. Nada inconstitucional, portanto. Na prática, tem-se aplicado a relação dias-multa-salário mínimo sem qualquer discussão de maior relevo.

Atualmente, consideramos, a pena de multa não tem sido utilizada em seus parâmetros maiores, principalmente porque, pela facilidade do cálculo ou porque é preciso justificar em demasia, enfim, permite-se o juiz em ficar sempre pelo mínimo. Fixa-se, via de regra, a pena de multa na praxe mínima apontada para o dia-multa, considerado o salário mínimo da época e isso, em face de largo período inflacionário que tivemos, acaba desmoralizando esse sistema que é o mais acertado atualmente.

A Lei 8.137/90, por seu turno, amplia a pena privativa de liberdade, mas possibilita a diminuição da pena de multa abaixo do previsto no CDC.

4.4. PENAS RESTRITIVAS DE DIREITOS

"Art. 78. Além das penas privativas de liberdade e de multa, podem ser impostas, cumulativa ou alternadamente, observado o disposto nos arts. 44 a 47, do Código Penal:

I - A interdição temporária de direitos;

II - a publicação em órgãos de comunicação de grande circulação ou audiência, às expensas do condenado, de notícia sobre os fatos e a condenação;

III - a prestação de serviços à comunidade."

No artigo mencionado, de redação discutível, têm-se as denominadas penas restritivas de direitos, ditas "sanções modernas",[26] por-

[26] Miguel Reale Jr. *Penas e Medidas de Segurança*. Rio de Janeiro: Forense, 1985, p. 129.

que substituem as penas privativas do exercício do direito de liberdade, estas muito criticadas ultimamente.[27]

A rigor, apenas os incisos I e III (art. 78, CDC) se referem à restrição de direitos, porque a publicação de notícia sobre os fatos e condenação (inc. II, art. 78, CDC), no Código Penal revogado, era uma pena acessória (art. 67, inc. III, CP/40) que, agora, tal como Cristo fez com Lázaro, pretendeu-se ressuscitar.

Há novo norte em matéria de imposição das penas restritivas de direitos, uma vez que a recente Lei 9.714/98, veio a modificar os arts. 43, 44, 45, 46, 47, 55 e 77, do Código Penal, os quais repercutem nas leis de defesa do consumidor.

Na interdição temporária de direitos (art. 78, inc. I, CDC), tem-se que foi aumentado o rol anterior (art. 43, CP) e modificado uma ou outra interdição. Agora, temos o inc. IV, que é a proibição de freqüentar determinados lugares. Evidentemente, tal proibição se justifica, desde que ligada à atividade do fornecedor, sob pena de existirem condenações absurdas e completamente destoadas da atividade final da sanção criminal.

Estas penas são autônomas, porque permitem ao juiz escolher a sanção mais adequada e jamais podem ser suspensas. Ainda, substituem as penas privativas de liberdade (art. 44, CP), desde que aplicada pena privativa de liberdade não superior a quatro anos (em todos os artigos do CDC se aplica a substituição por este critério, exceto aos crimes da Lei 8.137/90) e o crime não for cometido com violência ou grave ameaça à pessoa. Se houver, v.g., cobrança de dívidas com grave ameaça (art. 71, CDC) não se dará a substituição. Imposta a pena privativa de liberdade, a primeira atitude do sentenciante é verificar a possibilidade de substituição da pena pela restrição de direitos.

Desimporta a pena da sentença, para a aplicação da interdição temporária de direitos, se o crime for culposo (aplica-se, especialmente, aos incs. II, III e IX, do art. 7º da Lei 8.137/90, aos arts. 63, § 2º, e 66, § 2º, CDC, que tratam de crimes culposos contra as relações de consumo).

O réu não pode ser reincidente em crime doloso para obter a interdição temporária de direitos (art. 44, inc. II, CP). Em qualquer crime doloso não pode ser reincidente, e não apenas contra o consumidor. Pode ser "reincidente" em crime culposo e obterá o benefício.

---

[27] V. por todos a excelente obra do Prof. Cezar Roberto Bitencourt. *A Falência da Pena de Prisão*. São Paulo: RT, 1993, 352 pp.

Modificou-se o regime anterior, porque nesse a mera reincidência (em crime doloso ou culposo) impedia a pena restritiva de direitos.

Finalmente, a culpabilidade, os antecedentes, a conduta social e a personalidade do condenado, bem como os motivos e as circunstâncias indicarem que essa substituição seja suficiente (art. 44, inc. III, CP). Isso deve restar expresso na sentença, sob pena de o Ministério Público interpor o competente recurso, até para cassar a substituição. Não basta, portanto, atender uma ou duas exigências legais. Todas devem estar presentes para a obtenção/concessão da substituição. Neste sentido, exigiu-se mais fiscalização do agente ministerial.

Se a condenação for igual ou inferior a um ano (todos os artigos do CDC possibilitam, mas nenhum da Lei 8.137/90) o juiz pode substituir a pena imposta por multa (art. 44, § 2º, CP), obviamente, pelo sistema do dia-multa e seguindo a norma do art.77, CDC, como acima apontamos. Igualmente, pode optar não pela substituição por multa, mas por uma pena restritiva de direito (art. 44, § 2º, CP). Se optar pelas restrições do art. 47, incs. IV, V e VI, CP, a pena terá a mesma duração da privativa de liberdade substituída (art. 55, CP). Em outras palavras: para substituir a pena por uma prestação de serviços à comunidade, primeiro, há que se calcular a pena privativa que seria imposta, depois substituindo-a.

No plano de aplicação, a pena em análise ainda é hierarquicamente inferior à pena privativa de liberdade,[28] pois o juiz, ao condenar o réu, deve impor esta última e aquela só surgirá "se necessário e suficiente", em substituição, como dissemos. Por outro lado, elas têm a mesma duração temporal da pena concretizada (art. 55, CP), exceto se a pena substituída for inferior a um ano, quando é facultado ao condenado cumprir a pena substitutiva em tempo menor, mas nunca inferior à metade da pena privativa de liberdade fixada (arts. 55 c/c 46, § 4º do CP).

Já se disse que a redação do artigo que trata das penas restritivas de direito na lei penal do consumidor é defeituosa, pois, dispondo que "além das penas privativas de liberdade e de multa", dá a entender que o juiz pode somar aquela a estas. Enfim, dá uma idéia de terceira sanção penal, que pode ser acrescida àquelas previstas no próprio tipo. Como se não bastasse, o artigo ainda refere "cumulativas ou alternadamente" criando uma ampla confusão, como veremos a seguir.

---

[28] Miguel Reale Jr. e Outros. *Penas e Medidas de Segurança no Novo Código*. Rio de Janeiro: Forense, 1985, p. 138.

Ocorre que as penas restritivas de direitos, como ensina Dotti,[29] constituem as grandes medidas de substituição das penas privativas de liberdade. São penas autônomas, mas de caráter substitutivo das penas privativas de liberdade (art. 44, *caput*, do CP). Então, só se fazem presentes quando previamente imposta uma pena privativa de liberdade. Daí que é de se entender o "além das penas" não como quantidade, e sim como "idéia de integrar o sistema",[30] porque "não faria sentido cominar a sanção separadamente do tipo legal de crime".[31] Em outras palavras: o "além das penas" tem uma função meramente integrativa,[32] sob pena de tornar-se algo do "além", mesmo.

A recente Lei 9.714/98 possibilitou que, nos crimes culposos, independente da pena, ocorra a substituição.

Aspecto digno de nota é quando o art. 78, CDC, refere que tais penas são impostas "cumulativa ou alternadamente", e isso dá a entender que elas podem ser cumuladas até entre elas[33] e alternarem-se, substituírem não só a pena de detenção, mas umas pelas outras e inclusive a multa. Isso deve ser melhor entendido, porque tal interpretação pode agravar ainda mais a situação do réu e tornar-se um *bis in idem*.

Segundo o Min. Cernicchiaro, ao aplicar as penas do art. 78, o juiz, considerando o caso concreto, "imporá as três, duas ou somente uma. Tem-se, pois, o seguinte quadro. Impostas detenção e multa, a substituição alcança somente a primeira. Vale dizer, substitutivas quanto a ela, porém sempre cumulativas com a sanção pecuniária".[34]

Também é esse o entendimento de Milhomens e Magela Alves, ao dizerem que, quando presentes os requisitos da substituição, o juiz pode "substituir a pena privativa de liberdade (detenção) por uma das restritivas de direitos (rol do art. 78), por duas delas ou três de uma só vez, sem prejuízo da multa".[35]

Isso significa o seguinte, na prática: o juiz pode condenar "A" prestador de serviços de aluguel de carros (um taxista) à pena de três meses de detenção pelo art. 67, CDC, mais multa. Daí substitui a pena de detenção pela suspensão de autorização para dirigir veículos por três meses; não contente, o juiz determina que "A" preste serviços à comunidade, cumulativamente, por três meses, em um hospital, e

---

[29] René Ariel Dotti. *O novo sistema de penas. Reforma Penal.* São Paulo: Saraiva, 1985, p. 106.

[30] Min. Cernicchiaro, *op. cit.*, p. 314.

[31] Ibidem.

[32] Eduardo Alvim. *Op. cit.* p. 338.

[33] Assim entendeu Paulo José da Costa Jr. *Op. cit.*, p. 267.

[34] *Op. cit.*, p. 315.

[35] *In Manual do Direito do Consumidor.* Rio de Janeiro: Forense, 1994, p. 170.

ainda manda publicar notícias sobre o fato criminoso, às expensas do condenado. Depois, acresce-lhe a multa. Em tese, o juiz atendeu o artigo, pois substituiu uma pena e cumulou as demais. Mas foi intensamente rigoroso. Isso é fartamente um *bis in idem*.

A uma, porque o condenado motorista teve contra si um só fato e foi-lhe imposto cinco penas; a duas, porque, a rigor, terá de cumprir dois períodos de três meses de pena e isso é um *ne bis in idem*; a três, porque se o juiz aplicou a pena mínima do art. 67, quando poderia ir até um ano, é porque o fato não necessitava de tamanha pena. Mas é isso o que "pode" proporcionar, "legalmente", essa interpretação.

Ensina o Prof. Filomeno que esse regime de penas visa a restaurar, ainda que parcialmente, o critério do Código Penal anterior, no que diz respeito às penas acessórias.[36] Também inclina-se o autor à tese de que se pode impor "além das sanções corporal e pecuniária uma pena de interdição de atividade.[37]

Não podemos concordar com esse raciocínio, porque na lei penal do consumidor nada existe que dê a entender ali se tratar de um regime de penas acessórias, aliás, isso descaracterizaria o próprio sistema das penas aqui impostas, que são restritivas de direitos tão-somente, jamais acessórias.

É de se recordar, ademais, que as penas acessórias já foram abolidas com a vetusta Parte Geral da lei penal de 1940, penas que, como ensinou Miguel Reale Jr., "não mais se justificam num elenco de reações criminais que devam manter fidelidade aos princípios necessariamente comuns às penas modernas em face de um Estado social e democrático de Direito".[38] Na verdade, as penas acessórias tinham um sentido de medidas de segurança, e estas foram atualmente colocadas como medidas "essencialmente preventivas".

Há quem diga, ainda, que as penas restritivas de direitos elencadas no art. 78, CDC, podem substituir inclusive a pena de multa,[39] o que as desvirtuam do próprio sistema ao qual pertencem, que é o de substituição de pena privativa de liberdade. Tal raciocínio também fere o princípio da legalidade, porque o réu tem o direito de saber das penas a que está sujeito, e a multa é uma pena principal, prevista autonomamente na lei penal do consumidor. Então, o réu tem o di-

[36] *In Manual de Direitos do Consumidor*. São Paulo: Atlas, 1999, p. 287.

[37] Idem, p. 288

[38] *In* "O Novo sistema de penas". *Apud Reforma Penal*. São Paulo: Saraiva, 1985, p. 80.

[39] Ulderico Pires dos Santos. *Teoria e Prática do Código de Defesa do Consumidor*. São Paulo: Paumape, 1992, p. 164; Carlos Machado Vianna e Helio Jose C. Barros. *Comentários ao Código de Proteção e Defesa do Consumidor*. São Paulo: Lumen Juris, 1991, p. 96.

reito de pagar a pena de multa, e não o dever de cumprir uma substituição não prevista em nenhum dispositivo da lei penal.

Então, como se entender o artigo comentado?

Como parte do sistema, o artigo deve ser compreendido como sempre o sistema o foi, ou seja, as penas restritivas de direitos são autônomas e substitutivas da pena privativa de liberdade, na exata dicção do art. 44 e incisos do Código Penal. Não há nenhum ovo de Colombo nisso.

Daí que elas substituem a pena de detenção somente e são cumuladas à pena de multa; daí por que se diz que podem ser impostas "cumulativa ou alternadamente", isto é, cumulativa com a multa e substitutiva à detenção. Interpretação diversa, implicará apenar mais gravemente o condenado. Com isso se diz que apenas uma delas, a "mais adequada" ao caso, será aplicada, com os critérios legais da necessidade e oportunidade para repressão do crime.

E como se chega a essa conclusão? Basta ver-se o nosso caso prático antes mencionado.

Vamos supor que o já condenado motorista "A" resolva continuar sua profissão, mesmo sem a autorização para dirigir e ainda resolva não aparecer no hospital para cumprir a outra pena imposta. Indo mais adiantado, suponhamos que o motorista "A" seja condenado por outro crime, o que implica conversão da pena restritiva de direitos em privativa de liberdade (art. 445, § 4º CP - nova redação). Destarte, a valer os argumentos antes mencionados e considerando que a pena restritiva de direitos converte-se em privativa de liberdade "pelo saldo" (art. 44, § 4º, CP - nova redação) teríamos o motorista "A" cumprindo pena de detenção de seis meses (três meses em cada descumprimento) e não mais três, como foi inicialmente apenado. Então, um sistema que veio para facilitar o trabalho judicial, e oportunizar ao condenado a integração em seu meio, acabaria afastando-o mais e dificultando o trabalho do aplicador da pena.

E qual o momento para essa substituição?

Quando o juiz fixa a pena (art. 59, inc. IV, CP) e desde que atendidas as condições que as possibilitam do art. 44 e incisos do Código Penal. Tais condições, se presentes, dão obrigatoriedade ao juiz na substituição. Então, equivocada a lei penal do consumidor quando dispõe "podem" ser impostas, porque a seguir o art. 77 menciona o art. 44 do Código Penal e com isso atende ao que o Prof. Damásio diz sobre a "possibilidade": "Não se trata de simples faculdade judicial".[40]

---

[40] *In Código Penal Anotado*. São Paulo: Ed. Saraiva, nota ao art. 44.

4.4.1. Interdição temporária de direitos

A interdição temporária de direitos é pena prevista no art. 43, inc.V c/c 47, incs. I a IV, todos do Código Penal.

No art. 47 e incisos está a proibição do exercício de cargo, função ou atividade pública, bem como de mandato eletivo (inc. I); a proibição do exercício de profissão, atividade ou ofício que dependam de habilitação especial, de licença ou autorização do poder público (inc. II) e suspensão de autorização ou de habilitação para dirigir veículo (inc. III), agora, rol acrescido da "proibição de freqüentar determinados lugares" (inc.IV). Todas pelo tempo de duração da pena de detenção imposta (art. 55, CP).

A proibição do exercício de cargo, função ou atividade pública diz respeito, obviamente, à atividade ligada ao fornecimento de produtos ou serviços. Mas não são todas as atividades públicas de fornecimento que podem ser enquadradas no Código de Defesa do Consumidor, como ensina Adalberto Pasqualotto.[41] Daí que se devem ter alguns parâmetros.

Deve ser utilizado nesse conceito a norma do art. 327 do Código Penal, que trata do funcionário público para efeitos penais, exceto o aumento de pena do § 2º, porque não previsto na lei especial e de pena se trata, jungida, portanto, ao critério da legalidade.

Como no Código Penal, expirado o prazo de interdição, volta o servidor ao exercício do cargo, uma vez que "a pena restritiva não implica sua perda".[42] Porém, é preciso verificar se o servidor não agiu com abuso de autoridade, quando, mesmo livre da sanção consumerista, poderá ser enquadrado em regimes disciplinares funcionais.

Acompanhamos Celso Delmanto.[43] no que diz respeito à inconstitucionalidade da norma quando se refere à perda do mandato eletivo, pois o Parlamentar tem o exercício de sua atividade disciplinada diretamente na Carta Federal, inclusive sua perda.

Reconhecemos, porém, que haverá certa dificuldade na imposição dessa pena, uma vez que dificilmente existirá atividade pública não-essencial que justifique a intervenção de um servidor público, como fornecedor de produtos ou prestador de serviços, como quer o CDC. Mas em ocorrendo, o juiz da execução deve comunicar à autoridade sob a ordem que se encontra o servidor para os fins previstos.

A autoridade deve, em 24h, contadas do recebimento do ofício judicial, providenciar a portaria, a partir da qual a execução terá seu

---

[41] *In* "Os serviços públicos no CDC". *Artigo da Revista do MPRS*, 29.

[42] Celso Delmanto. *Código Penal Comentado*. São Paulo: Renovar, notas ao art. 47, inc. I.

[43] Ibidem.

início (art. 154, LEP). Claro, com a suspensão decorre a perda dos demais direitos funcionais, tais como: vencimentos, férias, tempo de serviço para o fim de vantagens etc., pois não se cogita de vantagens em cumprimento de pena.

Relativamente à interdição profissional do fornecedor (inc. II, art. 47, CP) é a hipótese mais aparente, aí se enquadrando muitos dos profissionais liberais, tais como: médicos, dentistas, advogados, engenheiros, corretores e comerciantes etc., porque todos dependem, de uma forma ou de outra, de habilitação, licença ou autorização proveniente do poder público. Claro, entende-se poder público como o das três entidades: União, Estado e Município. Aqui, o juízo providencia na comunicação à entidade que o fornecedor pertence, ou a que está filiado e às autoridades encarregadas da fiscalização do exercício profissional, a fim de que se possa cumprir a condenação.

Todavia, cabe a observação no sentido de que o delito praticado esteja diretamente relacionado com o mau uso do direito interditado, caso contrário, a pena violaria o direito do cidadão de exercer livremente a sua atividade, além de ser prejudicial à obtenção de meios para o sustento pessoal e de seus familiares.[44]

A terceira modalidade de interdição deve ser devidamente explicada. Ocorre que se tem entendido pela não-aplicação aos crimes contra o consumidor a pena de suspensão de autorização para dirigir veículo, nos termos do art. 57, Código Penal, interdição que só seria aplicada em delitos culposos de trânsito. Todavia, pode-se entender que às vezes impõe-se essa pena a certos prestadores de serviços - motorista de aluguel, por exemplo. Aí é de se vislumbrar que tal atividade depende de autorização do poder público municipal e, em tese pode estar enquadrada no inc. II do art. 47, pela proibição da profissão de motorista pelo prazo da pena detentiva.

A recente Lei 9.714/98 acresce a proibição de freqüentar determinados lugares (inc. IV, art. 47, CP), também pelo tempo da pena detentiva aplicada. Ela pode ser aplicada a crimes contra o consumidor.

Essa condição está prevista no CP como condição do *sursis* (art. 78, § 2º, *b*), mas vinha sendo aplicada como restrição de direitos por alguns juízes.

Suponha-se o caso de fornecedor que exponha mercadoria à venda, em determinado lugar de certa comunidade, sem atender às especificações quanto ao peso ou embalagem (Lei 8.137/90, art. 7º, inc. II). Neste caso, o juiz pode proibir que dito fornecedor freqüente esse

[44] Bitencourt. *Op. cit.*, p. 170.

determinado lugar onde realizou a conduta criminosa. Isso servirá também de exemplo aos demais e prova que a lei foi aplicada.

Agora, tal como no *sursis*, não se admite a inserção indiscriminada de proibição, se inexiste qualquer vínculo entre esses locais e a prática delituosa (RT-754/640).

4.4.2. Notícia da condenação nos órgãos de imprensa

Já dissemos da completa abolição das denominadas penas acessórias, tais como aquela da publicação da sentença do art. 67, inc. III, da parte geral do CP/40.

O inciso II do art. 78, CDC, praticamente restaura, revive, a pena acessória extirpada, apenas mudando a redação da lei anterior. Temos dito em aula: o legislador fez como Cristo a Lázaro: "Levanta-te e anda!".

Ora, em que pese alguns defensores[45] dessa pena e ainda outros que sobre ela silenciaram,[46] trata-se de norma manifestamente inconstitucional, como também concordam o Min. Cernicchiaro,[47] Magela Alves e Milhomens[48] porque simplesmente coloca o condenado à execração pública. Tira-o dos Tribunais e entrega-o ao sensacionalismo da imprensa. Nada existe de educativo nessa medida, a qual até fere o direito subjetivo privado de personalidade inerente a todo cidadão e o princípio da humanidade do Direito Penal.[49]

Assim, só se pode dar razão ao Prof. Luiz Luisi quando diz que a inserção desta pena no CDC *cria perplexidades, posto que desobedeceu a elementares preceitos de boa técnica legislativa, e entra no contexto legal como um corpo anômalo e estranho ao sistema, tornando difícil, e mesmo impossível a sua aplicação.*[50]

O réu tem o direito de cumprir a sua pena, e não a ser exposto nas páginas dos jornais ou revistas, eis que, daí para o rádio e a televisão é somente um passo. Trata-se de pena que desborda de sua finalidade, uma vez que impõe, tantas vezes comentada e publicada, em sucessivos órgãos (porque um copia a notícia do outro), num verdadeiro concurso de penas distintas.

Nem vamos comentar o fato de alguns pretenderem que só seja publicada a condenação *após o trânsito em julgado da sentença*, como se

---

45 Filomeno e Eduardo Alvim. *Op. loc. cit.*

46 Tupinambá Nascimento e Ulderico Pires dos Santos. *Op. loc. cit.*

47 Idem p. 316.

48 Idem p. 170.

49 Sobre o princípio da humanidade, ver Cezar Roberto Bitencourt. *Op. cit.*, p. 35.

50 *Op. cit.*, p. 72.

depois de uma condenação transitada em julgado o réu não tivesse mais direito à reserva, à intimidade, à imagem, enfim, saísse do rol dos seres humanos, que erram e por isso podem pagar e regenerar-se.

De outra banda, como adverte René Ariel Dotti,[51] o efeito intimidativo é extremamente discutível, porque a notoriedade dos fatos criminosos, longe de impedir a repetição dos crimes, pode vir a estimulá-los, isto é, outros passam a ter a "idéia" do crime e passam a aprimorá-las. É o que vem ocorrendo com as idéias criminosas surgidas através da força da televisão.

4.4.3. Prestação de serviços à comunidade

Finalmente, chega-se à última das penas restritivas de direitos, expressamente adotada pelo CDC, e uma das quais poderá ser comumente aplicada.

A pena em epígrafe tem origem no Leste Europeu,[52] sendo que no Brasil aparecem estudos preliminares sobre ela ainda na década de 70.

Essa pena consiste na atribuição ao condenado de tarefas gratuitas[53] junto a entidades assistenciais, hospitais, escolas, orfanatos e outros estabelecimentos congêneres, em programas comunitários ou estatais. Entende-se que só o trabalho dignifica, aliás, também a ociosidade prisional é causadora da hipertrofia do sistema.

Trata-se de um trabalho correcional, na modalidade moderna de "trabalho comunitário", como chamou Fragoso.[54] Afastam-se as entidades privadas que visam a lucros, exceto se no local existir algum setor de serviço comunitário, devidamente conveniado, onde se atenderá ao escopo da norma.

É assim que ela é prevista no art. 46 do Código Penal, sendo que as tarefas serão atribuídas conforme as aptidões do condenado (art. 46, § 3º, CP). Ditas tarefas devem ser cumpridas à razão de uma hora de trabalho por dia de condenação, fixadas de modo a não prejudicar a jornada normal de trabalho (art. 46, § 3º, última parte, CP). Trata-se de um "ônus imposto ao condenado".[55]

A prestação de serviços à comunidade continua como uma das condições do *sursis* (art. 78, § 1º, CP).

---

51 *Bases e Alternativas para o sistema de penas*. São Paulo: RT, 1998, p. 451

52 Reale e outros. Op. cit. p. 130.

53 Como disse René Ariel Dotti: "A prestação de serviços é uma pena, não um emprego". *In Reforma Penal. Op. cit.*, p. 109.

54 *Op. cit.*, p. 321.

55 Bitencourt. *Op. cit.*, p. 167.

A pena de prestação de serviços, como restritiva de direito que é, substitui a pena de detenção imposta ao fornecedor/prestador de serviços, pelo prazo desta.

Com a redação da Lei 9.714/98, dita restrição apenas será aplicada quando a condenação superar seis meses de privação de liberdade (art. 46, *caput*, CP). Com isso, não se poderá aplicá-la nos crimes dos arts. 69, 70, 71, 73 e 74 , todos do CDC. Observa-se, no entanto, que os arts. 63, § 2º, e 66, §2º, do CDC, embora com pena abstrata de até seis meses, admitem a prestação de serviços à comunidade, porque tratam de crimes culposos, e quanto a estes inexiste limitação de pena para a substituição pela restrição de direitos.

O não-cumprimento dessa pena, desde que injustificado, implica a conversão daquela em detenção (art. 44, § 4º, CP), devendo ser descontado na conversão o eventual tempo cumprido na prestação de serviços à comunidade.

Após sua fixação em sentença, transitada esta em julgado, compete ao juiz da execução designar a entidade ou o programa comunitário a ser cumprido pelo condenado. A beneficiada também auxilia o juízo no exato cumprimento da pena (v. arts. 149 a 150, LEP), sendo que tal entidade não pode visar ao lucro com o trabalho do preso. Volta-se, então, para "toda instituição filantrópica, de utilidade pública ou comunitária", as quais "serão as beneficiárias diretas do resultado dessas prestações, sem ter que suportar nenhum gasto".[56]

É de se notar que a responsabilidade plena pelo condenado é do Estado, isto é, se aquele praticar algum ato danoso no cumprimento dessa pena, caberá ao Estado indenizar.

---

[56] Bitencourt. *Falência da Pena de Prisão*. São Paulo: RT, 1994, p. 283.

Capítulo V

Causas modificativas da pena

5.1. AS CIRCUNSTÂNCIAS DO CRIME

O crime é um bloco fechado, monolítico, formado pela junção de elementos. É formado de *elementos essenciais,* aos quais a doutrina chama de *essentialia delicti,* ou elementares, em contraposição aos *elementos não-essenciais,* ou acidentais, os *accidentalia delicti.* Os elementos essenciais estão necessariamente presentes na composição do crime; em sua ausência, ausente está o fato criminoso assim como tipificado.

Os elementos acidentais é que são as circunstâncias *stricto sensu,* pois podem ou não estar presentes no fato delituoso. Quando presentes, diz-se que o crime é *circunstanciado,* isto é, "acompañado de circunstancias", como disse Maggiore.[1] A presença de circunstâncias *stricto sensu* não é indispensável à configuração do crime, pois elas não dizem respeito à qualidade do crime, e sim à quantidade da pena. Então, quando ausentes os elementos acidentais, a configuração básica do crime não se altera.

Elas (circunstâncias) dizem respeito à gravidade do fato delituoso, influindo na quantidade da sanção a ser imposta pelo juiz, ou, nas palavras de Carrara, elas aumentam ou diminuem a *quantidade política do delito* [2]

Não se pretende acompanhar ou reacender a polêmica sobre *o que é o crime,* cujo conceito jurídico, como ensinou Hungria, é um dos mais controversos e desconcertantes da moderna doutrina penal.[3] Basta lembrar a polêmica ocorrida quando Pontes de Miranda disse que o crime era *um ato jurídico.*[4]

[1] Giuseppe Maggiore. *Derecho Penal.* Bogotá: Temis, 1972, p. 4.

[2] Citado por Maggiore, *op. cit.*, pp. 4 e 5.

[3] Nelson Hungria. *Comentários ao Código Penal.* v. 1. Rio de Janeiro: Forense, p. 5

[4] V. *Tratado de Direito Privado,* RT, vol. 1, § 24.

Nossa pretensão é apenas encaminhar a discussão e posicionar os elementos que podem se fazer presentes no fato criminoso, daí a condição de acidentalidade que possuem.

Os elementos essenciais do crime são *as elementares*, ou seja, *sem elas o crime não se perfaz*. O elemento acidental é a própria circunstância.

Segundo o Prof. Cunha Luna, não se pode falar de um crime incircunstanciado.[5] Isso somente acompanhamos se entendermos as circunstâncias num amplo sentido, porque quando falamos de circunstâncias, a rigor, temos noção de acessoriedade; daquilo que não é imprescindível à configuração do delito. Dizer-se que todos os crimes são circunstanciados *stricto sensu* é opor-se à existência de crimes sem circunstâncias, os crimes simples, v.g., aqueles sem a presença dos *accidentalia delicti*. Quando o crime se apresenta com uma *constelação de elementos*, na expressão de Maggiore, é que se o diz circunstanciado. Dizer-se que todos os crimes são circunstanciados, pelo que inexistiria crime incircunstanciado, é como se dizer que tudo aquilo que possui rodas tem tração motora própria. Sabe-se que isso não é totalmente verdadeiro, mas também não é totalmente falso.

O vocábulo *circunstância*, realmente, pode ser tomado num sentido lato, quando se verifica que as circunstâncias "não são apenas as que excedem a configuração do crime, isto é, as agravantes e atenuantes, genéricas ou especiais, e só influem na medida da pena (*accidentalia delicti*), mas também as que constituem elementos essenciais do crime (*essentialia delicti*) ou, de qualquer modo, alteram, excluem ou extinguem a punibilidade".[6] Aí, sim, se pode dizer que não existe crime incircunstanciado.

É pela presença dessas circunstâncias em sentido estrito num fato delituoso, que se fala em crimes qualificados e privilegiados. As circunstâncias como que revestem o tipo básico ou fundamental, fazendo surgir o "tríplice critério de decisão", mencionado por Hungria:[7] 1) surge um novo crime, com título próprio e pena autônoma; 2) conserva o mesmo crime, mas com pena maior ou menor e 3) determina a gravação ou atenuação da pena, em quotas fixas ou variáveis (*exceptum*).

Nas palavras de Wessels, as qualificadoras e as privilegiantes *resultam de que o legislador alarga o tipo fundamental em torno de elementos especiais.*[8]

---

[5] Everardo da Cunha Luna. *Estrutura Jurídica do Crime*. São Paulo: Saraiva, 1993, p. 5.

[6] Hungria. *Op. cit.*, p. 351.

[7] Idem, p. 45.

[8] Johannes Wessels. *Direito Penal*. Trad. Prof. Juarez Tavares. Porto Alegre: Ed. Sergio Fabris, 1976, p. 26.

5.1.1. Conceito

Firmada a premissa de que circunstância está ligada à acessoriedade, vamos verificar como é que a doutrina tem entendido o que seja circunstância.

A expressão deriva do latim *circumstantia* de *circumstare*, que é rodear, cercar, ou, como ensina Plácido e Silva: "dá bem a idéia de tudo, seja qualidade, acidente ou atributo, que se acerca ou vem anexo ao fato ou ao direito, para, por vezes, lhe mudar a própria substância ou natureza".[9]

Chamam-se circunstâncias, consoante Maggiore, "os elementos não constitutivos, senão simplesmente acessórios do delito, que influem em sua gravidade, deixando intacta sua essência".[10]

Entende-se por circunstâncias, pela lição do saudoso Heleno Fragoso, os "elementos acidentais do delito, ou seja, aqueles que não são elementos constitutivos do tipo, afetando apenas a gravidade do crime".[11]

Ensina Damásio E. de Jesus que "as circunstâncias são determinados dados acessórios que, agregados à figura típica fundamental, aumentam ou diminuem a pena".[12]

Para Jiménez de Asúa, circunstância é tudo "o que modifica um fato ou um conceito sem alterar sua essência".[13]

"São elementos, acidentais e acessórios, que se põem em derredor do tipo, influindo apenas na quantificação penal", diz Paulo José da Costa Junior.[14]

"São dados objetivos ou subjetivos que fazem parte do fato natural, agravando ou diminuindo a gravidade do crime sem modificar-lhe a essência", como ensina Julio Mirabete.[15]

Dizia Magalhães Noronha que "circunstâncias são elementos que se agregam ao delito sem alterá-lo substancialmente, mas produzindo efeitos e conseqüências relevantes".[16]

Vê-se, então, que as circunstâncias são meros elementos, objetivos ou subjetivos, mas não indispensáveis à existência do crime, que ora agravam, ora atenuam a quantidade da pena imposta e que obriga o juiz a valorá-las.

---

[9] *In Vocabulário Jurídico*. v.1. Rio de Janeiro: Forense, p. 336.

[10] *Op. cit.* p. 3.

[11] *In Lições de Direito Penal, Parte Geral*. Rio de Janeiro: Forense, 1985, p. 338.

[12] *In Direito Penal*. v. I. São Paulo: Saraiva, 1985, p. 475.

[13] *In Princípios de Derecho Penal. La Ley y el delito*. Buenos Aires: Abeledo-Perrot, 1990, p. 443.

[14] *In Comentários ao Código Penal*. v. 1. São Paulo: Saraiva, p. 325.

[15] *In Manual de Direito Penal*. v. 1. São Paulo: Ed. Atlas, p. 282.

[16] *In Curso de Direito Processual Penal*. v. 1. São Paulo: Saraiva, 1985, p. 244.

Muitas vezes a presença de uma circunstância forma um novo tipo penal, molda um outro crime, como veremos, o que a despe da condição de circunstância para torná-la um elemento integrativo do tipo. Aí é que se fala de qualificadora, ou qualificativa, ou tipo qualificado.

As qualificadoras são circunstâncias. São também chamadas de qualificativas ou qualificantes. Elas não se confundem, note-se, com as majorantes, como veremos oportunamente. As qualificadoras são aquelas circunstâncias agravantes que "criam um novo tipo penal", como diz nosso Professor Ney Fayet.[17]

5.1.2. Classificação

A classificação das circunstâncias varia de autor para autor, sendo outro dos aspectos relevantes da matéria, aliás, como disse o jurista português Eduardo Correia: varia consoante o ponto de vista por que se encaram.

Uma das classificações mais usuais é aquela onde se releva a visão objetiva ou subjetiva da circunstância.

São *objetivas*, ou reais, aquelas que dizem respeito à natureza, à espécie, aos meios, ao objeto, ao tempo, ao lugar e a qualquer outra modalidade da ação, à gravidade do dano ou do perigo, ou ainda às condições ou às qualidades pessoais do ofendido; subjetivas, as que se referem à intensidade do dolo ou ao grau da culpa, ou às condições e qualidades pessoais do culpado, ou às relações entre o culpado e o ofendido, ou às inerentes à pessoa do culpado.[18]

As *subjetivas*, também chamadas pessoais por Eduardo Correia,[19] relacionam-se com o sujeito ativo do crime, estando entre elas os antecedentes, a personalidade, os motivos do crime e o estado psíquico do agente; as objetivas dizem respeito a todas aquelas que não se relacionam diretamente com a pessoa do agente, podendo referir-se ao meio utilizado para a prática do crime, às conseqüências do delito, à pessoa da vítima, ao concurso de pessoas e à ocasião do fato.[20]

Fala-se, também, de circunstâncias *intrínsecas* e *extrínsecas*. Aquelas, são as que se referem à execução ou consumação do fato incriminado, caracterizando-o como mais grave ou mais leve, e são anteriores ao momento consumativo do próprio crime ou à cessação da permanência; as extrínsecas são as que agravam ou diminuem a responsa-

---

[17] *In A Sentença Criminal e suas Nulidades*. São Paulo: Aide. 1987, p. 170.

[18] Noronha. *Op. cit.*, p. 245.

[19] *In Direito Criminal*. Coimbra: Almedina, 1968, p. 345.

[20] V. Mirabete. Op. cit. p. 283.

bilidade do culpado, por causas que não têm atinência com a execução ou com a consumação do crime e que consistem em relações, fatos ou resultados sucessivos ao exaurimento do delito, ou, por qualquer forma, a este estranho (arrependimento ativo, reincidência etc).[21]

Podem ser *determinadas* ou *indeterminadas*, consoante a sua enunciação seja taxativa ou não, isto é, se formuladas por cláusula geral ou não.[22]

Podem ser *judiciais* ou *legais*, sendo que aquelas, no direito penal brasileiro, vêm elencadas no art. 59, do Código Penal e estas podem vir sob a forma de agravantes, atenuantes, qualificadoras ou causas de aumento ou de diminuição de pena[23] Veremos cada uma no devido momento.

5.1.3. Circunstâncias legais e judiciais

Realçamos essa classificação, porque é aquela utilizada pelo codificador penal brasileiro (art. 68, CP); é utilizada pela doutrina e é dentro delas que situaremos o trabalho.

A rigor, todas as circunstâncias, vistas assim, *lato sensu*, são legais, porque previstas na lei. O juiz não poderia apreciar circunstância se não existisse a previsão do art. 59 do Código Penal; nem mesmo quando aprecia uma circunstância inominada, ele só assim atua por força da lei (art. 66, CP).

A doutrina penal separa as agravantes em *legais*, quando previstas na lei, em número expresso e destacadamente, *e judiciais*, quando outorga ao juiz a apreciação de outras circunstâncias. Legais, porque previstas "taxativamente"[24] na lei; judiciais, porque entregues à apreciação do julgador, apreciação discricionária, mas dentro de um modelo legal, ou parâmetro.

A presença dessas circunstâncias num certo fato criminoso é de apreciação obrigatória, isto é, impõe-se ao juiz a sua apreciação e consideração quando da dosimetria da pena. Claro, em que pese inexistir na lei penal um *quantum* de aumento ou de diminuição, ele é feito segundo a discrição do juiz. É seu agir discricionário que funciona, não arbitrário. Mesmo discricionário, como todas as decisões, há que ser fundamentado.

Arriscamo-nos a dizer que nas *circunstâncias judiciais* o legislador penal criou uma espécie de cláusula geral, um modelo aberto, que

[21] Noronha. *Op. cit.*, p. 245.

[22] Eduardo Correia. *Op. cit.*, p. 344.

[23] V. Damásio de Jesus. *Op. cit.*, p. 477 e Mirabete, idem, p. 283.

[24] Fragoso. *Op. cit.*, p. 338.

necessita de uma mediação concretizadora[25] do juiz. Essa "cláusula geral" também está presente em outras legislações, como no Código Penal suíço e no italiano, bem como no brasileiro, quando, no art. 59 arrola aqueles "modelos" dentro dos quais o juiz irá sopesar a pena.

As circunstâncias surgem, como diz Eduardo Correia, para adaptar a justa punição às particulares circunstâncias da criminalidade;[26] talvez isso tenha ensejado a feliz manifestação de Asúa, quando disse que a graduação da culpabilidade é uma das conquistas da concepção normativa[27]

As *circunstâncias legais*, então, estão arroladas no Código Penal (arts. 61, 62 e 65), ora sendo agravantes (art. 61), ora atenuantes (art. 65); ora qualificadoras (art. 121, § 2º), ora privilegiantes (art. 28, § 2º), ora inominadas (art. 66). Elas sobrevivem também em leis especiais, como na Lei de Economia Popular, v.g. (art. 4º, § 2º, Lei nº 1.521/51) e no Código de Defesa do Consumidor, o que será objeto da pesquisa.

Dizem-se *agravantes*, porque agravam a situação do réu, quando presentes no fato delituoso. Agravam a pena imposta, mas não podem elevá-la além do máximo previsto abstratamente no tipo penal. Isso significa que se a pena máxima prevista para o crime, v.g., é de cinco anos de reclusão, não se pode impor (ou reconhecer) uma agravante legal e aplicar a pena de cinco anos e dois meses de reclusão.

Nos termos do art. 68 do Código Penal elas são apreciadas, consideradas, na segunda fase da aplicação da pena; se elementares ou componentes de outro crime, ou seja, criando um tipo autônomo, elas não são tidas como agravantes, mas crime autônomo ou qualificadora.

São inerentes aos tipos dolosos unicamente, salvo a reincidência (CP, art. 61, inc. I), todas as demais agravantes só incidem nos crimes dolosos e jamais nos culposos.[28] ou nas contravenções.[29]

Já as *atenuantes* são aquelas circunstâncias que sempre atenuam, diminuem a pena-base, ou no dizer de Mirabete, são dados objetivos ou subjetivos que levam à diminuição da reprimenda[30]

Assim como as agravantes não podem elevar a pena acima do máximo, as atenuantes não podem diminuir a pena abaixo do mínimo[31] previsto abstratamente em lei, ou seja, elas não podem servir

---

[25] V. Paulo Luiz Neto Lobo. *Condições Gerais dos Contratos e Cláusulas Abusivas.* São Paulo: Saraiva, 1991, p. 33.

[26] *Op. cit.*, p. 340.

[27] *Op. cit.*, p. 443.

[28] V. Celso Delmanto. *Código Penal Comentado.* São Paulo: Renovar, 1991, p. 97.

[29] Revista dos Tribunais n. 590/354.

[30] *Op. cit.*, p. 298.

[31] REsp. 49.500-8, rel. Min. Assis Toledo, j. 29.6.94, v.u., DJU 15.8.94, p. 20.346.

para a transposição dos limites mínimo e máximo da pena abstratamente cominada.[32] Supondo que a pena mínima de um crime seja de dois anos de reclusão, a pena imposta, reconhecida uma atenuante, não pode chegar ao definitivo de um ano e cinco meses de reclusão pela atuação da atenuante.

As atenuantes também estão previstas na lei. No entanto, o Código Penal ainda refere uma circunstância atenuante dita *inominada*, criação da Lei nº 7.209/84, que é a possibilidade de o juiz reconhecer outra circunstância qualquer, não prevista pela lei, relevante para ser apreciada no caso. Enfim, qualquer outra causa que beneficie, que atenue a pena do réu, chegada ao seu conhecimento no próprio feito onde atua.

Temos que quando existe uma outra circunstância que possa ser considerada como atenuante inominada, o juiz não pode deixar de reconhecê-la, mesmo que o art. 66 do CP diga: a pena poderá. Afinal, trata-se de um direito subjetivo do réu, que não pode ser negado pelo Estado-Juiz.[33]

Pode ocorrer, também, de uma atenuante surgir como causa especial de diminuição de pena, como lembra Fayet,[34] a qual "atuará como tal e não como mera atenuante". Ex. no homicídio privilegiado - art. 121, § 1º, "por motivo de relevante valor social ou moral" esse fato atuará como causa especial de diminuição, e não como atenuante legal, do art. 65, inc. III, letra *a*, do Código Penal.

5.1.4. Causas de aumento e de diminuição de pena

As causas de aumento e de diminuição de pena situam-se dentro das circunstâncias legais.Aquelas são chamadas de majorantes, e estas, de minorantes.

Identificam-se causas de aumento ou de diminuição, ou majorantes e minorantes, como diz Nélson Ferraz, "toda vez que o Código, sem se referir a meses e/ou anos dispõe que a pena deva ou possa ser aumentada ou diminuída em quantidade fixa (um sexto, um terço, metade, dobro etc.), ou dentro de determinados limites variáveis (um sexto até metade, um a dois terços), está-se diante de uma causa especial".[35]

São fatores de acréscimo ou redução da pena, diz Delmanto, assinalados em quantidades fixas (dobro, metade etc.) ou em limites

[32] Mirabete, *op. cit.*, p. 303.

[33] No mesmo sentido: v. Delmanto. *Op. cit.*, p. 109.

[34] *Op. cit.*, p. 196.

[35] *In Dosimetria da Pena*. Florianópolis. 5.ed. 1982, p. 14.

(um a dois terços) previstos na Parte Geral ou Especial do Código Penal.[36]

Também dentro daquelas se situam as denominadas qualificadoras, aliás, as causas de aumento e de diminuição de pena também são qualificadoras, mas, como diz Mirabete, num sentido amplo.[37]

Ocorre que a qualificadora é, podemos dizer, filha da agravante legal que se uniu ao tipo penal básico ou fundamental. Aí surge aquela, o denominado tipo qualificado, daí se dizer que é uma qualificadora.

Outra das diferenças entre qualificadora e causa de aumento de pena é a de que naquela há indicação expressa do máximo e do mínimo da pena e nesta simplesmente existem os limites já vistos.

Como ensina Ney Fayet, não se confundem as *majorantes com as agravantes*, pois nestas o *quantum* do aumento da pena fica ao prudente arbítrio do juiz, e aquelas sempre trazem de forma expressa a quantidade fixa ou variável que deverá operar sobre a pena para torná-la definitiva.[38] Tampouco é de se confundir qualificadora com agravante, o que implica ato de constrangimento sanável pelo *Habeas Corpus*, pois isso contraria o princípio do *non bis in idem*, "valendo notar que a primeira ganha contornos de verdadeiro tipo penal, dito qualificado, no que estabelecidos os limites mínimo e máximo da pena".[39]

É de se notar, ademais, que as causas em questão permitem a redução abaixo do mínimo e o aumento acima do máximo da pena prevista em lei, mas o juiz não pode reconhecer a causa especial de aumento se ela não estiver descrita na denúncia, implícita ou explicitamente (RT - 577/641).

5.2. AS AGRAVANTES NO CDC

A Lei nº 8.078, de 9.9.90, denominada de Código de Defesa do Consumidor, ou CDC, ou CoDeCon, trouxe normas de Direito Civil, Processo Civil, Direito Penal Econômico e Processo Penal. Mas também trouxe matéria relativa ao Direito Administrativo, embora este seja uma das cidadelas que mais têm procurado resistir à aceitação do

[36] *Op. cit.*, p. 110.

[37] *Op. cit.*, p. 283.

[38] *Op. cit.*, p. 210.

[39] HC nº 71.509-5, 2ª Turma. Rel. Min. Marco Aurélio, STF, j. 30.8.94, v.u., DJU 27.10.94, p. 29.163.

Direito Econômico, como ensina Washington Peluso Albino de Oliveira,[40] bem como normas de Direito Comercial.

É sabido que certas práticas econômicas podem ter "o caráter de crime ou de contravenção"[41] e por isso o Código de Defesa do Consumidor, como microssistema[42] que é, definiu crimes contra as relações de consumo, objeto material primordial daquela legislação.

Considerou o legislador que aqueles crimes poderiam ter suas penas agravadas, aumentadas no seu *quantum*, desde que ocorrentes determinadas situações acidentais, mas presentes no fato delituoso. Daí por que no Título II do CDC, definidas as infrações penais, o legislador assim dispôs:

"Art. 76. São circunstâncias agravantes dos crimes tipificados neste Código:

I - serem cometidos em época de grave crise econômica ou por ocasião de calamidade;

II - ocasionarem grave dano individual ou coletivo;

III- dissimular-se a natureza ilícita do procedimento;

IV - quando cometidos:

a) por servidor público, ou por pessoa cuja condição econômico-social seja manifestamente superior à da vítima;

b) em detrimento de operário ou rurícola; de menor de 18 (dezoito) ou maior de 60 (sessenta) anos ou de pessoas portadoras de deficiência mental, interditadas ou não;

V - serem praticados em operações que envolvam alimentos, medicamentos ou quaisquer outros produtos ou serviços essenciais".

A legislação penal do consumidor, no que diz respeito às agravantes, praticamente copiou aquelas agravantes previstas no art. 4º, § 2º, da Lei de Economia Popular (Lei nº 1.521, de 26.12.51), fazendo pequenas modificações de redação, às vezes adequando-a à modernidade de entendimento e às vezes repetindo seus equívocos. O fato é que só o tempo dirá se tais agravantes não se quedarão como aquelas, inertes e praticamente inaplicáveis.

Veja-se, v.g., quando da ocorrência do Plano Cruzado, houve uma verdadeira Cruzada de fiscalização aqui no Sul em busca de vítimas e réus. Inúmeros procedimentos baseados na Lei de Economia Popular foram instaurados. Denunciados, quando os réus não obtinham de imediato o trancamento da ação penal, sobrevinha a absol-

[40] *In Primeiras Linhas de Direito Econômico*, FBDE, MG, 1992, p. 53.

[41] Idem, p. 51.

[42] Nelson Nery Júnior. *Código Brasileiro de Defesa do Consumidor*. Rio de Janeiro: Forense Universitária, 1991, p. 272.

vição. E tudo isso pela desmoralização governamental federal, que pretendia encontrar no setor privado a *ratio* dos descalabros do setor público.

O CDC, em vigência desde 1991, na parte relativa aos crimes contra as relações de consumo, tem sido pouco utilizado no RS, bastando ver-se que, até agora, só um precedente foi publicado na revista oficial de jurisprudência do Tribunal de Alçada (estamos consultando o nº 90). Não se sabe se é pouca atuação da autoridade policial, do Ministério Público ou do Judiciário. Mas não é crível que em tal período só um tenha ocorrido crime contra as relações de consumo(?).

5.2.1. Agravantes legais *x* atenuantes

Já no pórtico daquele dispositivo transcrito, deparamo-nos com uma questão que tem sido pouco abordada pela doutrina, que diz respeito ao eventual confronto entre agravantes e atenuantes no CDC.

A parte penal de defesa do consumidor, como sabemos, não trouxe atenuantes, só as agravantes legais ali descritas taxativamente. Mas serão mesmo apenas taxativas ou em número aberto aquelas agravantes?

Será que aquelas agravantes, em determinado processo por crime contra as relações de consumo, devem ser analisadas isoladamente? Em outras palavras: será que o aplicador da lei penal do consumidor só pode considerar aquelas agravantes, desconsiderando qualquer análise de outras agravantes legais, especialmente aquelas do Código Penal?

E se porventura existirem outras agravantes, que não aquelas do CDC, poderá o julgador apreciá-las quando da dosimetria da pena? E se coexistirem com as do CDC aquelas do Código Penal?

E com relação às atenuantes: será que estas em estando presentes no fato *sub judice* poderá o juiz apreciá-las, mesmo sabendo que o CDC não trouxe atenuantes legais? E se existir circunstância atenuante inominada, pode o juiz reconhecê-la e diminuir a pena?

Tais questões, aparentemente simples, ficaram dispersas ante a posição de parte da doutrina e até pela redação do *caput* do art. 76, CDC, quando disse que as agravantes ali arroladas "são circunstâncias agravantes dos crimes tipificados *neste* Código", o que leva a se entender que somente se aplicam aos crimes contra as relações de consumo aquelas agravantes do art. 76. É de se ver a discussão.

O Des. Tupinambá Castro do Nascimento, do Tribunal de Justiça do RS, v.g., disse que, quando da aplicação da pena em crime contra o consumidor, o juiz deve verificar a existência das agravantes e atenuantes do Código Penal, assim: "Inicialmente, a aplicação de uma pena-base considerando as circunstâncias judiciais referidas no art. 59 do Código Penal. Na segunda fase, atuam as circunstâncias agravantes e atenuantes previstas nos arts. 61, 62 e 65 do Código Penal e, de forma especial, as circunstâncias agravantes indicadas no art. 76 do Código do Consumidor".[43]

No mesmo sentido: Paulo José da Costa Júnior[44] e o Juiz Federal Francisco Cavalcanti.[45]

Porém, o Min. Cernicchiaro, comentando o dispositivo em análise, referiu que, fixada a pena-base, o juiz está vinculado ao *numerus clausus* e não pode considerar qualquer outra circunstância.[46]

Justificou sua posição dizendo que não se aplicariam as agravantes em face do princípio *nullum crimen, nulla poena sine lege* e aplicar-se-iam as atenuantes porque "é sempre favorável ao réu" (idem).

Embora cientes de que a criminalidade econômica, da qual é espécie a defesa do consumidor, deva sofrer tratamentos penais e processuais próprios, como bem disse a Profª Marcia D. Lima de Carvalho, em trabalho já citado, na espécie é de se ter em conta o norte afirmado pela própria legislação penal do consumidor.

De imediato, devemos registrar que somos contrários ao afastamento puro e simples da análise de outras agravantes,[47] especialmente aquelas do Código Penal. Por vários motivos:

Primeiro, como se disse, porque o CDC é um microssistema e deve ser analisado em suas normas, que lhe são próprias e especiais, portanto, extravagantes. É de se notar que a legislação geral se aplica quando a especial é omissa. Assim, para o CDC, afirma-se o art. 61, quando dispôs que as normas penais do CDC se aplicam sem prejuízo do disposto no Código Penal. Dita norma repetiu, aliás, aquela do art. 12 do Código Penal, isto é, há uma nítida interligação entre o CDC e o Código Penal.

Segundo, porque estamos falando de circunstâncias, e não de elementares do crime. As agravantes legais existem em ambos os diplomas e enquanto não colidentes não podem ser afastadas.

Terceiro, sabedor o legislador da existência do rol daquelas agravantes do Código Penal a elas não se referiu, implícita ou expressa-

43 *In Comentários ao Código do Consumidor*. São Paulo: Aide, 1991, p. 156.

44 *In Comentários ao Código de Proteção do Consumidor*. São Paulo: Saraiva: 1991, p. 256.

45 *In Comentários ao Código de Proteção e Defesa do Consumidor*. Belo Horizonte: Del Rey, 1991, p. 158.

46 *In Comentários ao Código do Consumidor*. Rio de Janeiro: Forense, 1992, p. 303.

47 Contra: Cezar Roberto Bitencourt, dizendo ser penalmente insustentável nossa posição.

mente, na lei penal do consumidor, quer adotando-as, quer afastando-as. Então, não há por que afastá-las, quando existe dispositivo penal que permite considerá-las (arts. 12 do CP e 61 do CDC).

Já à redação daquele *caput*, que anotamos no início, podemos dizer que se trata de mais um defeito de técnica legislativa, o que é bem comum nessa lei penal consumerista. Afinal, o legislador poderia ter "copiado" ali no particular também a Lei de Economia Popular, com o que causaria menos danos.

Finalmente, é de se considerar a prática da instrução e julgamento.

Suponhamos o caso da reincidência, que é agravante do art. 61, inc. I, do Código Penal. Então, certo fornecedor, reincidente em crime contra as relações de consumo, acabaria fazendo escola, pois, aplicada aquela lição, tal pena jamais seria aumentada em razão dessa agravante. Isso, na certa, incentivaria o ilícito e desmoralizaria o sistema penal do consumidor (ainda mais).

Com relação às atenuantes, elas devem ser sopesadas, pelos fundamentos do Min. Cernicchiaro, inclusive as inominadas. Não só porque beneficiam o réu devem ser ponderadas, mas porque estão inseridas no sistema de aplicação da pena e devem ser consideradas por força do art. 12, Código Penal. Aliás, não tem sentido apreciar-se apenas circunstâncias atenuantes para réus de crimes contra as relações de consumo e afastar-se as agravantes, principalmente porque esse tipo de réu até se torna extremamente perigoso em face dos inúmeros delitos de incontáveis vítimas que poderá vir a prejudicar.

5.2.2. Agravantes legais quanto ao tempo do crime

Dizemos que assim se denominam as agravantes do inciso I do art. 76, *verbis:*

"I - serem cometidos em época de grave crise econômica ou por ocasião de calamidade."

São duas agravantes que se referem ao tempo, à época do cometimento do crime contra o consumidor, ou seja, deve ser considerado o exato momento em que ocorreu o ilícito penal, devidamente localizado no calendário.

Para uns são agravantes relativamente ao momento; para outros é o tempo ou a época. Como quer sejam analisadas, é isso que conta.

O Código Penal não tem agravante no sentido da primeira parte do inciso, mas se refere, no entanto, à agravante da calamidade pública (art. 61, inc. II, letra *j*).

A Lei nº 1.521/51 (Lei de Economia Popular) referiu-se à agravante para o crime "ser cometido em época de grave crise econômica" (art. 4º, § 2º, inc. I).

Exige a lei, então, que haja *crise econômica*. Mas (para nossa desgraça) exige que a crise seja grave, como se pudesse existir "crise" boa ou ruim, leve, levíssima ou gravíssima.

A *crise*, em se tratando de crimes contra o consumidor, é sempre grave. Mesmo que não traga a expressão. Basta verificarmos que uma crise, sob a ótica do juiz, pode ser taxada de leve ou desimportante. Mas sob o prisma de visão daquele consumidor que padece, que sofre na própria realidade a crise, ela é sempre grave.

Veja-se o caso, v.g., do mercado de cimento. Para quem não está envolvido com o mercado da construção civil, ou no comércio de construções, essa crise até pode passar "por ouvir dizer". Desapareceu o cimento e pronto. O cidadão diz: "Não estou construindo. Tenho casa própria. Sou liberal. O que me interessa uns sacos de cimento?". Aquele típico individualista já conhecido. Agora, pode-se dizer que para aquele que sobrevive da revenda do cimento, ou para um pedreiro ou mestre de obras, que chegam a perder o emprego em face da crise do cimento, a crise não existe e não é grave? Inexiste crise econômica? Pode-se dizer que a crise do cimento, só porque pouco afeta o liberal, não afeta a economia como um todo?

Em existindo tal crise, para o julgador ou para a autoridade que preside o inquérito, ela até pode ser inofensiva. Mas para aqueles consumidores potenciais do mercado existe uma crise séria, crise econômica, claro, pois diretamente ligada à sobrevivência ela é gravíssima.

Então, nossa conclusão é a de que em existindo crise, ela é sempre grave, porque se sob a ótica daquele que julga ela se apresenta simples, sob a visão daquele para o qual a lei dá a proteção penal - o consumidor - ela é sempre grave. Daí por que o legislador jamais deveria ter copiado a "grave crise econômica" de uma lei da década de 50, pois a crise que chega a afetar a própria sobrevivência da pessoa, a dignidade do cidadão, afeta sobremodo a economia e, *data venia*, isso é muito grave. E desimporta que leve um adjetivo.

Daí por que não se pode generalizar, exigindo-se uma afetação sensível das relações econômicas,[48] digna de nota, para se fazer incidir a agravante. Parece que em havendo crise, isso basta para ser considerada "grave", porque a crise não se confunde com a anormalidade.

---

[48] V. Cernicchiaro. *Op. cit.*, p. 304.

Em Economia, a crise é o ponto de transição entre uma época de prosperidade e outra de depressão, ou vice-versa, como explica Aurélio de Holanda Ferreira. A crise econômica é uma perturbação da vida econômica, atribuída pela Economia clássica a um desequilíbrio entre produção e consumo, localizado em setores isolados da produção, como ensina Paulo Sandroni.[49]

A utilização do termo "grave"até está em desuso em matéria econômica, falando-se em crise "séria", sendo que as teorias mais modernas denominam essa fase como "depressão".[50] Ademais, aquele adjetivo nem é classificação de crise, pois parece indicar a existência de, como já disse, crise simples, leve ou levíssima, como se estivéssemos frente a uma lesão corporal.

Ora, se o legislador quisesse agravar a crise econômica, teria dito logo "depressão", que é mais adequada tecnicamente. Então, sem razão o copiador.

Para finalizar, é de se referir que na apreciação dessa agravante pode haver juízes que reconheçam a existência de crise econômica e outros não, o que torna a agravante mais incerta em sua aplicação. O Ministério Público deve fazer prova da crise, seja documental ou testemunhal; aquela por declarações de autoridades do setor, corporações, sindicatos.

Fala a lei penal do consumidor em *calamidade.* Houve um aprimoramento da técnica, aqui, relativamente ao Código Penal.

Temos entendido que a lei penal do consumidor, quando praticamente copiou a primeira parte do inciso I, da Lei de Economia Popular, não foi muito feliz, porque deveria ter aprimorado a técnica, assim como fez com a palavra "calamidade", que vinha do Código Penal com o adendo "pública".

A lei penal do consumidor, claro, foi correta quando retirou a expressão "pública", porque calamidade privada só é desgraça pessoal, infortúnio. Para isso o próprio Código Penal disse *desgraça particular do ofendido* (art. 61, inc. II, letra *j*).

Calamidade está ligada ora a fatos da natureza, ora a fatos humanos. Entende-se assim aquelas situações especiais, sejam de ordem climática ou não, que mudam sobremaneira a ordem e a paz públicas. É o infortúnio público. Há mudança na ordem pública, entendendo-se que esta se insere na ordem jurídica, como diz o Prof. Eros Roberto Grau.[51]

---

49 *In Dicionário de Economia.* São Paulo: Best Seller, 1989, p. 73.

50 Idem. *Op. cit.*, p. 73.

51 *In A ordem Econômica na Constituição de 1988.* RT, p. 63.

O próprio Código Penal a exemplifica, mencionando o incêndio, o naufrágio, a inundação, aos quais podemos acrescer as guerras, revoluções, maremotos, vendavais, furacões, epidemias, terremotos, chuvas torrenciais e contínuas, inundações e enchentes, enfim, situações que propiciam aos agentes a prática de crimes contra o consumidor.

Tais situações, como ensina Cernicchiaro, *diminuem a capacidade de resistência da vítima, e o delinqüente, como abutre, se prevalece da situação, encontra mais facilidade para praticar o delito.*[52]

Claro, essas verdadeiras desgraças públicas fazem com que as autoridades em geral, especialmente aquelas encarregadas de fiscalizar os delitos contra o consumidor, voltem sua atenção para os fatos em si, com isso diminuindo a fiscalização e tornando mais fácil a atuação do criminoso.

Como se viu pelo rol de exemplos, naquelas situações pode existir ou não a mão do homem, como agente deflagrador da calamidade, desimporta. Há calamidades, até, que podem ser ocasionadas ora pela mão do homem, ora pela natureza. Veja-se o caso de um incêndio criminoso e outro causado pela queda de um raio. Também não importa, i.é, basta presente a situação de calamidade.

Não é de confundi-la com a desgraça particular, ou seja, com aquelas verdadeiras "calamidades", tomado o termo em sentido amplo, que se abatem sobre o indivíduo. É que essas situações, no atinente aos crimes contra o consumidor, estão em outra agravante do Código Penal ou da lei penal do consumidor, mas jamais na que é aqui apreciada. Na lei penal do consumidor se fala de calamidade, e não em desgraça particular, como diz o Código Penal.

A rigor, a adoção dessa agravante legal era desnecessária, ante a previsão expressa do Código Penal.[53]

Diz a lei que é por ocasião de calamidade, o que se entende é que a situação deve estar ocorrendo, ou ainda no momento em que se fazem surgir os seus efeitos. A agravante, claro, abrange o que está por vir e inclui a cessação da calamidade.

Explica-se. Veja-se o caso de início de calamidade, ou naquele em que existe previsão de sua ocorrência. Em ambas o agente se prevalece da situação ocorrente ou prestes a ocorrer para a prática de crime contra o consumidor. Veja-se que cessada a calamidade, *v.g.*, cessado o vendaval, o incêndio, as chuvas torrenciais, ainda persistem seus efeitos que devem ser considerados para a agravante, exatamente

---

[52] *Op. cit.*, p. 305.

[53] Paulo Costa Junior, v.g. diz ter ocorrido o *ne bis in idem*. *Op. cit.*, p. 256.

porque o mercado de consumo não está regulado, e as autoridades ainda encontram-se enfraquecidas no tocante à fiscalização.

É natural que a agravante é apreciada com relação ao tempo, ou seja, não interessa que a sentença surja quando já normalizado o mercado de consumo, ou que o inquérito finde algum tempo depois, a agravante deve ser afirmada pelo Ministério Público.

5.2.3. Agravantes legais quanto aos efeitos

Dizemos que são agravantes quanto aos efeitos aquelas ligadas diretamente com o resultado do crime, ou seja, são circunstâncias nas quais aquilo que resulta do fato delituoso é por demais relevante e deve ser considerado como causa de agravamento da pena.

Assim dispõe o inc. II do art. 76, CDC:

"II - ocasionarem grave dano individual ou coletivo."

Então, quando o crime ocasionar um dano individual, ou coletivo, que deve ser grave, aumenta-se a pena imposta.

O Código Penal não trouxe agravante similar, mas a Lei de Economia Popular dispôs como agravante o fato de o crime ocasionar grave dano individual (art. 4º, § 2º, inc. II).

Os crimes contra as relações de consumo, via de regra, são crimes sem resultado naturalístico, afinal, tratamos de crimes formais, de mera conduta, omissivos em sua maioria. Então, despiciendo o resultado como temos repetido.

Daí que quando a lei considerou essa agravante, teve em mira, basicamente, o resultado naturalístico, o dano. Assim, não podemos deixar de criticar o dispositivo.

O caso do dano patrimonial causado em matéria-prima ou mercadoria pode configurar o art. 7º, inc. VIII, da Lei nº 8.137/90 ou, sendo contra bem do próprio consumidor, o crime de dano do art. 163 do Código Penal, delito autônomo, mas jamais a agravante.

Não se há de confundir a existência de dano patrimonial, para aplicar a agravante com o dano físico, pessoal, pois aquele parece ter sido a intenção da norma.

Paulo da Costa Junior defende que o dano aqui tratado é aquele de natureza patrimonial, dizendo que segundo a quantificação do dano, poderá agravar-se a pena[54]

Ora, se é de considerar-se o dano patrimonial somente, como vamos administrar a questão da agravante com o crime de dano previsto no Código Penal?

[54] *Op. cit.*, p. 256.

Por outra, se o crime de dano é de ação penal privada (art. 167, CP) e aqui tratamos de agravantes legais, em crimes de ação penal pública incondicionada, nesta se deve aplicar a agravante sem consideração à vontade do ofendido, como se faria naquela. Como, então, conciliar tais sistemas?

Argumentando, ainda, suponhamos que o juiz, considerada a existência de grave dano patrimonial, aplique a agravante. A vítima, o ofendido, porque houve dano ao seu patrimônio, move ação penal privada com base no Código Penal. Então, poderia o acusado ser duplamente condenado pelo mesmo fato, que ora é considerado como agravante, ora como crime autônomo? Óbvio que não. Então, parece-nos que o dano aqui considerado tende a ser físico, pessoal, por isso que a lei se referiu a "dano individual", ou seja, do indivíduo, da pessoa. Jamais do seu patrimônio. Há mais.

A questão do dano patrimonial já tinha sido abordada pelo CDC em dois dispositivos anteriores àquele ora tratado: arts. 15 e 57, *caput*.

O dano de âmbito nacional, v.g., vinha considerado para fins administrativos, quando da cobrança de pena de multa (art. 57, CDC), sendo que aí o legislador havia deixado ao critério da autoridade, observado o procedimento legal. Todavia, essa questão perdeu a importância, uma vez que o art. 1º da Lei nº 8.656, de 21.5.93, afastou a exigência de dano patrimonial nacional, dando nova redação ao art. 57.

Igualmente, o art.15 do CDC, que fazia alusão a dano irreparável ao consumidor, teve sua redação vetada. Isso significa que se o legislador fez vistas largas à extensão do dano patrimonial para fins civis e administrativos, não poderia tê-lo considerado somente para fins penais, afinal, é de sistema que se trata.

Refere a lei que o dano, admitindo-se fosse a agravante escorreita, deve ser individual e grave. Considerar o dano grave foi outro equívoco, não exatamente pelas razões já expendidas ao inciso anterior, mas pela mesma razão sociológica.

Ocorre que estamos diante de crimes contra o consumidor, ou seja, crimes de mera conduta, de perigo abstrato, onde não se sabe exatamente o número de vítimas, porque também difusamente considerados.

Explico. Se o crime origina um dano "leve" relativamente a um consumidor, com o que, em tese, não se aplicaria a agravante, ele é muito grave quando diz respeito a uma pluralidade de consumidores. Afinal, é assaz difícil considerar o número de ofendidos em determinados crimes contra o consumidor. Daí está a gravidade naquilo que, em tese, era dano "leve". Dizemos, então, que certos crimes contra as relações de consumo são sempre graves e sempre trazem graves danos aos consumidores, porque não se sabe, com certeza, a extensão do dano a ser considerado, exatamente pela desnecessidade de um resultado.

Aliás, como já advertira Benjamin: "o infrator econômico prefere atentar contra a ordem pública através dos chamados crimes do colarinho branco, praticando-os aos milhares, convicto de que nada lhe acontecerá".[55]

Assim, não foi feliz a agravante, que até é de duvidosa aplicação, não só porque proporciona um concurso de crimes em agravante (?), mas porque mistura ação penal incondicionada com ação penal privada.

Diz-se, ainda, que o *dano pode ser coletivo.* Assim como ao dano individual, nesse aspecto, a agravante parece se referir à coletividade de consumidores, ao seu número. Mas se já dizíamos que relativamente ao dano individual existe gravidade, imagine-se a uma coletividade de consumidores.

Não se pode entender que aqui o legislador tenha se referido a interesses coletivos, que são uma categoria intermediária entre o interesse público e o interesse privado, como ensina Mazzilli. São aqueles referentes a toda uma categoria de pessoas, sendo interesses meta-individuais, porque atingem grupos de pessoas que têm algo em comum.[56]

Tais interesses compreendem uma categoria determinada ou determinável de pessoas. São aqueles interesses coletivos em sentido estrito, previstos ali mesmo no CDC, art. 81, parágrafo único, inc. II.

Se relacionarmos essa agravante com os interesses coletivos, incidimos em equívoco, porque o coletivo, aqui, está relativamente ao dano físico causado em grupos de consumidores, e não aos interesses coletivos em si considerados, como já se disse.

E aqui acontece outro problema, pois se existe dano causado a uma coletividade de pessoas, identificáveis, o caso seria de concurso de crimes, e não de agravante. Alguns autores passaram ao largo desse exame. Então, lamentável a agravante, porque se o crime é contra as relações de consumo, contra os consumidores, sempre se supõe um dano coletivo e, pela amplitude, grave. Então, sempre incidiria a agravante analisada. Isso, aliás, também reforça a evidência de que a agravante não está ligada a danos patrimoniais e se estiver a pessoais, está mal dirigida e dificilmente será adotada.

---

[55] *In* "A repressão penal aos desvios de Marketing". *RDCon*, 4/95.

[56] Hugo Nigro Mazzili. *A defesa dos interesses difusos em juízo*. São Paulo: RT, 1991, p. 18.

Outra dúvida que pode causar tal inciso é se na aplicação da agravante devemos considerar o número de vítimas identificáveis ou só as identificadas no processo penal que se julga? Em outras palavras: basta que o *parquet* diga que houve dano causado a uma coletividade, ou deve fazer prova de número sensível de prejudicados? Se o Ministério Público não provar o dano coletivo, voltaríamos à Idade Média com a presunção de culpa; se o *parquet* quiser provar, isso praticamente inviabiliza a agravante.

Arriscamo-nos a dizer que o Ministério Público deve tentar trazer a juízo um número razoável de consumidores ofendidos, caso quiser fazer incidir a agravante. Como quer que seja, era melhor que tal inciso inexistisse.

5.2.4. Agravantes legais quanto ao modo de execução

Dizemos que a agravante respeita ao modo de execução, porque nela se encontra particular aspecto do proceder íntimo, interior, do agente ativo, o qual, ao praticar o crime, exterioriza sobremodo a sua torpeza.

É assim que dispõe o inciso III do art. 76, *verbis:*

"III - dissimular-se a natureza ilícita do procedimento".

Como se sabe, o CDC valoriza aquilo que nosso saudoso Mestre Clóvis Veríssimo do Couto e Silva, quando se referiu à boa-fé, chamava de *mandamento de consideração,*[57] ou seja, o interesse conferido a cada participante da relação jurídica encontra sua fronteira nos interesses do outro figurante, dignos de serem protegidos.

As partes da relação jurídica de consumo devem agir dentro da boa-fé, com interesses a serem protegidos. O consumidor, porém, que é parte manifestamente fraca da relação, merece uma maior proteção.

O Código Penal se refere à dissimulação como um dos recursos que pode dificultar ou tornar impossível a defesa do ofendido (art. 61, inc. II, letra *c*).

A Lei de Economia Popular se refere à agravante como dissimular-se a natureza usurária do contrato, no inc. III do § 2º, art. 4º. Como se vê, a lei penal do consumidor apenas "adaptou" essa agravante e não foi muito feliz, como veremos.

É de se ressaltar que o legislador se utilizou de termo técnico, da linguagem processual (procedimento), para um sentido vulgar, o que bem poderia ter sido evitado.

---

[57] *In A Obrigação como Processo.* São Paulo: José Bushatsky Editor, 1976, p. 30.

Diz-se, então, que se o agente "dissimula" a natureza ilícita do seu procedimento, incide-lhe a agravante.

A *dissimulação*, como ensina Damásio de Jesus, é o escondimento da vontade ilícita para apanhar o ofendido desprevenido. Admite o emprego do disfarce ou outra forma destinada a apanhar a vítima indefesa.[58]

É ocultar a realidade, sendo que nela se compreende também a simulação,[59] sua outra face.

Através da dissimulação, o fornecedor esconde sua insídia e por isso demonstra a gravidade com que atua para lesar ou enganar o consumidor. É preciso que a vítima não suspeite da real intenção do fornecedor, pois se souber do seu fingimento a agravante não incide.

A palavra dissimulação vem do latim *dissimulatio, dissimulare*, a qual, é mais propriamente indicada como ocultação.[60] É mais utilizada no Direito Tributário, onde se liga às dissimulações nas declarações de Imposto de Renda. Ela significa estratagema, traição, infidelidade, maquinação maliciosa, como diz Ulderico Pires dos Santos.[61]

Refere-se, ainda, o inciso em comento, à *natureza* dessa dissimulação, que deve ser *ilícita*. Dissimulação lícita, realmente, é bem raro de ocorrer, pois, se o fornecedor dissimula, esconde; aí, à evidência, não está sendo sincero e com isso descumpre seu dever de informar ao consumidor. Então, se o fornecedor dissimula na relação de consumo já está com um proceder írrito, ilícito. Daí por que despiciendo a referência à ilicitude da natureza do procedimento.

Embora a desnecessidade da agravante, porque já prevista no Código Penal a dissimulação,[62] é bem comum o cometimento de crimes contra o consumidor com a presença dessa circunstância.

Observe-se o cuidado para não agravar a pena quando a agravante já perfaz um tipo autônomo.

Veja-se o caso de fornecedor que com um gesto de dedos, o tradicional "positivo", *v.g.*, faz com que certo consumidor adquira produto nocivo à saúde. Houve uma dissimulação, um escondimento pelo fornecedor de que o produto é nocivo à saúde do consumidor. Mas aí já existe um crime autônomo, de *marketing*, pois foi omitida informação relevante. Neste caso a agravante não se faz presente, porque elementar daquele crime.[63]

---

58 *In Código Penal Anotado*. São Paulo: Saraiva, 1989, p. 152.

59 V. Min. Cernicchiaro. *Op. cit.*, p. 305.

60 Plácido e Silva. *Op. cit.*, p. 550.

61 *In Teoria e Prática do Código de Proteção do Consumidor*. São Paulo: Paumape, 1992, p. 160.

62 No mesmo sentido: Paulo Costa Jr. *Op. cit.*, p. 257.

63 No mesmo sentido: Cernicchiaro. *Op. cit.*, p. 306.

A *dissimulatio*, efetivamente, demonstra toda a torpeza do agente ativo, o qual não tem balizas decentes perante o consumidor. É um dos ramos da traição, parente da covardia e do estelionato.

É com a dissimulação que o fornecedor também viola o direito que tem o consumidor a uma informação adequada e clara sobre produtos e serviços (art. 6º, inc. III, CDC), daí nossa advertência anterior de não fazê-la incidir naqueles crimes nos quais podem se tornar elementares (arts. 66 a 69, CDC).

Não se deve confundi-la, contudo, com a simulação, pois nesta existe a aparência, que é falsa; na dissimulação existe a ocultação; naquela existe um disfarce, um simulacro, uma imitação, enfim, um fingimento; nesta existe um "acobertamento da verdade".[64]

O claro exemplo trazido pelo Min. Cernicchiaro não deixa dúvidas: há simulação quando se apresenta objeto de latão afirmando ser de bronze. Há dissimulação quando o objeto de bronze é apresentado como latão.[65]

Já se disse que não foi feliz o legislador quando se utilizou da expressão *procedimento* no sentido comum de comportamento, de proceder-se perante alguém de alguma forma. É este o sentido do texto, pois o agente esconde que está com "segundas intenções"frente ao consumidor, pronto para enganá-lo (quiçá esganá-lo).

5.2.5. Agravantes legais quanto aos agentes

Diz-se que são agravantes quanto aos agentes porque se leva em consideração a circunstância no que respeita aos pólos ativo e passivo da relação de consumo, isto é, fornecedor e consumidor. Valoriza-se, portanto, a condição pessoal dos sujeitos da relação de consumo.

Já vimos em outro nosso estudo que não é sempre um fornecedor o sujeito ativo de crimes contra o consumidor,[66] já existindo doutrina apontando a existência de diversos sujeitos passivos nesses crimes.[67]

Contudo, nestas agravantes se consideram aqueles especiais aspectos inerentes aos mencionados agentes (ativo e passivo), ou seja, circunstâncias que refletem especial condição objetiva ou subjetiva, ora do criminoso, ora da vítima.

Assim dispõe o art. 76, inc.IV, do CDC:

"IV - quando cometidos:

---

[64] Plácido e Silva. *Op. cit.*, p. 1.452.

[65] *Op. cit.*, p. 305.

[66] *In Revista do MPRS* - 30/174.

[67] V. Damásio de Jesus. RT - 696.

a) por servidor público, ou por pessoa cuja condição econômico-social seja manifestamente superior à da vítima;

b) em detrimento de operário ou rurícola; de menor de 18 (dezoito) ou maior de 60 (sessenta) anos ou de pessoas portadoras de deficiência mental, interditadas ou não".

O Código Penal aludiu a vários conceitos dessa agravante, referindo-se a funcionário público (art. 327), ao abuso de autoridade ou violação de dever inerente a cargo, ofício (art. 61, II, *f*); à criança, velho ou enfermo (idem letra *h*).

A Lei de Economia Popular também se refere à agravante de seus crimes quando cometidos por militar, funcionário público... "por pessoa cuja condição econômico-social seja manifestamente superior à da vítima; em detrimento de operário ou de agricultor; de menor de 18 (dezoito) anos ou de deficiente mental, interditado ou não" (art. 4º, § 2º, inc. IV).

Como se vê, a agravante da lei penal do consumidor fez algumas modificações (supressões) e praticamente aproveitou a da Lei de Economia Popular.

Verifica-se aqui uma *divisio* na agravante, pois ora pode se referir ao agente ativo, ora ao agente passivo. É quanto ao agente ativo, quando for o crime praticado por servidor público ou por pessoa de condição econômico-social superior à da vítima; é quanto ao sujeito passivo quando o crime é praticado em detrimento de operário ou rurícola, menor de dezoito ou maior de sessenta anos, ou de deficientes mentais, interditados ou não.

Primeiro, agrava-se o crime o fato de ser praticado por servidor público. A agravante comporta algumas observações.

A lei penal do consumidor atualiza, ao modelo constitucional (arts. 37 e ss.) a utilização da expressão "funcionário público" (da Carta anterior).

Os servidores públicos, com os agentes políticos, forma um dos grandes grupos de agentes estatais, como disse Celso Antonio Bandeira de Mello:[68] todos aqueles que mantêm com o Poder Público relação de trabalho, de natureza profissional e caráter não-eventual, sob vínculo de dependência.

Na expressão se utiliza daquela largueza vinda do Direito Penal, ou seja, eles são os funcionários públicos da Administração Direta ou Indireta; servidores de autarquias em geral; contratados pela legislação trabalhista e remanescentes dos antigos extranumerários.

[68] *In Apontamentos sobre os agentes e órgãos públicos*. São Paulo: RT, 1981, p. 8.

Também no conceito se abarca a equiparação, isto é, aqueles que exercem cargo, emprego ou função em entidade paraestatal, transitório ou não, bem como aqueles vinculados às entidades fundacionais instituídas pelo poder público e aqueles que servem sociedades de economia mista ou empresas com a participação do capital federal, estadual ou municipal.

A expressão *servidor público*, aqui, é utilizada num sentido amplo, com o que se apreende a agravante do Código Penal, quando se refere àquele que pratica o crime com abuso de poder ou violação de dever inerente a cargo ou ofício. Óbvio que se o servidor público for a vítima, não tem qualquer conseqüência, pois a agravante diz respeito ao agente ativo, e não ao passivo.

É de se observar que nem sempre o servidor público ocupa um cargo público, no sentido administrativo do termo e nem sempre o fato de prestar um serviço público e só por ser um servidor público que incidirá na agravante.

Explicamos.

Existem servidores públicos que estão apenas ocupando funções transitórias, funções ditas de confiança ou gratificadas. Mesmo assim são considerados para a agravante em questão. Daí que, em conclusão, não tem importância a forma de ingresso do servidor na função, isto é, desimporta se prestou concurso público ou foi indicado. Também, desimporta se o inquérito é concluído depois de o agente ter saído da função.

A lei não restringe ao regime de trabalho do servidor público. Tanto faz seja celetista ou estatutário, ou trabalhista, ou temporário. É aquela conceituação que nos apresenta Ivan Barbosa Rigolin: servidor público é o cidadão vinculado à Administração Pública por um regime jurídico, seja ele qual for.[69]

Já no que respeita à segunda observação, é de se notar que não basta ser servidor público e ter cometido um ilícito contra o consumidor, através de serviço público, para que haja a incidência da lei penal do consumidor e sua agravante.

Em excelente trabalho, nosso colega de Ministério Público gaúcho, Prof. Adalberto Pasqualotto, discutiu a questão dos serviços públicos no Código de Defesa do Consumidor,[70] concluindo que não são abrangidos no CDC os serviços públicos próprios, prestados *uti universi* diretamente pelo Estado, mantido pelos tributos gerais, por-

[69] *In O servidor Público na Constituição de 1988*. São Paulo: Saraiva, 1989, p. 82.

[70] V. *Revista do MPRS*, 26/81.

que falta-lhes, sob a ótica do Código do Consumidor, o requisito da remuneração específica.

Isso significa que o servidor público para ver agravada sua pena deve estar naqueles serviços públicos impróprios, prestados direta ou indiretamente pelo Estado ou, ainda, por meio de concessão, autorização ou permissão ... porque remunerados pelo pagamento específico de taxas ou tarifas,[71] ou preços públicos acrescentaria, para evitar polêmica.

Não estendemos, porém, a expressão servidor público para abarcar os militares, porque estes têm legislação penal própria (Decreto-Lei nº 1.001, de 21.10.69) e é difícil (pelo menos não nos ocorre) situação em que um servidor militar venha a praticar crime contra o consumidor sem que se trate de crime militar.

Ademais, tem origem constitucional a divisão entre servidores públicos civis e militares (arts. 39 e 42, CF), sendo que nas funções diretamente ligadas ao mercado de consumo estão mais os servidores civis do que os militares. Todavia, não é de se descartar situação excepcional em que um militar esteja praticando crime contra o consumidor, sem que se trate de crime militar, onde se poderia incidir a agravante.

Aos servidores públicos que efetivamente cometerem crimes contra o consumidor a pena deve ser agravada. É que os servidores públicos detêm um *munus* público, de onde decorre uma natural confiança do administrado naquele, o administrador. Em algumas pequenas cidades, um servidor público, de qualquer órgão estatal ou paraestatal, detém grande importância na comunidade, às vezes é "autoridade", até por ser único representante do Estado no local; também porque mantendo a respeitabilidade do cargo, mas sempre porque é pública a função exercida. Daí a natural confiança que não deve ser rompida com facilidade. E se o for, justificada está a agravante.

Não se pode confundir, ainda, a agravante em análise com a majorante do art. 327, § 2º, do Código Penal, que não se aplica aos crimes contra o consumidor.[72]

Mas será que no conceito de servidor público se pode alargar para abranger jurados, requisitados pelo Estado para membro de mesa apuradora ou receptora de votos em período eleitoral?

Parece-nos que sim,[73] pois não se pode dissociar a pessoa de um jurado, v.g., daquela de prestador de serviços ou fornecedor íntegro,

[71] *Op. cit.*, p. 97.

[72] Nesse sentido: Min. Cernicchiaro. *Op. cit.*, p. 306.

[73] No mesmo sentido: Paulo José Costa Jr. *Op. cit.*, p. 257.

honesto e cumpridor dos deveres cívicos. É que não entendemos como possa um fornecedor praticar crime contra o consumidor durante a noite e no dia seguinte ir julgar seus pares durante um júri. Qual a confiança que tal tipo de jurado pode inspirar? Isso é como um cidadão que se embriaga publicamente ser chamado pelo Juiz para julgar crimes cometidos pelo efeito da bebida, ou contravenção penal de embriaguez. Isso é risível, para não dizer imoral.

Assim, também os concessionários, os permissionários de serviços públicos, ou de obras públicas, pois, embora pessoas que prestam serviços ao Poder Público, são particulares que cumprem uma função pública.[74]

Também agrava a pena quando o sujeito ativo, o réu, o fornecedor, possuir condição econômico-social manifestamente superior à da vítima.

Condição, aqui, está no sentido de *status* econômico-pessoal, que obviamente repercute no plano social. Não se confunde nem com causa, nem com aquele acontecimento futuro e nem com "estado". Na verdade, retrata modo de ser, situação social ou profissional de uma pessoa.[75]

Não se pode deixar de relacionar a agravante com a situação de "classes aquisitivas positivamente privilegiadas" de que nos falava Max Weber, que são "os comerciantes, armadores, empresários industriais, empresários agrários, banqueiros e empresários financeiros e, em certas circunstâncias, profissionais liberais com capacidade ou formação especial e trabalhadores com qualidades monopólicas (próprias ou adquiridas)".[76]

Então, os agentes devem fazer parte de uma ou mais dessas classes para a aplicação da agravante.

A condição diz respeito ao econômico-social, e não ao cultural, porque quando o agente se prevalece da *intelligentsia* para o cometimento do crime é de se verificar se não o pratica "dissimulando a natureza ilícita do procedimento", o que faria incidir o inciso III do art. 76 comentado.

Também deve ser de manifesta condição superior, ou seja, visível sem muito esforço. Claro, para incidir a agravante ela deve estar diretamente relacionada com a prática do crime, pois, do contrário, alguém teria sua pena agravada pelo simples fato de ser rico, e aí a lei poderia fazer uma diferenciação e com isso violar o art. 3º, inc. IV,

[74] V. Celso A. Bandeira de Mello. *Op. cit.*, p. 9.

[75] Min. Cernicchiaro. *Op. cit.*, p. 307.

[76] *In Economia e Sociedade*. UNB, v. 1, 1991, p. 201.

da CF, que proíbe qualquer forma de discriminação. A pena só pode ser agravada se alguém se utilizar de sua riqueza para impor sua vontade ao consumidor, assim cometendo o crime.

O fato de a vítima ser manifestamente pobre nada significa para a agravante e nem a mera comparação, na espécie, entre um e outra (réu e vítima) pode aumentar a pena. Em outras palavras: não se agrava a pena porque a vítima é manifestamente pobre, pois aí se estaria no campo da responsabilidade penal objetiva, afastada de nosso direito penal positivo, como é sabido.

A condição social, sozinha, embora muitas vezes esteja ligada à ótima situação econômica, igualmente, pouco significa. Pode ocorrer de um fornecedor deter condição social proeminente, às vezes decorrência de laços familiares, e não possuir também uma forte condição econômica, suficiente a atender a circunstância. A condição manifesta deve ser provada pelo Ministério Público e não se presume.

Também é de se atentar que a agravante exige uma vítima, para se cotejar a sua situação econômica com a do réu. Então, aqui se exige, estranhamente, que ao crime contra o consumidor tenha sobrevindo um resultado com uma vítima, o que se choca com a especial natureza de tais ilícitos, crimes de mera conduta em sua ampla maioria.

A comparação entre réu e vítima deve ser direta, isto é, se no caso concreto a vítima detiver condição econômico-social em igualdade com a do réu, inexiste a agravante. Nem a mínima diferença é relevante, eis que se exige seja "manifestamente superior" a condição em causa.

Agrava o crime contra o consumidor quando a vítima é *operário ou rurícola.* Aqui se considera a pessoa da vítima unicamente, daí dizer-se que tem relação com o pólo passivo da relação de consumo: o consumidor.

Operário é a pessoa simples, da cidade, geralmente entendido como o trabalhador assalariado. É tido como aquele que trabalha sob as ordens de outrem, que não executa serviço seu, mas por conta alheia, recebendo um salário.[77] Pode ser ou não o salário mínimo fixado pela União, até podendo perceber algo além daquele. Não desempenha qualquer serviço público, embora muitos servidores públicos, infelizmente, até percebam abaixo do mínimo. A relação não é só salarial, mas também.

Não se inclui na agravante aquele que, mesmo humilde, trabalha por conta própria, que não é empregado de alguém, pois a agravante diz respeito ao simples operário, somente ao empregado, ao bóia-fria.

[77] Plácido e Silva. *Op. cit.*, p. 1.096.

Tem-se dito que se o operário for pessoa de cultura e tiver padrão social muito bom, tal agravante inexistirá, já que o legislador visa a proteger as pessoas desvalidas.[78] Isso deve ser entendido em termos, uma vez que só concordamos com a segunda parte da assertiva.

Primeiro, porque operário "com cultura" num país de imensa maioria de analfabetos, pessoas que assinam com dificuldade o próprio nome, realmente, é muito difícil. Isso para não dizer impossível, se formos olhar para certas regiões do país. Não se é de confundir operário alfabetizado, onde incidiria a agravante, com operário com cultura, onde também ela incidiria. Coisas diversas, sabemos, alfabetização, cultura, situação econômica etc., mas aquelas não afastam a agravante, s.m.j., que não está ligada ao nível cultural ou social do operário.

Segundo, porque operário de padrão social muito bom numa sociedade como a nossa, onde existe velada (às vezes explícita) discriminação social, é muito raro. Ao operário brasileiro, infelizmente, na maioria das vezes, não é dado qualquer padrão social. O que se oferece é o mais simples possível, porque o padrão social elevado exige algo que o operário comumente não possui: o capital. Claro, quem tem condições econômicas, tem elevado padrão social e não se enquadra como operário, quase sempre é patrão. E aí não incide a agravante em análise.

Não se descarta, porém, a vinda de operários do mundo desenvolvido, para trabalhar no país, na operação de máquinas importadas ou filiais de empresas. Cremos que a norma não se dirige à proteção de tais "operários", os quais vêm ao país com padrão remuneratório e cultural de Primeiro Mundo. Daí por que concordamos que a norma visa a proteger os desvalidos somente.

O que pretendemos deixar claro é que desimporta se o operário tem ou não a cultura ou o elevado, ou o simples, padrão social. Para nós, pelo menos no que se verifica em regra geral, sendo operário basta, porque a própria expressão já identifica um tipo único de trabalhador assalariado.

A lei penal fez essa diferença, tanto que quando valorou a agravante no aspecto financeiro e social, ela adotou o critério de diferença quanto ao pólo ativo, ou seja, quanto ao autor do crime, na sua condição econômico-social manifestamente superior à da vítima, como já visto.

---

[78] Vianna e Barros. *Comentários ao Código de Proteção e Defesa do Consumidor*. São Paulo: Lumen Juris, 1991, p. 94.

Rurícola é expressão ampla, isto é, diz respeito ao trabalhador rural, do campo, ao agricultor. É aquele humilde trabalhador do campo, da zona rural; que vive do campo e no campo, abrangendo, portanto, aqueles que trabalham nas ditas "lides campeiras", como o domador, o colono, o alambrador, o lavrador, o esquilador, enfim, todos os que têm suas atividades ligadas ao meio rural.

Não adotou o legislador a restrição que existe na Lei de Economia Popular: agricultor. São expressões que, parecidas, não se confundem, dada a amplitude de *rurícola*.

A expressão não deve englobar, porém, aquele empresário do meio rural, o ruralista, o fazendeiro, o estancieiro, os criadores de animais, enfim, consumidores que, embora vivam no meio rurícola, têm sólidas condições financeiras, e o crime, muitas vezes, não se lhes repercute no bolso. Aqui, adota-se a similitude ao operário, antes vista.

Não é necessário, embora muitas vezes possa ocorrer, que o crime seja praticado no meio rural ou por ocasião de atividade rural (compra de agrotóxicos, *v.g.*). Pode acontecer de um rurícola vir à cidade e aí existir o fato criminoso, também acontecendo a agravante.

Claro, a situação de rurícola deve restar provada nos autos, com o que se exige, também, a presença de vítima em tais ilícitos. Mesmo que o produto ou o serviço sejam destinados só ao meio rural, porque entender diversamente significaria a responsabilidade objetiva.

Ademais, não é porque a vítima usa bombachas, botas e lenço maragato, que o juiz vá se deixar impressionar com tal "rurícola" e aplicar a agravante. Afinal, existe muito estelionatário por aí fantasiado e falando como gaúcho, que só conhece tento como sinônimo de ponto marcado num jogo.

Também, relativamente ao sujeito passivo é que ocorre a agravante quando o crime é praticado *em detrimento de menor de 18 (dezoito) ou maior de 60 (sessenta) anos* adotando, nesse passo, o critério etário como relevante.

O Código Penal não se referiu expressamente à idade, mas adotou como agravante o fato de a vítima ser criança ou velho.

A Lei de Economia Popular (LEP) só se referiu à agravante quando a vítima for menor de 18 (dezoito) anos.

A agravante do CDC afastou-se, portanto, daquela polêmica havida entre os penalistas com relação à idade da vítima, isto é, até qual idade se consideraria "criança", ou mesmo qual o critério para apurar-se o conceito de "velho".

Sabe-se, ainda há no Código Penal a discussão se "criança" é a de até 7 (sete) anos ou daí até os 14 (quatorze) anos de idade, havendo decisões em ambos os sentidos. Hoje, com o advento do Estatuto da Criança e do Adolescente pode-se entender criança apenas como sendo a pessoa até os 12 anos de idade (art. 2º, Lei nº 8.069, de 13.7.90).

Com relação a *velho*, discute-se qual o critério para assim ser considerada uma pessoa, identificada pelo menos quatro correntes, que vão do critério biológico ao cronológico. Mas esse debate, para o efeito dessa agravante, como disse o Min. Cernicchiaro, é secundário.[79]

A lei penal do consumidor resolveu a questão adotando um critério puramente cronológico: menor de dezoito e maior de sessenta anos de idade. Desimporta, portanto, se o menor ou o idoso tinham condições de defenderem-se ou não, bastando possuírem tais idades e que o criminoso disso tenha ciência, aliás, prevalecendo-se disso.

Dessa forma, com relação ao menor de dezoito anos, também não adotou a lei penal do consumidor a orientação do ECA (Estatuto da Criança e do Adolescente), que praticamente dividiu os menores em crianças e adolescentes, na aplicação daquela lei. Para nós, assim, não faz diferença se é criança ou adolescente, bastando ser menor de 18 anos. Com isso, restaram fora do agravo aqueles menores entre 18 e 21 anos de idade.

Assim sendo, em que pese Paulo José da Costa Jr. dizer que a agravante se refere aos adolescentes tão-somente,[80] a verdade é que os adolescentes, na forma da lei, vão de 12 a 18 anos de idade, e a agravante abrange também os menores de 12 anos. A agravante vai mais longe.

Sem dúvida que o inciso em comento afina-se com o denominado "menorismo", este visto como um movimento social em prol do menor, de base jurídica, centrado no atendimento judiciário, auxiliado pelos recursos das demais ciências humanas e biomédicas, com especial participação, legalmente prevista, da comunidade atuante.[81]

A proteção a tais sujeitos (menores de 18 e maiores de 60) não implica que, eventualmente, possam estar "protegidos" por terceiros na ocasião da ocorrência do fato criminoso. Isso significa que mesmo que tais menores ou idosos estejam acompanhados, respectivamente, por pais, tutores ou filhos, noras ou genros, a agravante ocorre. Basta que o criminoso tenha pleno conhecimento de que está perante vítima menor ou idoso.

Claro, o criminoso pode alegar que desconhecia a idade da vítima, com o que, devidamente provado, não incidirá a agravante. Po-

---

[79] *Op. cit.*, p. 308.

[80] *Op. cit.*, p. 258.

[81] V. Barreira e Brazil. *O Direito do Menor na Nova Constituição*. São Paulo: Atlas, 1988, p. 13.

rém, é de se notar que se a Justiça é cega, não o é o juiz; e assim como existem situações plenamente justificáveis, existem aquelas inaceitáveis diante do caso concreto, ou seja, menores e idosos que "está visto"que são e só podem ser menores de idade ou de idade superior a sessenta anos. Então, cumpre ao juiz fazer os olhos da justiça e aplicar a agravante.

O Ministério Público, por seu turno, deve ter o cuidado de tecer a agravante em sua peça acusatória, acostando a devida prova de idade que só se faz com a competente certidão de Registro Civil. Cremos que não se aplica na hipótese o fato de "não ter havido contestação sobre a idade da vítima", eis que de agravante se trata e ela deve penetrar não só na esfera do conhecimento do acusado, mas como concretude no mundo dos autos.

O crime, então, deve ser praticado prevalecendo-se o agente dessa inferioridade cronológica da vítima, com o que, relativamente ao menor, atende-se o dever de velar pela sua dignidade, pondo-os a salvo de tratamento às vezes vexatório, às vezes constrangedor, em uma relação de consumo. Essa também a proteção, a que visa o ECA (art. 18).

Observe-se, ainda, com relação aos menores, que a idade da vítima a ser considerada é aquela do dia do delito, ou seja, na data em que o crime é cometido é que se apura esse critério cronológico, ou etário. E isso é óbvio, senão não teria sentido a agravante para o caso de um menor que viesse a completar dezenove ou vinte anos no curso do processo penal.

Outra agravante quanto à vítima, ou sujeito passivo da relação de consumo, ocorre quando o crime é praticado em detrimento de pessoas portadoras de deficiência mental, interditadas ou não.

O Código Penal se refere a uma agravante quando o crime é praticado *contra enfermo.*

A Lei de Economia Popular expressa a agravante quanto ao crime praticado contra deficiente mental, interditado ou não (art. 4º, § 2º, inc. IV, *b*).

Sabe-se que deficiente mental é aquela pessoa acometida de retardo mental, geralmente por causas genéticas, hereditárias, congênitas, enfim, aquelas com uma disfunção cerebral ligada à lesão cerebral.[82] Os termos comumente empregados na designação dessas pessoas são: imbecis, idiotas e débeis mentais.

A interdição é um ato judicial originador da curatela e surge como uma proibição oriunda de decreto judicial, em virtude do qual

[82] Isaac Mielnik. *Dicionário de Termos Psiquiátricos*. São Paulo: Roca, 1987, p. 69.

se impede a prática de atos jurídicos ou se torna defesa a feitura de qualquer coisa; para as pessoas, é uma privação de direitos.[83]

A disciplina da interdição é a civil (arts. 446/458, Código Civil) e deve ser promovida pelos pais, cônjuge, parentes ou pelo Ministério Público, este em caso de loucura furiosa ou na ausência de parentes ou responsáveis do interditando.

Ao deficiente mental, portanto, quando interditado, aplica-se o instituto da curatela, que é um encargo deferido por lei a alguém para reger a pessoa e administrar os bens de outrem, que não pode fazê-lo por si mesmo.[84]

A lei penal do consumidor afasta a necessidade da existência desses institutos (interdição e curatela) quando considera a agravante em sendo a vítima deficiente mental, referindo-se a "interditadas ou não". Isso significa que basta o enquadramento inicial: deficiente mental.

O estado (deficiência mental), para ser reconhecido na agravante, exige o competente atestado médico especializado, não se havendo de exigir prova pericial, salvo quando o réu contesta a deficiência mental trazendo prova ao juiz nesse sentido. Também, pode o juiz entender discutível a deficiência, quando poderá determinar o exame. Este, aliás, deve ser procedido por profissional habilitado na área de Psiquiatria.

Não faz diferença para o reconhecimento da agravante, parece-nos, o fato de estar em curso processo de interdição da vítima, pois basta a mera declaração do médico nesse sentido.

Essa deficiência mental abrange, igualmente, o surdo-mudo sem educação, isto é, aquele que não sabe enunciar precisamente a sua vontade, como está no art. 446, inc. II, do Código Civil. Se o surdo-mudo tiver pleno entendimento, isso afasta a agravante, pois esta exige a deficiência daquele.

Se, além de deficiente mental, a vítima for menor de idade, a agravação é maior, ou seja, deve-se salientá-la quando da fixação da pena, uma vez que é por demais doloso o comportamento daquele que se aproveita de consumidor menor e ainda doente mental para cometer ilícito contra a relação de consumo.

5.2.6. Agravantes legais quanto ao objeto material

No inciso V do art. 76, o Código dispôs como agravante o fato de tais crimes *serem praticados em operações que envolvam alimentos, medicamentos ou quaisquer outros produtos essenciais.*

[83] Plácido e Silva. *Op. cit.*, p. 847.

[84] Machado e Passos de Freitas. *Interdição e Curatela.* São Paulo: Jalovi, p. 12.

Nada existe em tal sentido no Código Penal ou na Lei de Economia Popular, pelo que a agravante tem relação única e exclusivamente com as relações de consumo.

Diz-se que se relaciona com o objeto (material) de crimes contra o consumidor, porque se refere à coisa sobre a qual incide a ação delituosa.[85]

A relação de consumo é uma relação jurídica, assim como o é a relação obrigacional, a relação processual etc., com a exceção que já mencionamos em sua estrutura. Tal como as outras, ela possui dois pólos: um fornecedor (pólo ativo) e um consumidor (pólo passivo) e gira em torno de produtos e serviços, que são o objeto material dos crimes contra o consumidor.[86] Já o objeto jurídico desses crimes é a mencionada relação de consumo[87]

Produto é qualquer bem, móvel ou imóvel, material ou imaterial, como expressa o § 1º do art. 3º do CDC; *serviço* é qualquer atividade fornecida no mercado de consumo, mediante remuneração, inclusive as de natureza bancária, financeira, de crédito e securitária, salvo as decorrentes das relações de caráter trabalhista, como dispõe o § 2º.

Existe mercado quando compradores que pretendem trocar dinheiro por bens e serviços estão em contato com vendedores desses mesmos bens e serviços, como ensina Paulo Sandroni.[88] Daí que se nele predomina o consumo, ou seja, presente nele um consumidor, entendido este como destinatário final do produto ou do serviço, presente o mercado de consumo.

É no mercado de consumo, então, que giram as relações de consumo, sobre bens e serviços, entre fornecedor e consumidor, ou vendedores e compradores desses bens e serviços.

Pode-se dizer que o âmago contido na relação de consumo é a negociação, a transação entre seus sujeitos. É nesse sentido que está a palavra *operações*. Afinal, a relação de consumo precisa da operação para sobreviver, sendo que esta é inerente, e não exclusivamente àquela. A operação é um dos nexos a vincular os sujeitos da relação de consumo, aliás, na verdade elas representam a relação jurídica celebrada pelo fornecedor e consumidor, como ensina Cernicchiaro[89]

A expressão *operações*, a rigor, tem mais um sentido técnico-econômico, principalmente no meio das bolsas de valores, eis que ali se praticam operações, especialmente quando da compra e venda de

[85] V. Min. Cernicchiaro. *Op. cit.*, p. 309.

[86] V. Manoel Pedro Pimentel. *Aspectos Penais do CDC*. RT, 661/249.

[87] V. também Min. Cernicchiaro. *Op. cit.*, p. 309.

[88] *Op. cit.*, p. 193.

[89] *Op. cit.*, p. 309.

ações. Trata-se, portanto, de termo que salienta certa "tecnicidade", que é característica do direito penal econômico, como salienta Benjamin.[90]

Alimentos e medicamentos são produtos ligados diretamente com a saúde e a vida do consumidor, ou seja, à própria sobrevivência. Tanto a saúde quanto a vida do consumidor têm proteção direta na lei, sendo, portanto, alguns de seus direitos básicos (art. 6º, inc. I, CDC).

Os alimentos e os medicamentos foram igualmente protegidos pela lei penal comum, no Capítulo relativo aos crimes contra a saúde pública do Código Penal Brasileiro, quando ali se referiu às substâncias alimentícias ou medicinais.

Não se pode entender que em tais crimes do Código Penal se deva aplicar a presente agravante, uma vez que esta diz respeito unicamente às relações de consumo, ou seja, em negociação de massa, em operações. Veja-se o seguinte caso: "A" adultera certo produto (alimento), destinado a consumo, tornando-o nocivo à saúde e repassa ao consumidor. Em tese, há o crime do art. 272, CP. Trata-se de crime impróprio. Não podemos aplicar à espécie a agravante em causa porque não temos um crime de consumo próprio, ou seja, que diga respeito diretamente à relação de consumo.

Agora, vamos supor que "A" possua certo medicamento nocivo e não inclua a advertência escrita sobre aquela nocividade. Aí já está tipificado de imediato o art. 63, *caput*, do CDC, independentemente da comercialização. Porém, quando "A" realizar venda daquele medicamento e o medicamento for considerado essencial aplicar-se-ia a agravante em análise. Veja-se, estamos frente a uma relação de consumo e a um crime próprio. Com isso também queremos dizer que estas agravantes exigem um resultado no mundo exterior para se configurarem, ou seja, há de restar provada a operação para ser aplicada a agravante.

Exige a lei que os produtos e serviços, alimentos e medicamentos, sejam essenciais, ou seja, imprescindíveis ao atendimento daqueles direitos básicos do consumidor, antes mencionados. Aqui, como disse Francisco Cavalcanti,[91] é a essencialidade dos bens e serviços envolvidos que conta, pois se não fosse assim se poderia supor que toda e qualquer operação envolvendo alimentos ou medicamentos incidiria na agravante.

---

[90] *Op. cit.*, p. 107.

[91] *Op. cit.*, p. 159.

É de se notar, por outro lado, que a lei parece ter-se referido a alimentos e medicamentos, e a outros produtos ou serviços como a exigir um complemento, uma norma posterior que diga quais são os produtos ou serviços a serem considerados pela agravante; quais os alimentos ou medicamentos essenciais. Temos, assim, uma norma penal em branco em uma agravante, o que não é muito usual, mas efetivamente deve ser dado às autoridades de cada área (medicamentos, alimentos, outros produtos ou serviços) uma certa elasticidade para mover-se na área da proteção ao consumidor.Veja-se o caso da carne que para um gaúcho da campanha é considerada essencial, eis que parte do hábito alimentar e contendo proteínas é fundamental à saúde e sobrevivência, segundo aquela ótica.

A existência de normas penais em branco que descrevam quais os alimentos, medicamentos ou outros produtos e serviços essenciais parece ser a que melhor atende aos interesses do consumidor, uma vez que é a autoridade administrativa, legislativa, que está melhor habilitada e aparelhada para conhecer os problemas, as deficiências do mercado de consumo. Não fosse assim, ficaria o juiz sujeito ao "entendimento do dia", com o que se daria insegurança ao consumidor e ao réu, sendo que aquele não sabe da falta, e este pode não saber por que lhe agravam a pena.

Capítulo VI

Crimes em espécie

6.1. OMISSÃO DE INFORMAÇÃO E ALERTA AOS CONSUMIDORES

"Art. 63. Omitir dizeres ou sinais ostensivos sobre a nocividade ou periculosidade de produtos, nas embalagens, nos invólucros, recipientes ou publicidade:

Pena - Detenção de 6 (seis) meses a 2 (dois) anos e multa.

§ 1º Incorrerá nas mesmas penas quem deixar de alertar, mediante recomendações escritas ostensivas, sobre a periculosidade do serviço a ser prestado.

§ 2º Se o crime é culposo:

Pena- Detenção de 1 (um) a seis meses ou multa."

Já disse Alfred Sauvy que *être libre c'est être informé,*[1] o que bem demonstra a importância do direito de informação para o Direito Penal do Consumidor. O crime em análise, portanto, liga-se ao direito de informação que tem o consumidor nas relações de consumo. Aliás, também afirmamos que a maioria dos tipos de defesa do consumidor diz respeito à correta e devida informação, que é um direito instrumental.[2]

Os consumidores, em razão de sua própria ignorância sobre grande parte das características dos componentes de produtos e serviços, merecem uma especial proteção,[3] havendo inclusive uma presunção de ignorância do consumidor perante o fornecedor acerca dos produtos e serviços. Na verdade, como adverte Fábio Ulhoa Coelho, a idéia de consumidor racional nem sempre corresponde à realidade.[4]

[1] *Apud* Gerard Cas e Didier Ferrier. *Traité de Droit de La Consommation*. PUF, 1986, p. 378.

[2] Carlos Ferreira de Almeida. *Os Direitos dos Consumidores*. Coimbra: Almedina, 1982. p. 180.

[3] V. Cas e Ferrier. *Traité de Droit de la Consommation*. Press Universitaires de France, 1986, p. 18.

[4] *In O Empresário e os direitos do consumidor*. São Paulo: Saraiva, 1994, p. 135.

Ademais, é a informação não só um direito básico do consumidor, mas verdadeiro princípio consumerista (art. 4º, inc. IV, CDC). É um dever para o fornecedor, pois que imposto pela própria lei, e também por princípios, tais como o da transparência (art. 4º, CDC), o da veracidade, enfim, como se nota nos arts. 6º, incs. II, III e IV, c/c 9º, *caput*, 31, 36, 37, 43 e 44, do CDC.

Como dissemos, o dever do fornecedor em bem informar liga-se ao chamado *princípio da veracidade*, ou da *informação veraz*, enfim, ao *princípio da transparência* do campo dos contratos de consumo. É sob tais princípios que o fornecedor deve orientar-se, sendo que *bem informar significa informar adequadamente*, ou seja, informar plena e devidamente a outra parte, através de todos os meios e modos possíveis, *inclusive educando o consumidor* na utilização de produtos e serviços. A informação plena, portanto, engloba a educação do consumidor acerca de produtos e serviços.

Essa informação ao consumidor, que abrange seus corolários, deve ser adequada, ou, como diz Voltaire de Lima Moraes, há que ser "apropriada, devendo ocorrer compatibilidade entre a linguagem utilizada e a natureza do bem colocado à disposição. E a informação, ainda, necessariamente deve ser clara, ou seja, não pode ser truncada, obscura, tampouco conter meias palavras, reticências ou gerar insegurança, pela dubiedade, no consumidor".[5]

Nos ditos países de Primeiro Mundo, a informação adequada dos consumidores é um objetivo primordial da legislação protetiva e é considerada um meio extremamente eficaz de proteção. Ademais, também existe predisposição à educação escolar dos jovens aos problemas do consumo, como acontece nos Estados Unidos, Itália e Países Escandinavos.[6]

O art. 63, CDC, então, visa a tornar efetivos os artigos mencionados, protegendo o direito de informação do consumidor.

6.1.1. O crime

O art. 63, *caput*, CDC, traz um crime omissivo puro, um crime de omissão própria. Vimos que a norma consumerista impõe o dever de agir ao fornecedor no que respeita à informação, sendo que a omissão deste no cumprimento daquela é que torna a conduta tipificada e relevante penalmente. Então, o art. 63 aí está para fazer cumprir o dever geral do fornecedor em bem informar.

---

[5] *In Comentários ao Código do Consumidor*. Rio de Janeiro: Forense, 1992, p. 40.

[6] V. Reynald Ottenhof. "La Protection des consommateurs en droit compare". *Revue Internationale de Droit Pénal*. v. 53, p.389.

A problemática político-criminológica do crime de omissão já foi apontada por Raul Zaffaroni,[7] havendo, ainda, a célebre discussão entre os adeptos da concepção naturalística da omissão,[8] com outros que nela vêem uma concepção normativa.[9] Sabe-se, no entanto, que *são bastante incertos os princípios que regem a omissão no direito brasileiro, havendo controvérsia considerável.*[10]

Os crimes omissivos são os que se perfazem com a simples conduta negativa do sujeito, independentemente de produção de qualquer conseqüência posterior, como ensinou Damásio de Jesus.

Como registrou Fragoso, só se pode saber se há omissão referindo a atividade ou inatividade corpórea a uma norma que impõe o dever de fazer algo que não está sendo feito e que o sujeito podia realizar;[11] nele viola-se um dever jurídico de atuação. Na omissão, a violação do bem jurídico não resulta de um contraste direto entre o proibido e o permitido, mas da não execução daquilo que era determinado ao sujeito.[12]

A norma geral do consumidor impõe que o fornecedor de produtos e serviços preste informações amplas e corretas àquele (arts. 8º, parágrafo único; 9º, 14, 18, 19, 20, 30 e ss.). Os delitos de omissão, portanto, infringem normas preceptivas, imperativas. Omitida a informação, perfectibiliza-se o tipo, como a seguir será demonstrado, independentemente de qualquer resultado material no mundo exterior, ou, como disse Manoel Pedro Pimentel: "Não é necessária, para a caracterização do crime, a ocorrência de qualquer dano ou lesão. Basta a simples omissão".[13]

Daí por que se diz que tais crimes são formais, para outros, de mera conduta, ou crimes de perigo.[14]

O elemento subjetivo do *caput* do art. 63 é o dolo, que nos crimes omissivos *consiste na vontade de omitir-se, tendo representação da necessidade e da possibilidade de agir.*[15]

---

[7] *In* "Panorama atual da problemática da omissão". *Revista de Direito Penal e Criminologia.* v. 1, 30.

[8] Nelson Hungria, Aníbal Bruno e Magalhães Noronha.

[9] Damásio de Jesus e Paulo José Costa Jr.

[10] Heleno C Fragoso. "Crimes Omissivos no Direito Brasileiro". *Revista de Criminologia,* n. 1, 43.

[11] *Op. cit.,* p. 44.

[12] Tavares, Juarez. As controvérsias em torno dos crimes omissivos. RJ: ILACP, 1996, p. 49

[13] *In* "Aspectos Penais do Código de Defesa do Consumidor". *Revista dos Tribunais,* 661/251.

[14] Alcides Munhoz Netto. "Os crimes Omissivos no Brasil". *Revista de Direito Penal,* n.1, 14.

[15] Idem, p. 15.

O crime é chamado ora de omissão de dizeres ou sinais ostensivos e de alerta;[16] ora de omissão de dizeres ou sinais ostensivos;[17] ou crime de omissão de informações sobre riscos conhecidos previamente.[18]

6.1.2. Elementos objetivos do tipo

Dispõe a norma penal consumerista que é crime *omitir dizeres ou sinais.*

Dizeres são palavras ou frases com algum significado. Na espécie, os dizeres devem informar, logo, devem vir em seqüência lógica, ou seja, de perfeito entendimento pelo consumidor. Dizer, como ensina Dotti, significa exprimir por palavras, enunciar, ensinar, referir;[19] ou frases destinadas a alertar o consumidor acerca dos riscos que o produto apresente, como ensina Paulo Costa Jr.[20]

Sinal é a representação gráfica com algum significado; sinal é marca, como disse Paulo José da Costa Jr.; sinal é um indicador, referiram Milhomens e Magela Alves e na espécie deve ser visível, claro, ostensivo. Os sinais visam não só a suprir a advertência escrita, mas a reforçá-la, isto é, além dos dizeres de advertência, devem vir os sinais ostensivos, seja sob a forma de uma caveira ou de um átomo em movimento,[21] de um raio, um sinal proibitivo, um desenho de um nariz com uma faixa vermelha, enfim, devem alertar de fato o consumidor.

Pretendeu-se que quando a norma em questão exigiu a "presença de dizeres ou sinais ostensivos", significou que *basta a presença de uns, ou de outros, para que não se apresente a conduta omissiva criminosa,* eis que deveria ter empregado a conjuntiva "[22] e para melhor ser aplicada na defesa do consumidor.

Não parece a melhor interpretação, pois assim não existe plena e adequada informação. Com isso, forma indireta, viola-se o dever de informar, eis que, se o fornecedor só indicar dizeres não estará informando grande parte, senão a maioria, de consumidores, que é analfabeta. Não se pode olvidar que, como já advertiu Comparato,[23] além

---

[16] João Batista de Almeida. *A proteção jurídica do consumidor.* São Paulo: Saraiva, 1993, p. 132.

[17] José Geraldo Brito Filomeno. *Manual de Direitos do Consumidor.* São Paulo: Atlas, 1999, p. 237.

[18] Antonio Herman Benjamin. "Crimes de Consumo do CDC. Direito do Consumidor". *Revista dos Tribunais,* n. 3, 93.

[19] *Op. cit.,* p. 231.

[20] *Op. cit.,* p. 223.

[21] Idem.

[22] Costa Jr. *Op. cit.,* p. 223.

[23] Revista de Direito Mercantil, 80/74.

do analfabetismo absoluto entre os consumidores existe o analfabetismo funcional, e aquele entendimento da norma não alcança nem um nem o outro.

Isso também já tinha sido observado por Benjamin, referindo exemplo do possível diverso entendimento entre um fazendeiro e um modesto lavrador, quando se utilizam de produtos tóxicos, sentenciando que a norma analisada se referiu a *além de dizeres, a sinais.*[24]

Além disso, a norma do art. 9º do CDC exige que a informação seja, além de ostensiva, adequada. É fácil inferir que *a informação adequada para o alfabetizado não é a mesma para o analfabeto;* assim como a informação adequada para o "normal" dos mortais, não é a mesma para o deficiente visual, enfim. Então, deve ser bem entendido o dispositivo, muito além da querela gramatical que possa apresentar, sob pena de se proteger um *nihil.*

Entende-se que sempre o fornecedor precisa fazer uso de dizeres e sinais, desimportando se o produto vai ser utilizado por consumidores cultos ou analfabetos, sob pena de não-atendimento à norma da informação geral, plena e adequada.

Os produtos podem ser natural ou potencialmente nocivos. Claro, não se cogita de produtos ou serviços com alto grau de nocividade ou periculosidade, eis que, estes simplesmente não podem ser colocados no mercado consumidor (art. 10, CDC).

Na espécie, *nocividade e periculosidade* aparecem como elementos normativos do tipo (Benjamin), ou seja, aqueles para cuja compreensão se deve realizar uma atividade valorativa, ou seja, dão à ação uma significação, um valor.[25]

Nocividade é qualidade de nocivo, que é algo que prejudica, que causa dano ou lesão.

A *periculosidade* liga-se ao que é perigoso, ou seja, estado ou situação de perigo a que podem ficar expostas as pessoas ou as coisas, como diz Dotti.[26] Aqui incluem-se aqueles produtos nocivos e/ou perigosos também a animais, desde que manuseados por consumidor.

O Prof. Luiz Luisi criticou, com razão, a utilização do termo "periculosidade", porque penalmente ligada ao "conjunto de circunstâncias que indicam a probabilidade de um criminoso voltar a delinqüir". Mais correto seria "perigosidade",[27] com o que concordamos plenamente.

---

24 "Direito do Consumidor". *Revista dos Tribunais,* n. 3, 97.

25 V. Luis Luisi. *O tipo penal, a Teoria Finalista e a nova legislação penal.* Porto Alegre: Sergio Fabris, 1987, p. 57.

26 *Op. cit.,* p. 232.

27 *In:* "A tutela penal do consumidor", *apud, Os princípios constitucionais penais.* Porto Alegre: Sergio Fabris Editor, 1991, p. 57.

Os elementos normativos, como é sabido, são suscetíveis de valoração judicial, pelo que, pretendeu-se ver aí uma norma penal em branco,[28] ou seja, necessário o rol de produtos nocivos ou perigosos, em decreto ou regulamento, para completar o art. 63, CDC. Não aceitamos a orientação, no caso. Ocorre que a própria lei do consumidor dispõe quais os produtos e serviços onde podem se apresentar a nocividade ou a periculosidade, dizendo que são impróprios ao uso e consumo produtos com prazo de validade vencido, nocivos à saúde, produtos alterados, corrompidos, fraudados, enfim, basta analisar o art. 18, § 6º, do CDC. Não é preciso qualquer regulamento adicional para enquadrar comportamentos na norma citada. Ademais, o direito do consumidor, com relação aos produtos e serviços, ampara-se na normalidade da sua utilização, ou seja, os produtos e serviços devem ser analisados dentro daquilo que deles se espera, é a *beyond expectaction* do direito anglo-americano, como já advertiu o Prof. Filomeno.[29] Daí por que a lei do consumidor já adverte que os produtos e serviços colocados no mercado de consumo não acarretarão riscos à saúde ou segurança dos consumidores, exceto os considerados normais e previsíveis em decorrência de sua natureza e fruição (art. 8º, *caput*).

Tais advertências devem estar visíveis nas embalagens, nos invólucros, recipientes ou publicidade, ou seja, *ostensivas*, como dispõe a lei. A relação exposta, em embalagens, recipientes ou invólucros tem sentido exemplificativo, isto é, servem de acondicionamento de produtos e por isso englobam todo e qualquer meio utilizado para "guardar" o produto até o consumidor.

A *ostensividade* diz respeito à visibilidade da informação no próprio produto e deve ser externada em língua portuguesa, mesmo que o produto seja importado. É obrigação, portanto, que neste caso recai até sobre o fornecedor importador. A visibilidade da informação diz respeito às características eventualmente nocivas ou perigosas dos produtos.

Embalagem é aquilo que envolve, que guarda o produto; é também a caixa, a lata, o pacote, enfim, é aquilo que embala o produto e nesse sentido pode estar como recipiente e até como invólucro; é aquilo que acondiciona o produto, para venda, transporte ou proteção; é o acondicionamento, enfardelamento ou empacotamento de um objeto.[30]

Segundo a ABNT, podem existir três tipos de embalagem: 1) de despacho, própria para proteger o produto quando transportado; 2)

[28] Costa Jr. *Op. cit.*, p. 220.

[29] *In Manual de Direitos do Consumidor*. São Paulo: Atlas, 1999, p. 238.

[30] Costa Jr. *Op. cit.*, p. 223.

intermediária, somente acondiciona produtos dentro dela servindo para transporte interno e 3) individual, que normalmente acompanha o produto no ato de aquisição pelo consumidor final.

O legislador consumerista distinguiu embalagem, invólucro e recipiente, embora um desses termos possa ser utilizado como sinônimo de outro.[31]

Invólucro é aquilo que serve para envolver, estando mais ligado a papéis, plásticos, películas, que diretamente acompanham o produto. O invólucro não é necessário em muitos produtos, mas é obrigação do fornecedor, quando necessário, nele apor as advertências de nocividade ou periculosidade.

Recipiente é o objeto que acondiciona o produto, em si considerado, ou seja, é o copo, o balde, a caixa plástica, a forma, metálicos, plásticos, objetos em madeira ou papel, enfim, é o objeto capaz de guardar, acondicionar, acomodar ou conter substância líquida, sólida, pastosa, gasosa, em casca ou em pó. Às vezes, o produto está nele depositado diretamente; às vezes, ainda existe uma separação entre o produto e o recipiente, pelo invólucro antes referido.

Há interpretação doutrinária no sentido de que basta que o fornecedor informe o consumidor *num deles,*[32] ou seja, se a advertência (dizeres ou sinais) constar na embalagem não é preciso que esteja também no recipiente, no invólucro ou na publicidade.

Não é doutrina que condiz com a defesa do consumidor brasileiro, pois, se a informação deve ser plena e adequada, esta não se obtém quando o produto é retirado da embalagem, que contenha a mensagem e vendido em unidades, com invólucros que não contenham o aviso, como sói acontecer em pequenos comércios do interior do Brasil. Isso é facilmente previsível, pelo que, se o fornecedor pode evitar o máximo, não se pode deixá-lo ao mínimo.

Aderimos à orientação de que *faltando uns (dizeres) ou outros (sinais),* conforme a realidade do caso, perfectibiliza-se o crime, seja na embalagem, no recipiente, no invólucro ou na publicidade. Como diz Zanelatto, a informação deve ser *cumulativa,* para prevenir a ocorrência de dano ao consumidor.[33]

Existem determinados produtos com características próprias, os quais exigem cuidado especial do consumidor no manuseio, na utilização, e que por estas características anômalas, implicam a exigência

---

[31] *Dicionário de Termos de Marketing,* Moreira, Pasquale e Dubner. São Paulo: Atlas, 1997, p. 135

[32] Costa Jr. *Op. cit.,* p. 223.

[33] *In* "O sancionamento penal da violação do dever de informar no Código de Defesa do Consumidor". *Direito do Consumidor,* 8/96.

de levar aos consumidores a gama de informações relativas a qualidades e, principalmente, sobre seus riscos e modos de segura utilização.[34] Aí, tem-se, então, a obrigação do fornecedor em sua publicidade a tal respeito, eis que, não se concebe o fornecimento de produto ou serviço com característica nociva ou perigosa ao consumidor, sem que este seja alertado, orientado, para o perigo e a correta utilização do produto ou do serviço.

Existem tipos especialmente dedicados à matéria penal-publicitária no CDC (arts. 66 a 69), mas aqui adiantamos uma proteção à relação de consumo na consideração da publicidade.

Carlos Ferreira de Almeida já dizia que *se a publicidade é uma luz, sendo demasiado forte, ofusca a visão completa da realidade*, chegando mesmo a *erguer os medíocres acima dos que, embora superiores, deixam de utilizá-la*, completou Giacomini.

A publicidade tem, assim, o sentido jurídico de tornar a coisa ou o fato de conhecimento geral, isto é, para que todos possam saber ou conhecer o fato a que se refere.[35]

Como a publicidade revela-se pela publicação ou divulgação do fato, ela torna-se *o próprio meio utilizado para que se torne notório ou de conhecimento generalizado o fato ou a coisa*.[36] É ela um meio de informação, isto é, informa sobre o produto, embora não o integre.[37]

Desimporta *o meio veiculativo* publicitário, na espécie, configurando-se a conduta criminosa através de anúncios publicitários em jornais, revistas, televisão, rádio, bulas, folhetos, panfletos, *outdoors*, via computador, *fax*, anúncios em feiras, etc.

Lembra-se, ainda, que mesmo se o fornecedor advertir sobre nocividade e periculosidade na peça publicitária do produto, isso não o exime de igualmente informar na pequena bula que o acompanha.

A exigência da lei abrange todas as formas de publicidade, exceto a simulada porque proibida (art. 36, CDC). A norma parece incidir mais concretamente na publicidade enganosa, através da qual se omite informações relevantes sobre o objeto publicitário.

Com o advento da Lei nº 8.137, de 27.12.90, surgiu tipo caracterizando como crime induzir o consumidor ou usuário em erro, por via de indicação ou afirmação falsa ou enganosa sobre a natureza, qualidade de bem ou serviço, utilizando-se de qualquer meio, inclusive a veiculação ou divulgação publicitária (art. 7º, inc. VII), o que,

---

[34] V. Gabriel A. Stiglitz. *Protección jurídica del Consumidor*. 2. ed. Buenos Aires: Depalma. 1990, p. 15.

[35] Plácido e Silva. *Vocabulário Jurídico*. v. 3. Rio de Janeiro: Forense, p. 1.263.

[36] Idem.

[37] Benjamin. *Op. cit.*, p. 99.

aparentemente teria revogado alguns tipos penais do CDC, inclusive o art. 63, na parte que se refere à publicidade.

Mas é de se fazer a distinção, pois, no art. 63, o fornecedor simplesmente omite a informação, ou seja, nada informa sobre nocividade e periculosidade, e, no art. 7º, inc. VII, da Lei 8.137/90, tem-se um crime comissivo, pois o fornecedor informa, porém, erroneamente. Caso o fornecedor informe erroneamente sobre a periculosidade ou nocividade, então, induzido o consumidor a erro, aí, sim, incide o art. 7º, inc. VII.

Outro tipo digno de nota, em cotejo com o art. 63 do CDC, é o inc. II do art. 7º, quando refere como crime o fato de o fornecedor vender ou expor à venda mercadoria em que a embalagem esteja em desacordo com as prescrições legais.

Uma das prescrições legais relativamente às embalagens de mercadoria/produto é a advertência sobre nocividade ou periculosidade, já vimos, cuja omissão configura o crime do art. 63, *caput*, CDC. Todavia, se, além da advertência omitida, ciente disso, o comerciante vende ou expõe à venda aquele produto/mercadoria há o crime do art. 7º, inc. II, Lei nº 8.137/90. O sujeito ativo é o comerciante.

Mas é interessante observar que, no caso, o fabricante igualmente descumpriu a determinação legal relativa à embalagem e vendeu o produto. Também responderá o fabricante pelo art. 7º, inc. II, Lei 8.137/90, eis que a omissão (art. 63, *caput*, CDC) foi absorvida pela conduta mais gravosa que é a venda ao comerciante.

6.1.3. Sujeitos ativo e passivo

Como observaremos no estudo do art. 75, é preciso certo cuidado na caracterização do sujeito ativo nos crimes contra o consumidor. Dizer-se, simplesmente, que é *sempre* o fornecedor, ou o administrador, diretor ou gerente, é arriscado.

Há um certo desencontro na doutrina, havendo quem diga que no art. 63 o sujeito ativo é a pessoa física que tem o dever de agir;[38] ou o fabricante, o comerciante, o atacadista, o varejista;[39] o fornecedor;[40] é um sujeito ativo especial, dependendo das situações,[41] etc.

Realmente, dizer-se *antecipadamente* quem é o sujeito ativo no art. 63 é tarefa por demais arriscada, uma vez que a hipótese fática, ou seja, o inquérito policial deve apurar quem é o responsável criminal-

[38] René Dotti. *Comentários ao Código do Consumidor*. Rio de Janeiro: Forense, 1992, p. 233.

[39] Benjamin. *Op. cit.*, p. 94.

[40] Paulo José Costa Jr. *Op. cit.*, p. 221.

[41] Luiz Luisi. *Op. cit.*, p. 60.

mente pela omissão. Ademais, não se pode olvidar a hipótese do concurso de pessoas, que também acontecerá muitas vezes.

Parece-me que o melhor é utilizarmos de fórmula genérica, como fez o Juiz Federal e Prof. Francisco Cavalcanti, dizendo que *será sujeito ativo todo aquele que tendo o dever de fazer constar os dizeres ou sinais de alerta se omite,*[42] aí podendo enquadrar desde o fabricante ao importador; desde o patrocinador da publicidade até o varejista e até o comerciante.

Veja-se o caso de certo empregado, que é o encarregado de apor dizeres ou sinais em produtos, mas que, visando a prejudicar seu patrão, os embala omitindo a advertência necessária de nocividade ou periculosidade. À evidência que, no caso, a responsabilidade recairá sobre o patrão, eis que, também previsto o crime culposo. O patrão, sem dúvida, omitiu-se no dever de fiscalizar seus produtos, antes do lançamento ao mercado consumerista. É o fornecedor/comerciante quem estava na posição de sujeito responsável pelas advertências.

O comerciante, igualmente, mesmo que não produtor/fabricante pode ser responsabilizado penalmente. Afinal, "*quando rompe a embalagem e vende o produto a granel, torna-se responsável perante o consumidor*".[43]

Os crimes contra o consumidor ferem direitos de todos nós, direitos plenamente identificáveis no momento do crime. Daí por que se diz que ao protegerem a relação de consumo, visam a proteger, a rigor, a coletividade de pessoas consumidoras, ou seja, direitos difusamente considerados.

Então, assim considerado, podem ser identificados *dois sujeitos passivos*, um imediato e outro mediato; um principal e outro secundário.[44] É de se observar que nos crimes contra as relações de consumo é onde menos aparece a possibilidade da identificação e presença daqueles dois sujeitos passivos, como ocorre na maioria de outros tipos penais, onde o Estado aparece como sujeito passivo constante.

Evidente, adotada a máxima de que todos somos consumidores parece inviável imaginar um crime onde não exista um sujeito passivo mediato, secundário, um consumidor. Todavia, não se pode olvidar, como ensinou o Prof. Damásio, que nesses crimes a lesão dilui-se entre um número indeterminado de cidadãos, que compõem o corpo social.[45]

---

[42] *In Comentários ao CDC*. Belo Horizonte: Del Rey, 1991, p. 144.

[43] Amaral Júnior, Alberto do. *Proteção do Consumidor no Contrato de Compra e venda*. São Paulo: RT, 1993, p.228.

[44] Damásio de Jesus. RT-696/305.

[45] *Op. cit.*, p. 305.

Sujeito passivo certo, principal, direto, determinado e individualizado é a coletividade de consumidores, difusamente considerados, uma vez que o crime visa a proteger as relações de consumo; sujeito passivo incerto, mediato, indeterminado, mas às vezes determinável, secundário, é o consumidor, que pode ser pessoa física ou jurídica, bastando ser o destinatário final do produto ou serviço nocivo e/ou perigoso.

O crime do art. 63 visa a proteger também o direito à vida do consumidor, incluindo seus consectários lógicos, ou seja, a sua saúde, sua segurança, contra produtos e serviços nocivos e/ou perigosos colocados no mercado. Visa a proteger outros direitos, tais como o de informação, onde se inclui a educação, a divulgação pela publicidade, enfim, direitos básicos elencados nos incs. I, II e III do art. 6º, CDC. Eis aí sua objetividade jurídica.

A omissão criminosa em análise ocorre ainda *antes* de o produto chegar ao mercado de consumo. Aí é que o crime se consuma. Isso levou Benjamin e Zanellatto a chamá-lo de *omissão a priori*.[46]

6.1.4. A tentativa

A tentativa nos crimes omissivos próprios não é admitida na doutrina nacional da lei penal inclusive em matéria de relações de consumo.[47] Claro, isso possui pouca relevância prática em comparada com a omissão imprópria, como advertem Zaffaroni e Pierangelli.[48]

Vamos supor que o agente fornecedor tenha omitido os dizeres e sinais em uma bula ou embalagem, que recebera há pouco de uma gráfica, mas ainda não tenha acostado ao produto aquela bula ou embalagem. Naquele momento é flagrado pela autoridade. Ora, os atos de tentativa são os que se estendem desde o momento em que começa a execução até o momento da consumação.[49] Há evidentemente no exemplo anotado uma impossibilidade de se saber onde está o princípio da execução. Então, é diante dessa impossibilidade que não se concebe a aplicação do conceito de tentativa aos crimes omissivos próprios.[50]

6.1.5. Penas

As penas são cumulativas de detenção (privativa de liberdade) de seis meses a dois anos, e multa (pecuniária).

[46] *In Revista Direito do Consumidor* ns.3/91 e 8/99, respectivamente.

[47] Costa Jr. *Op. cit.*, p. 224; Dotti. *Op. cit.*, p. 237.

[48] *In Da Tentativa*. RT, 1988, p. 119.

[49] Zaffaroni e Pierangelli. *Op. cit.*, p. 14.

[50] Enrique Bacigalupo. *Delitos impropios de omisión*. Colombia: Ed.Temis, 1983, p. 192.

É de se advertir que a pena de multa, na espécie, deve ser fixada a partir de 180 dias-multa, adotado o critério que expomos em comentários ao art. 77, CDC.

Com relação à pena detentiva, observa-se cabível, em tese, o *sursis*, sobre o qual o juiz deve se manifestar na sentença.

Igualmente, para a forma de fixação, contagem, imposição, ver nosso comentário ao art. 77 infra.

É possível que pela omissão dos dizeres e sinais um ou mais consumidores restem com lesões corporais e aí é possível o concurso formal de crimes.[51]

6.1.6. Prescrição

A prescrição da pretensão punitiva ou executória ocorre, portanto, em quatro anos (art. 109, inc. V, do Código Penal), contados na forma da lei penal comum, para o *caput*, e para o § 1º do art. 63, CDC.

As mesmas prescrições quanto ao crime culposo do art. 63, CDC, ocorrem em dois anos (art. 109, inc. VI, CDC).

6.1.7. Art. 63, § 1º, CDC

"§ 1º - Incorrerá nas mesmas penas quem deixar de alertar, mediante recomendações escritas ostensivas, sobre a periculosidade do serviço a ser prestado."

O § 1º do art. 63, CDC, dirige-se ao prestador de serviços, ou seja, pessoa física ou jurídica prestadora de serviços, que também são fornecedores, na forma do art. 3º, *caput*, do CDC. Sabe-se, serviço é qualquer atividade fornecida no mercado de consumo mediante paga ou remuneração (art. 3º, § 2º, CDC), sendo de se observar a fim de que não se alargue em demasia o conceito de serviço, para os fins da norma, porque aqui se refere tão-somente àquelas atividades *perigosas*.

A redação *incorrerá nas mesmas penas* também se encontra no arts. 64, parágrafo único e 66, § 1º, do CDC.

Tem igual sentido às expressões do Código Penal: "aplica-se a pena do artigo anterior" (art. 126, parágrafo único), ou, "na mesma pena incorre" (arts. 151, § 1º; 157, § 1º; 161, § 1º; 169, parágrafo único; 171, § 2º, do Código Penal); ou, "está sujeito a mesma pena" (arts. 270, § 1º; 272, § 2º); "aplica-se a mesma pena" (art. 312, § 1º); "nas mesmas penas incide" (art. 244, parágrafo único); "incorre na pena anterior"

[51] No mesmo sentido: Dotti. *Op. cit.*, p. 241.

(art. 245, § 2º); "incorre na mesma pena" (arts. 188, parágrafo único, 193, parágrafo único, 240, § 1º) etc.

O legislador adotou o princípio de *equiparação* de penas ao sujeito ativo: o fornecedor de serviços se equipara ao fornecedor de produtos quanto às penas impostas, no tocante à informação. A equiparação do § 1º, em que pese correta do ponto criminógeno, apresenta peculiaridades redacionais aparentemente em desfavor do consumidor.

O crime é omissivo próprio, tendo como sujeito ativo um prestador de serviços, do qual se exige também a correta informação relativa ao serviço que presta. A conduta é omissiva pelo *deixar de alertar*, ou seja, não informar adequadamente, aí tendo igual *ratio* do *caput* do art. 63. Logo, também o tipo não comporta tentativa. Como disse Dotti, o sentido da norma é configurar crime o *não advertir, não avisar o público consumidor sobre a periculosidade do serviço a ser prestado.*[52]

Já se afirmou por aí que a norma em análise afastaria a informação através de sinais, isto é, "não tendo a norma previsto a advertência por meio de sinais", quem omitisse os sinais praticaria uma *omissão não punível.*[53] Aparentemente, claro, a redação do parágrafo teria restringido o *caput* anterior, eis que somente se refere a *recomendações escritas* e sobre a *periculosidade* do serviço. Todavia, é de se entender que as "recomendações escritas" também dizem respeito a dizeres e sinais, afinal, como disse Benjamin, o dever positivo de informar é teleologicamente idêntico.[54] Ademais, sabe-se que a escrita exprime-se através de dizeres e sinais. Então, tem o prestador de serviços o dever de informar, igualmente, através de sinais, enfim, frases sobre a periculosidade do serviço que presta.

Aqui, não importa a fraqueza econômica do fornecedor, ou seja, pode ser um pequeno fornecedor ou de precárias condições financeiras, uma vez que se apura é a periculosidade do serviço que presta. Este, sim, por ser prejudicial à saúde, à segurança do consumidor é que tem relevância na norma.

Aplica-se o dispositivo aos profissionais da área médica dizendo-se que *seria o caso de intervenção cirúrgica destinada a eliminar o estrabismo, que oferece riscos.*[55] Os profissionais liberais em geral, odontólogos, médicos, farmacêuticos, enfim, estão obrigados ao alerta de

---

[52] *Op. cit.*, p. 239.

[53] Paulo José Costa Jr. *Op. cit.*, p. 224.

[54] Direito do Consumidor n. 3/97.

[55] Paulo José Costa Jr. *Op. cit.*, p. 224.

que se trata, mesmo que sua obrigação civil não seja apreciada sob a ótica da responsabilidade objetiva, nos termos do art. 14, § 4º, CDC.

6.1.8. Modalidade culposa

"§ 2º - Se o crime é culposo".

Discute-se em sede doutrinária a possibilidade da existência de crimes culposos, quando o tipo principal é omissivo ou de mera conduta, afinal, nos crimes culposos o resultado é elemento essencial do tipo e nos crimes de omissão não há causalidade dirigida para lesão do bem jurídico, mas omissão de direção da causalidade para proteção do bem jurídico.[56] Não se exige um resultado material no crime omissivo próprio.

É que o crime culposo, realmente, só é punível quando sobrevém efetiva lesão do bem jurídico, sendo que a capitulação de crimes culposos sem resultado restringiria de muito a liberdade e a iniciativa do indivíduo, eis que ficaria ameaçado a todo instante por uma pena, como advertiu Magalhães Noronha.[57]

No que diz respeito à lei penal do consumidor, novamente, a doutrina divide-se entre aqueles que admitem a existência do crime culposo[58] e aqueles que a rechaçam.[59]

Embora exista essa ampla discussão, é de se notar que o fornecedor pode ser negligente no seu dever de informar, como quando se utiliza de cópias reprográficas de péssima qualidade em suas advertências de nocividade ou periculosidade, as quais, caso expostas ao sol, acabem desaparecendo.

Também colhemos opinião doutrinária pela supressão do dispositivo,[60] mas entendemos que deva ser mantido, porque se reforça ainda mais a idéia de que o fornecedor não poderá sonegar informações ao consumidor. Aliás, como já advertiu Benjamin: *tratando-se de riscos, o desleixo informativo é pecado capital no sistema do CDC.*[61]

Quanto ao crime culposo tentado, sabe-se, tentativa e culpa são noções antitéticas, embora excepcionalmente possa ocorrer nos delitos por equiparação, assimilação ou extensão,[62] o que não é o caso.

---

[56] Juarez Cirino dos Santos. *Teoria do Crime*. São Paulo: Editora Acadêmica, 1993, p. 82.

[57] *In Do crime culposo*. São Paulo: Saraiva, 1974, p. 135.

[58] Costa Jr. *Op. cit.*, p. 224; Benjamin. *Op. cit.*, p. 100.

[59] Manoel Pedro Pimentel. RT, 661/251.

[60] Pimentel. *Op. cit.*, p. 251.

[61] *Op. cit.*, p. 100.

[62] Magalhães Noronha. *Op. cit.*, pp. 137-8.

No tocante à pena imposta, a pena de multa mínima é de 30 (trinta) dias-multa e é alternativa, ou seja, o juiz aplica a detenção ou a multa. Para maior estudo sobre penas, é de se consultar os comentários aos arts. 76 a 78, CDC, especialmente no tocante à substituição da multa pela pena restritiva de direitos.

6.2. OMISSÃO DE COMUNICAÇÃO ÀS AUTORIDADES COMPETENTES E AOS CONSUMIDORES

"Art. 64. Deixar de comunicar à autoridade competente e aos consumidores a nocividade ou periculosidade de produtos cujo conhecimento seja posterior à sua colocação no mercado:

Pena. Detenção de 6 (seis) meses a 2 (dois) anos e multa.

Parágrafo Único. Incorrerá nas mesmas penas quem deixar de retirar do mercado, imediatamente quando determinado pela autoridade competente, os produtos nocivos ou perigosos, na forma deste artigo".

Igualmente vinculado ao direito de informação está o art. 64 em estudo. Aliás, veremos que outros tantos dispositivos têm em mira aquele direito.

Os fundamentos do art. 64, relativos à informação, são praticamente os mesmos do art. 63, CDC. Dizem respeito à nocividade e periculosidade restrita a *produtos* e adiantam-se na proteção do consumidor.

A primeira qualidade dos produtos é sua *inocuidade*, ou seja, a não-causação de qualquer dano ou exposição a perigo aos consumidores. Logo, o primeiro objetivo de uma política de qualidade é suprimir todas as causas de insegurança ligadas à utilização de produtos e serviços.[63]

O fornecedor não pode colocar no mercado produto ou serviço com alto grau de nocividade ou periculosidade à saúde ou segurança do consumidor, consoante o art. 10, *caput*, do CDC. Disso se infere que produtos podem existir com grau mais ou menos elevado de nocividade ou periculosidade. E sabemos que estes existem (agrotóxicos, formicidas, raticidas, etc.), embora sob controle das entidades administrativas competentes são os fornecedores obrigados, ainda, a prestar todas as informações possíveis sobre eles.

Alguns produtos ou serviços podem ter, portanto, periculosidade ou nocividade própria, ou seja, inerente. Ninguém pretenda utili-

[63] Cas et Ferrier. *Traité de Droit de la consommation*. Paris: Presses Universitaires de France, 1986, pp. 187-8.

zar-se de qualquer defensivo agrícola supondo-o sem nenhuma toxicidade, porque possui uma periculosidade própria, dita *inerente*. Outros produtos podem adquirir vícios, defeitos, nocividade ou periculosidade (adquirida), após a fabricação ou sua colocação no mercado.Veja-se que o risco de fabricação defeituosa de produtos jamais pode ser eliminado. Pode ser reduzido, mas nunca evitado.[64]

É visando a minimizar os efeitos danosos que tais produtos possam causar, por defeitos em geral, seja de fabricação, seja de projeto ou aqueles resultantes de informações ou instruções de uso inadequadas, que a lei penal do consumidor, através do artigo em comento, responsabiliza criminalmente o fornecedor que não atua com diligência naquela minimização dos efeitos danosos.

Pode ocorrer que determinado produto, após a sua colocação no mercado, apresente problemas envolvendo periculosidade e/ou nocividade, colocando, dessa forma, em risco a saúde ou a segurança do consumidor. Aí é que surge o dispositivo em comento, uma vez que obriga o fornecedor no cumprimento do dever de informar não só às autoridades, mas também, e principalmente, aos consumidores. É o que estatui o art. 10, § 1º, CDC.

Tal dever, ainda determina a norma, deve ser cumprido através de anúncios publicitários, veiculados na mídia em geral (imprensa, rádio e televisão) e ao encargo financeiro do fornecedor (art. 10, § 2º, CDC), porque não teria sentido as autoridades ou os consumidores arcarem com custo monetário de algo que não enviaram ao mercado de consumo.

É tão importante dita comunicação aos consumidores, que as autoridades estão obrigadas a repassar as informações relativas à periculosidade ou nocividade de produtos e serviços para todos os consumidores, como estatui o art. 10, § 3º, CDC. É pena que não se ameaçou, também, com punição penal, àquelas autoridades que se omitirem na comunicação, porque muitas vezes se vê notícias de verdadeiros crimes contra o consumidor serem "engavetadas" em algumas repartições do Estado.

6.2.1. O crime

O art. 64, *caput*, é crime omissivo puro, ou próprio. É crime de mera conduta, onde não se perquire o resultado naturalístico, que se ocorrer poderá aparecer até sob a forma de concurso de crimes.

[64] José Reinaldo de Lima Lopes. *Responsabilidade Civil do Fabricante e a Defesa do Consumidor*. Revista dos Tribunais, 1992, p. 63.

O comportamento criminoso é do fornecedor (sujeito ativo) que, inicialmente, não tendo conhecimento de qualquer problema relativo à nocividade ou periculosidade de seu produto, seja por deficiência técnica, seja por erro, defeito de fabricação, defeito de projeto, enfim, lança-o ao mercado. Depois, toma conhecimento da existência daquele defeito e, ciente disso, não comunica tal fato à autoridade competente e aos consumidores em geral.

O dolo é seu elemento subjetivo. O crime ora é chamado de "omissão de informações sobre riscos conhecidos posteriormente à introdução no mercado";[65] ora de "omissão de comunicação e de retirada do mercado";[66] ou de "omissão de comunicação às autoridades competentes".[67] É omissão de informações *a posteriori*, em contraposição ao art. 63, que trata da omissão *a priori*, como dizem Benjamin e Zanellatto.

Visa, em suma, como se diz popularmente e bem lembrado por Filomeno, *Fazer boa a coisa vendida*,[68] no sentido de que incumbe ao fornecedor a responsabilidade pelo produto que lança ao mercado. Torna-se, assim, mais visível o *caveat venditio* (ou *caveat venditor*) como obrigação do fornecedor, ou seja, este é quem deve ter todas as cautelas quanto ao produto ou serviço que lança ao mercado. Há que se atentar, aliás, que o CDC apagou a máxima do *caveat emptor* de antanho, a qual "indicava o encargo do comprador de produtos e serviços de tomar as cautelas necessárias à proteção de seu interesse quanto aos característicos do bem".[69]

O crime se consuma quando o fornecedor, ciente do problema surgido com seu produto, deixa de comunicar à autoridade competente e aos consumidores. Pode surgir alguma dificuldade no sentido de precisar o momento em que o fornecedor deixa de comunicar na hipótese de ter ciência em tempo muito próximo ou anterior à própria comunicação.

Veja o seguinte caso. O fornecedor/industrial/comerciante fica sabendo do risco surgido no seu produto em certo mês (setembro, *v.g.*) e somente dois meses depois (novembro) faz as comunicações legais. Parece-nos que, embora não haja prazo previsto em lei para que se perfaça a comunicação do fornecedor, o crime foi consumado logo que o fornecedor soube do fato, pois é nesse tempo que tinha o dever de comunicar. A comunicação posterior não tem o condão de

[65] Benjamin. *Op. cit.*, p. 100.

[66] João Batista de Almeida. *Op. cit.*, p. 133.

[67] Filomeno. *Op. cit.*, p. 123.

[68] *Op. cit.*, p. 238.

[69] Ceneviva, Walter. *Publicidade e direito do consumidor*, São Paulo: RT, 1991, p. 111.

afastar o crime, porque o delito é de perigo, e em o aviso sendo tardio, muitos danos o produto pode ter causado aos consumidores. O cumprimento tardio da norma pode ser considerado na fixação da pena somente.

6.2.2. Elementos objetivos do tipo

O crime consuma-se com uma omissão, ou seja, com o não agir do fornecedor no sentido de deixar de emitir um aviso ou um comunicado às autoridades e consumidores acerca da nocividade ou periculosidade de produtos, logo que disso tenha conhecimento e depois da colocação destes no mercado consumerista.

É de se observar que o tipo se refere tão-somente a produtos, excluídos os serviços. Pode ocorrer, no entanto, determinado serviço tornar-se perigoso, seja pela utilização de técnica equivocada ou que pela utilização do serviço acabe redundando situação nociva ou perigosa. Mas aí existe atipicidade, com o que não agiu bem o legislador.

Já se disse que o crime é omissivo próprio e nele não se perquire resultado naturalístico, descumprindo o fornecedor um dever legal que lhe foi imposto pelos artigos antes mencionados.

A comunicação de que trata o artigo pode ser de qualquer forma, desde que permita pleno conhecimento do problema pela autoridade e pelos consumidores, aliás, para isto impõe-se o dever ao fornecedor de utilizar-se dos meios de mídia em geral (rádio, televisão e jornais) visando a alertar o maior número de consumidores possível, advertindo até terceiros, que saibam onde se encontram os consumidores do produto defeituoso, para que, se puderem, alertar os consumidores/usuários.

A *autoridade competente* é aquela cuja conceituação deve ser emprestada do Direito Administrativo, ou seja, é a autoridade administrativa: pessoa física que age em nome da pessoa jurídico-administrativa.[70] Autoridade competente, portanto, é aquela pessoa física que detém o poder de emitir os atos administrativos em nome da pessoa jurídico-administrativa responsável pela autorização, fiscalização ou emissão de ordem ou licença para liberar o produto.

A autoridade competente pode estar nos três níveis de governo: União, Estado e Município, sendo que todos devem ser avisados. É de se entender que a comunicação deve ser tão ampla que o aviso/comunicado deve abranger não só o Estado ou Município onde se encontra a sede do fornecedor. Em outras palavras: o aviso/comunicado deve seguir aos Estados ou Municípios onde o fornecedor tiver agen-

[70] José Cretella Jr. *Dicionário de Direito Administrativo*. Rio de Janeiro: Forense, 1978, p. 74.

tes autorizados na comercialização do produto considerado nocivo ou perigoso. Isso é proteção do consumidor, s.m.j.

À evidência, tais comunicações impõem gastos ao fornecedor, porém, este deve acatar também o risco com a eventual comercialização do produto em grande escala: quem pretende o grande lucro deve assumir da mesma forma o risco pelo grande prejuízo.

Suponha-se produto farmacêutico ou químico liberado pelo Ministério da Saúde (União Federal), pela Secretaria de Saúde do Estado-Membro e utilizado no âmbito de certo município com a autorização de comercialização da Secretaria de Saúde Municipal. Evidente que deve o fornecedor avisar às três entidades de governo, percorrendo o mesmo caminho que fez para a comercialização do medicamento ou produto químico. Entendemos que a comunicação restringe-se àqueles órgãos para os quais o fornecedor solicitou ou obteve a permissão de comercialização. A omissão de uma delas, todavia, não pode configurar o tipo, eis que isso se poderia encarar na forma de culpa, negligenciado o dever que a norma lhe impunha, que era avisar a autoridade competente.

Notemos que a norma impõe o aviso à *autoridade competente,* e não a qualquer funcionário pertencente à repartição responsável pela liberação do produto, embora a autoridade, no mais das vezes, ocupe cargo no serviço público. Com isso não se pode safar o fornecedor que alega ter avisado verbalmente o motorista da Secretaria "X", pelo que assim teria considerado cumprido seu dever.

Como diz Francisco Cavalcanti: a autoridade a ser comunicada será aquela que exerce o poder de polícia administrativa no setor da atividade econômica.[71] Aqui é de se vislumbrar o disposto no art. 55, § 3º, CDC, que determina a criação de comissões permanentes de fiscalização de produtos e serviços e o Decreto nº 861/93.

Então, criados nos municípios entes de proteção ao consumidor eles tornam-se também responsáveis pelo não atuar, eis que autoridades competentes, incumbindo-se a fiscalização de atuação de tais entidades ao Ministério Público local.

O aviso/comunicado não é só à autoridade competente, dirigindo-se, também, aos consumidores.

Tem-se pretendido que para se configurar o tipo deve existir, pelo sujeito ativo, uma omissão dúplice, ou seja, o agente deve deixar de fazer a comunicação duas vezes: à autoridade e ao consumidor,[72]

---

[71] *Op. cit.*, p. 145.

[72] Costa Jr. *Op. cit.*, p. 226; Cavalcanti. *Op. cit.*, p. 145.

isto é, se o agente, embora não comunicando o fato à autoridade, venha a fazê-lo aos consumidores, não se perfaz o crime.[73]

Nada mais equivocado, eis que a norma não está impondo nenhum comportamento, pois se trata de crime omissivo puro, que pressupõe a desobediência a um comando normativo anterior; desobedece-se a um dever imposto pela lei.

A comunicação é que deve ser dupla, aos consumidores e aos fornecedores, pois assim o determina o comando do art. 10, § 1º, CDC. Esse é o dever do fornecedor. Então, a desobediência desse dever, desse comando positivo, dessa ordem ao fornecedor é que é corrigida pela norma do art. 64, CDC. Em o fornecedor avisando somente um deles, ou o consumidor, ou a autoridade competente, descumpriu seu dever do art. 10, § 1º, CDC. Então, perfaz-se o crime pela omissão do agente.

Nem teria sentido esperar uma omissão dúplice, porque evidente que o fornecedor seguiria sempre pelo menos oneroso economicamente, que seria enviar uma simples carta com AR à autoridade, deixando, assim, de comunicar os verdadeiros destinatários da proteção que são os consumidores.

Suponha-se, ademais, que a comunicação do fornecedor caia no "balaio" da autoridade competente, ou seja, daquelas reclamações/comunicações "entendidas" desimportantes pela autoridade. Qual a proteção do consumidor se ele nem chega a ter conhecimento do problema que envolve seu produto ou serviço?

Então, ou assumimos uma postura de proteção ao consumidor, ou ficamos a discutir picuinhas atípicas, sem atentar ao sentido protecionista da norma.

Também o comportamento da autoridade competente deve ser aferido, uma vez que pode também cometer crime no momento em que não toma as providências legais posteriores ao aviso recebido.

Ocorre que a lei obriga as autoridades, da mesma forma, ao cumprimento do direito de informação dos consumidores, dizendo-se que sempre que tiverem conhecimento de periculosidade de produtos deverão informá-los a respeito (art. 10, § 3º, CDC). Evidente que a autoridade que não cumpre seu dever pode praticar o crime de prevaricação (art. 319, CP).

Exige-se, finalmente, que o fornecedor tenha conhecimento da nocividade ou periculosidade no seu produto depois de o mesmo ter circulado no mercado de consumo.

---

[73] Costa Jr., idem.

É a omissão *a posteriori* já referida,[74] pois se o fornecedor tem conhecimento prévio da periculosidade ou nocividade do produto deve tomar as cautelas dos arts. 9º e 31, CDC, sob pena de incidir no art. 63, CDC.

Nocividade e periculosidade já vimos no artigo anterior, o que deixamos de repetir, para não alongarmos. Contudo, salientamos que a nocividade ou a periculosidade, na omissão *a posteriori* refere-se somente aos produtos, não aos serviços.

6.2.3. Sujeitos ativo e passivo

O sujeito ativo é o fornecedor, recaindo a responsabilidade na pessoa física que tenha o dever de fazer a comunicação. Pode chegar a ser o comerciante, quando tiver ciência de problemas causados com o produto; o revendedor autorizado, nas cidades onde houver representantes de venda do produto. Em se tratando de pessoa jurídica, sujeito ativo é o responsável pelo serviço encarregado de comunicação, responsável técnico, enfim, aquele que tiver o dever de agir.

Sujeito passivo é a coletividade de consumidores, mas um único consumidor que é primordialmente considerado, eis que o aviso/comunicação se destina para este, basicamente.

6.2.4. A tentativa

Tratando-se o art. 64, *caput*, de crime omissivo próprio, repetimos nossas considerações já feitas ao art. 63, CDC.

6.2.5. Concurso de crimes e de pessoas

Obviamente que o crime em estudo pode concorrer com outros previstos em legislação especial e até do Código Penal.

Veja-se o caso de produto que cause dano ao consumidor (art. 163, CP), ou perigo de vida (art. 132, CP) ou lesão corporal, enfim. À evidência que a cada delito deve ser analisado seu elemento subjetivo, pois, v.g., se o dano foi causado pela negligência do fornecedor, que não avisou o consumidor, há mera culpa, e crime não há.

O que pretendemos é não afastar a possibilidade do concurso de crimes.

No tocante ao concurso de pessoas, valem as observações feitas ao artigo anterior. Pode ocorrer participação, jamais co-autoria, uma vez que a norma que impõe o dever é dirigida ao fornecedor, e não a terceiros.

---

[74] Benjamin. *Op. cit.*, p. 94.

É o caso de funcionário que "aconselha" o fornecedor ou industrial a deixar de comunicar à autoridade sob o argumento de que "não vão fazer nada, mesmo".

6.2.6. Prescrição

A pena máxima em abstrato prevista no crime, seja no *caput* ou no parágrafo único, é de 02 (dois) anos. Daí que a extinção da punibilidade pela prescrição das pretensões punitiva e executória ocorre em 4 (quatro) anos (art. 109, inc. V, do Código Penal).

6.2.7. Art. 64, parágrafo único, CDC

"Incorrerá nas mesmas penas quem deixar de retirar do mercado, quando determinado pela autoridade competente, os produtos nocivos ou perigosos, na forma deste artigo".

Aqui é que se vislumbra a atuação da autoridade competente, subentendendo-se que a autoridade, sempre que tiver conhecimento de problemas de periculosidade e nocividade em produtos já lançados ao mercado, deve atuar.

A atuação da autoridade é no sentido de levar a comunicação aos consumidores e determinando ao fornecedor, quando for o caso, a retirada do produto do mercado, cumprindo, dessa forma, o disposto no art. 10, § 3º, CDC.

No parágrafo aparece o que se costuma denominar de *recall*, isto é, a retirada do mercado de produto com vício de qualidade, incumbência do fornecedor somente.

6.2.8. O crime

Trata-se crime omissivo puro, de mera conduta, eis que desimporta se houve ou não qualquer dano a consumidor determinado.

O elemento subjetivo do tipo é doloso, consumando-se logo que, recebida a ordem, não atue no prazo estipulado pela autoridade.

A ordem da autoridade ao fornecedor pode ser escrita ou verbal, desimporta. Caso o fornecedor recusar-se a cumpri-la, pode incidir ainda no delito de desobediência (art. 330, CP). Quanto à ordem verbal da autoridade, é de se ter muito cuidado na aferição da prova de sua existência, eis que a autoridade pode nisso pretender escusar o seu não atuar para safar-se de incidência em ilícito penal ou administrativo.

O crime é chamado de "omissão de retirada (*recall*) de produto defeituoso"[75] ou omissão de retirada do mercado.[76]

6.2.9. Elementos objetivos do tipo

Já vimos o que seja autoridade competente, sendo esta quem determina a ordem de *recall*. É de se notar que a ordem de retirada deve ser legal, ou seja, amparada em lei e proveniente tão-somente daquela autoridade reconhecida a tanto, ou seja, a competente. Isso significa que a ordem não pode ser dada ao fornecedor por qualquer servidor público, eis que o ato administrativo (e a ordem assim o é) exige autoridade competente como requisito formal de validade e existência.

Pode causar alguma espécie e dificuldade o elemento normativo *imediatamente*, eis que a lei não fixou qualquer prazo de *recall* ao fornecedor. A lei penal do consumidor se utilizou igualmente desse advérbio no art. 73, CDC.

É de se entender que, no tipo em análise, imediatamente significa logo a seguir, de imediato, incontinenti, sem muita delonga. Mas a aferição do cumprimento imediato pelo fornecedor, pela autoridade policial ou ministerial, deve ser entendida com bom-senso, eis que às vezes podem existir circunstâncias que dificultem a retirada imediata do produto do mercado de consumo. Então, cada caso deve ser analisado na medida de suas dificuldades.

A *retirada* do produto implica recolhimento deste aos depósitos da empresa, suprimindo-os da oferta inclusive publicitária. Suponha-se, v.g., que venha a ordem da autoridade, e o fornecedor ainda esteja em campanha publicitária acerca do produto. Esta deve cessar, sob pena de, apurada em processo administrativo, impor-se-lhe a penalidade de contrapropaganda (art. 60, CDC). Inclui-se na retirada a interdição do produto por iniciativa do fornecedor, como diz Ariel Dotti, vedando-se que a ele tenha acesso o consumidor.[77]

6.2.10. Sujeitos ativo e passivo

Sujeito ativo do delito é quem descumpre a ordem, isto é, o fornecedor que deixa de retirar do mercado o produto apontado pela autoridade. Esta, aliás, deve se precaver, colhendo o ciente do fornecedor que recebeu a ordem, que deve ser pessoalizada, a fim de

[75] Benjamin. *Op. cit.*, p. 102.

[76] Alves e Milhomens. *Manual dos Direitos do Consumidor*. Rio de Janeiro: Forense, 1994, p. 147.

[77] *Op. cit.*, p. 246.

configurar eventuais outros crimes e até a responsabilização administrativa por práticas abusivas (arts. 39, inc. VIII c/c 41, CDC). Daí por que, repetimos, a ordem verbal deve ser recebida *cum granu salis.*

Não concordamos no sentido de opinião de que a ordem de retirada pela autoridade possa ser *impessoalizada,* isto é, emitida em caráter geral e assim mesmo configurar o crime caso descumprida.[78] Afinal, quais os meios de emissão da ordem que a autoridade poderia dar como "geral"? Pela imprensa? Pelo rádio ou televisão? Pela comunicação a uma associação ou sindicato? Pelo Diário Oficial? Como provar que o fornecedor estava escutando o rádio no instante em que a autoridade emitiu a ordem de *recall*? Quem garante ao juiz que o fornecedor leu o jornal naquele dia? Veja-se, assim, que nenhuma dessas formas assegura ao julgador que o fornecedor ou comerciante tenha efetivamente recebido a ordem de retirada e com dolo a tenha desobedecido. Claro, *presume-se* que seja de seu conhecimento o *recall.* Mas a presunção de conhecimento da ordem não pode condenar alguém, sob pena de volta à presunção de culpa no Direito Penal. E o tipo, se disse, é doloso. Ademais, a ordem "geral", impessoal, é o critério que mais prejudica e desprotege o consumidor. Primeiro, porque oportuniza a não-tipificação do crime; segundo, porque dá chance ao descaso da autoridade, que pode achar cumprida a sua obrigação legal tão-somente com um aviso pelo rádio, e terceiro porque afasta o fornecedor da penalidade administrativa, que exige procedimento específico (art. 57, CDC).

Pode ocorrer de a autoridade de certo Município determinar a retirada a comerciantes específicos e aí estes são os sujeitos ativos do crime, pelo que deixarem de retirar no âmbito de sua comercialização somente.

Sujeito passivo é a coletividade de consumidores potencialmente atingida com a não-retirada do mercado de produtos considerados nocivos ou perigosos pela autoridade competente.

6.2.11. Tentativa e concurso de crimes e de pessoas

A tentativa não é possível, posto tratar-se de crime de mera conduta e omissivo.

É possível o concurso de crimes, da mesma forma que o *caput,* adotando-se, aqui, o que deve ser adotado do já exposto.

O concurso de pessoas é discutível, mas não impossível, eis que presente a hipótese de participação.

---

[78] Assim pretende Benjamin. *Op. cit.*, p. 104.

6.3. EXECUÇÃO DE SERVIÇOS EM DESOBEDIÊNCIA À DETERMINAÇÃO DE AUTORIDADE COMPETENTE

"Art. 65. Executar serviço de alto grau de periculosidade, contrariando determinação de autoridade competente.

Pena. Detenção de 6 (seis) meses a 2 (dois) anos e multa.

Parágrafo único. As penas deste artigo são aplicáveis sem prejuízo das correspondentes à lesão corporal e à morte".

A norma se dirige ao fornecedor, ao prestador de serviço especializado, ou seja, àquele que presta serviços em atividades geralmente fiscalizadas por entidades públicas, seja por lidar com material controlado (equipamentos em geral), seja pela utilização de substâncias submetidas à autorização de entidades públicas, ou até porque sejam atividades autorizadas pela autoridade.

Em princípio, o prestador de serviços de alto grau de periculosidade à saúde ou à segurança do consumidor não pode se estabelecer no mercado de consumo (art. 10, CDC). Mas a norma não pode ser interpretada literalmente,[79] porque existem serviços que são normalmente perigosos, ou seja, possuem uma periculosidade inerente, mas mesmo assim são necessários à vida de relação. Daí por que não seria justo extirpá-los, sem mais, do mercado consumidor.

Em que pese a perplexidade[80] que gera a interpretação do art. 10, o art. 65, CDC, dá um limite parcial, mas esclarecedor àquele, pois menciona a *determinação da autoridade competente* com um *prius* à execução de serviços perigosos. Isso significa que os serviços perigosos ou de alto grau de periculosidade podem ser prestados, desde que obedientes à normatização da autoridade competente.

Tais serviços, portanto, estão jungidos à autoridade fiscal, que edita normas seja para serem prestados, seja para o seu funcionamento, utilização ou *modus operandi*. Veja-se o caso de explosivos utilizados na construção civil, os defensivos agrícolas, os venenos em geral (baratas, formigas, etc.), os ácidos para limpeza de paredes ou utilizados em desentupimentos domésticos, enfim, são produtos que exigem serviços que se incluem no amplo rol de perigosos à saúde e à segurança do consumidor.

6.3.1. O crime

O artigo foi tachado de inconstitucional, por Paulo Costa Jr.; de redação altamente censurável, pela falta de técnica legislativa, pelo

[79] Francisco Cavalcanti. *Comentários ao CDC*. Belo Horizonte: Del Rey, 1991, p. 45.

[80] João Marcelo de Araujo Junior. *Comentários ao CDC*. Rio de Janeiro: Forense, p. 63.

saudoso Manoel Pedro Pimentel; enfim, porque também deixou de criminalizar o fornecimento de produtos nas mesmas condições, como disse Benjamin.[81]

Não exige resultado material, no sentido de que alguém saia lesado com a conduta do agente. Mas exige certa materialidade, no sentido de que o serviço seja executado para se configurar o crime.

Quando isso ocorre, igualmente, é de se verificar a hipótese do concurso de crimes ou a aplicação da pena nos moldes do parágrafo único, como veremos a seguir.

O elemento subjetivo do tipo é o dolo, somente. O prestador de serviços não pode se escusar, alegando que não conhecia a normatização da autoridade a respeito.

Cabe lembrar no crime em estudo que, à primeira vista, o agente ativo está desobedecendo a uma ordem legal de funcionário público (autoridade competente), o que poderia fazer pensar no concurso de crimes com o art. 330, Código Penal. Pensamos que a regra da especialidade afasta esse crime, pois com o art. 65 se protege a relação de consumo, como bem supra-individual, imaterial, protege-se a saúde dos consumidores, e não a autoridade administrativa, que é o objeto jurídico no art. 330.[82]

Para uns, o tipo é chamado crime de execução de serviços perigosos;[83] para outros, é desobediência na execução de serviço.[84] O dispositivo torna efetivo, principalmente, o art. 10 do CDC.

6.3.2. Elementos objetivos do tipo

O crime é comissivo na modalidade de *executar*, a significar fazer, realizar, prestar. Não concordamos quando se disse que é crime comissivo quanto à execução e omissivo quanto à desobediência à determinação da autoridade competente, porque contrariar a determinação é elemento da execução e não é conduta penal omissiva. Claro, só que se utilize do termo omissão num sentido vulgar, aí, sim, existe uma omissão. Mesmo que válida a separação referida ela seria desnecessária ao entendimento da norma.

O crime é de executar um serviço em desacordo com a orientação da autoridade, entendida aquele como atividade fornecida ao mercado de consumo, mediante remuneração, salvo as decorrentes de caráter trabalhista (art. 3º, § 2º, CDC). A norma diz respeito tão-somente

[81] RDC, 3/104.

[82] Celso Delmanto. *Código Penal Comentado*. Renovar, art. 330.

[83] Filomeno. *Op. cit.*, p. 125.

[84] Benjamin. *Op. cit.*, p. 105.

àqueles serviços perigosos ao consumidor, eis que o artigo é penal-consumerista.

No que diz respeito aos *serviços perigosos* é que reside alguma crítica que se faz ao dispositivo, pois o Código não disse o que é serviço perigoso, daí ficar vago o delito no tocante ao *alto grau de periculosidade* do serviço.

Afinal, quando é que o serviço é perigoso, e a atividade prestada tem baixo, médio ou alto grau de periculosidade para balizar o contorno do tipo?

Dividiu-se a doutrina: para uns, o critério é o "prudente arbítrio do juiz, recorrendo aos critérios e às normas da legislação trabalhista e sanitária, além das conclusões da prova pericial ou testemunhal, conforme o caso";[85] para outros, é norma penal em branco,[86] mas havendo quem diga que o serviço deve ter grau de perigo "altamente significativo".[87]

Deixar ao prudente arbítrio do juiz não dá qualquer segurança ao réu e muito menos ao Promotor, eis que a indeterminação de critérios poderá fazer com que dois magistrados cataloguem diversamente condutas idênticas: uma como dotada de alto grau de periculosidade, outra de médio grau.[88] Ademais, depender de prova pericial é outro risco ante a possível diversidade na conclusão de laudos.

A melhor solução é a encontrada no próprio artigo, afinal, nele se exige a desobediência a uma determinação da autoridade. O texto não traz qual a determinação a ser obedecida, então aguarda-se pela sua edição. Assim, o tipo está incompleto e aí se trata de norma penal em branco (No mesmo sentido: José Geraldo Filomeno, *Manual*, Atlas, 3ª ed., p. 241; Tupinambá Nascimento, *Comentários*, Aide, p. 153; RT-757/651). Diante das alternativas é a que dá segurança ao acusado e ao acusador, no sentido de identificar a prestação do serviço como altamente perigosa.

Em síntese: o art. 65 é um crime comissivo, material, e o tipo traz uma *norma penal em branco*, ou seja, disposição cuja sanção é determinada, permanecendo indeterminado seu conteúdo.[89] Ainda, podemos vê-la como norma penal em branco em sentido estrito, pois seu complemento fica a cargo de autoridade administrativa à qual está vinculado o serviço prestado, sendo desnecessária (embora possa existir)

---

85 Dotti. *Op. cit.*, p. 248.

86 Tupinambá Miguel Castro Nascimento. *Comentários ao CDC*. São Paulo: Aide, p. 152.

87 Luiz Luisi. *Op. cit.*, p. 63.

88 V. Paulo José Costa Jr. *Op. cit.*, p. 227.

89 Damásio de Jesus. *Direito Penal*. v.1, São Paulo: Saraiva, p. 16.

outra lei ordinária para complementar a norma no que se refere ao "alto grau de periculosidade".

É interessante observar que, além de o serviço ter de ser catalogado como de "alto grau de periculosidade", que é um aspecto, deve o agente ativo ainda *contrariar* aquilo que dispôs a autoridade, "para a execução" daquele serviço. Por exemplo, a autoridade competente normatiza que tal serviço tem alto grau de periculosidade e deve ser executado dessa maneira, com estes requisitos, e o agente age de outra maneira, ou com outros requisitos não exigidos pela autoridade. Isso é relevante, porque existem serviços perigosos somente, aos quais a autoridade normatiza a execução. A desobediência a esta normatização não é criminosa, mesmo que perigosa aquela atividade. Em suma: os serviços devem ser de *alta periculosidade,* apontados assim pela autoridade. Aqueles que, na sua prestação, por possuírem periculosidade inerente exacerbada, exigem atenção e cuidados especiais,[90] tanto que estão regrados pela autoridade.

Autoridade competente, repetimos a noção antes vista, é aquela apta, segundo os critérios administrativos, a editar a norma que deve ser obedecida, ou seja, é toda pessoa física ou jurídica que detém, por força de lei ou regulamento, o poder de decisão e de se fazer obedecer, de dar ordens.[91] É aquela que possui legitimidade para produzir a exigência,[92] desde que seja da União Federal ou de sua delegação, pois de norma penal se trata e a competência aí é privativa (art. 22, inc. I, CF).

6.3.3. Os sujeitos ativo e passivo

O sujeito ativo é aquele que presta o serviço, podendo ser pessoa física ou jurídica. No caso desta, é de se verificar a quem compete a direção do serviço. Por exemplo, se o próprio prestador de serviço é firma individual ou se age por ordem de alguém. Neste caso, perfeitamente possível o concurso de pessoas que ocorre na hipótese de o gerente e o empregado, sabedores do serviço perigoso que prestam, em desobediência à normatização, ou sabedores da necessidade de ordem da autoridade, conhecedores do conteúdo desta, a contrariam.

O sujeito passivo mediato é o consumidor, ou seja, o usuário do serviço solicitado; identifica-se um sujeito passivo imediato que é a coletividade de consumidores. Portanto, há identificação normal dos sujeitos da relação, tal como demonstrada por Damásio de Jesus.[93] Em

---

90 Benjamin. *Op. cit.*, p. 106.

91 Dotti. *Op. cit.*, p. 242.

92 Benjamin. *Op. cit.*, p. 106.

93 *In Revista dos Tribunais*, 696/303.

se tratando de pessoa jurídica, como vítima, o crime igualmente se configura. Destarte, não é só porque determinada atividade, altamente perigosa e contrária à determinação da autoridade, foi realizada dentro de uma empresa não tenha ocorrido o crime. Basta que a pessoa jurídica se enquadre no conceito de consumidor para que a norma incida. Vê-se, portanto, sob o prisma consumerista, e não meramente empresarial.[94]

O tipo é doloso, a significar que, se no plano civil há culpa, ou seja, não se exime o fornecedor da responsabilidade civil; no plano penal isso tem muita relevância, uma vez que na culpa o crime inocorre. O dolo pode ser direto ou eventual.

6.3.4. Tentativa e concurso de crimes e de pessoas

Tem-se, portanto, um crime comissivo, de cunho material, onde se pode, com certo cuidado, identificar os momentos executivo e consumativo. Logo, admite-se a tentativa, que ocorre, v.g., quando o prestador de serviços vai iniciar o trabalho/serviço e chega a fiscalização que constata a desobediência à determinação anterior e impede a consumação do crime.

Pode suceder, também, concurso de crimes, aliás, isso o parágrafo único o admite expressamente, inclusive, quanto ao homicídio e lesões corporais.

Também viável o concurso de pessoas, o qual ocorre até sob a forma de co-autoria, quando, v.g., dois sócios resolvem executar o serviço sabendo e contrariando a proibição da autoridade competente.

6.3.5. Art. 65, parágrafo único, CDC

"As penas deste artigo são aplicáveis sem prejuízo das correspondentes à lesão corporal e à morte".

Aqui também se viu falta de técnica legislativa[95] ou ferimento ao princípio da absorção,[96] porque refere regra do concurso formal *especializada,* no sentido de afastar o cálculo de pena utilizado pelo art. 70 do Código Penal. Aqui, supondo que ocorra um resultado material, como a morte do consumidor, as penas devem ser aplicadas independentemente. Isso significa que este crime contra a relação de consumo jamais será absorvido pelo homicídio ou lesão corporal.

[94] Contra: René Dotti. *Op. cit.*, p. 251.

[95] Pimentel. *Op. cit.*, p. 252.

[96] Alberto Zacharias Toron. *Aspectos Penais da proteção ao consumidor.* Porto Alegre: Sergio Fabris. 1991, p. 52.

Como disse Filomeno: "prevê expressamente que as penas se haverão de somar no caso de resultado morte ou lesão".[97]

6.3.6 Jurisprudência

"CRIME CONTRA O CONSUMIDOR. Execução de serviços perigosos. Descaracterização. Norma penal em branco que exige complementação. Interpretação do art. 65 da Lei 8.078/90.

O art. 65 do Código de Defesa do Consumidor descreve crime formal, de perigo abstrato, que prescinde de resultado, tendo por valor ou objeto jurídico a proteção à saúde e à segurança de um número indeterminado de pessoas, sendo, por isso, norma penal em branco, a exigir complementação por lei ou regulamento, que determinará as especificações a serem atendidas na execução dos serviços por si mesmos considerados perigosos" (RT-757/651, TAMG, Rel. Juiz Audebert Delage).

6.4. SOBRE A PUBLICIDADE

Os artigos 66 a 69 do CDC, aos quais Filomeno denomina de "abusos na publicidade",[98] e Herman Benjamin chama de "desvios de *marketing*",[99] dizem respeito à matéria penal de controle da publicidade, daí por que se deve tecer algumas considerações sobre tão relevante tema.

A publicidade, já disse Baudrillard, é "o hino triunfal da sociedade de consumo"; é "a arte de vender em letra de forma" (Albert Lasker); é a "verdade bem contada" (McCann Erickson).

Não se pensa em publicidade sem relacioná-la com consumo. É pela publicidade que se fomenta o consumo, sendo que seu poder vai além da capacidade de vender e persuadir. A publicidade transforma produtos em marcas "mitologizando-os – humanizando-os e dandolhes identidades precisas, personalidades e sensibilidades que refletem as nossas.[100]

Sal Randazzo refere que a publicidade desempenha um papel fundamental na criação e na propagação da mitologia da marca. Entende-se por "mitologia da marca" como tudo aquilo que a marca

---

[97] José Geraldo Brito Filomeno. *Manual de Direito do Consumidor*. São Paulo: Atlas, 1999, p. 241.

[98] *In* Manual, *op. loc. cit.* p. 243.

[99] *A repressão penal aos desvios de marketing*. Direito do Consumidor nº 4/91.

[100] Sal Randazzo. *A criação de mitos na publicidade*, ed. Rocco, p. 19.

representa na mente do consumidor.[101] A publicidade cria mitos e induz o consumidor ao mercado. É pela publicidade que o fornecedor garante acesso à mente do consumidor, onde pode criar mundos e personagens míticos, atraentes (Ibidem, p. 29).

Publicidade vem de "público", do latim *publicus*, de levar alguma coisa ao domínio público, ao conhecimento de todos. Tem diversos sentidos a publicidade, mas em nenhum deles se perde a noção de "publicar, dar ao público, expor ao público", como disse Plácido e Silva.

Na verdade, como ensina o Prof. Adalberto Pasqualotto, em excelente estudo sobre a publicidade no CDC,[102] mesclam-se conceitos doutrinários e legais de publicidade.

Para Maria Helena Diniz,[103] que apresenta vários sentidos da palavra publicidade, é "qualquer forma de divulgação de mensagens, por meio de anúncio, para influenciar o consumidor a adquirir produtos ou a usar serviços".

O sentido comercial da publicidade, mas dirigida ao consumidor, ou como " o braço estendido da argumentação de vendas",[104] é o que interessa à norma penal consumerista, quando, então, é identificada como ação econômica destinada ao convencimento dos consumidores a adquirirem os produtos e serviços promovidos, como lembra basicamente Fábio Ulhoa Coelho.[105]

No Brasil, a Lei nº 4.680, de 18.6.65, regulamentou a atividade publicitária. Nela estão conceitos importantes, tais como: o de publicitário, o de agência de publicidade, os agenciadores de propaganda, a propaganda, o anúncio, o veículo, enfim, é nela que nos espelhamos na realidade publicitária.

A publicidade não foi definida pela lei do consumidor. Ela abarca todo o meio de informação, propaganda, anúncio, enfim, tudo aquilo que pretenda "vender" uma idéia ao consumidor. É o próprio *marketing*.

Adotamos o conceito de publicidade que Pasqualotto deduziu do sistema consumerista, assim: "toda comunicação de entidades públicas ou privadas, inclusive as não personalizadas, feita através de qualquer meio, destinada a influenciar o público em favor, direta ou indiretamente, de produtos ou serviços, com ou sem finalidade lucrativa".[106]

---

101 *Op. loc. cit.* p. 29.

102 *Os efeitos da publicidade no Código de Defesa do Consumidor*, p. 22.

103 *Dicionário Jurídico*, vol. 3, São Paulo: Saraiva, p. 861.

104 *In* "Publicidade Enganosa e Abusiva". *Revista de Direito do Consumidor*, RT, n.4, 1992.

105 *In O empresário e os direitos do consumidor*. São Paulo: Saraiva, 1994, p.232.

106 *In, Os efeitos obrigacionais...*, p. 25.

6.5. OFERTA NÃO-PUBLICITÁRIA ENGANOSA

"Art. 66. Fazer afirmação falsa ou enganosa, ou omitir informação relevante sobre a natureza, característica, qualidade, quantidade, segurança, desempenho, durabilidade, preço ou garantia de produtos ou serviços.

Pena. Detenção de 3 (três) meses a 1 (um) ano e multa.

§ 1º Incorrerá nas mesmas penas quem patrocinar a oferta.

§ 2º Se o crime é culposo:

Pena-Detenção de 1 (um) a 6 (seis) meses ou multa."

O dispositivo visa igualmente a proteger o direito de informação do consumidor, acerca de produtos e serviços, na propaganda ou publicidade. Está vinculado ao direito assegurado ao consumidor no art. 31, CDC.[107]

Sabe-se que o consumidor tem direito à informação adequada e clara, compreendida nesta, como já se disse alhures, a educação, devendo ser asseguradas a liberdade de escolha (art. 6º, inc. II, CDC) e a igualdade nas contratações.

Óbvio que o fornecedor que atua ilicitamente em sua publicidade ou propaganda, tomada esta última palavra em sentido amplo, está a ofender o consumidor, porque descumpre o dever de boa-fé e outros princípios da lei consumerista.

Os produtos e serviços colocados no mercado, por seu turno, devem estar devidamente especificados, no tocante às quantidades, características, composição, qualidade e preço, bem como sobre os riscos que apresentem (art. 6º, inc. III, CDC). Isso também é direito básico do consumidor, que corresponde a um dever do fornecedor de dar as informações necessárias e adequadas sobre o produto ou serviço (art. 8º, *caput*, CDC), principalmente se potencialmente nocivos ou perigosos à saúde ou segurança (art. 9º, CDC).

Na informação, oferta, apresentação ou publicidade de produtos e/ou serviços, trazidas pelo fornecedor, impõe-se, ainda, que elas sejam verazes, fixando-se, assim, os princípios da veracidade e da transparência, que significa uma *situação informativa favorável à apreensão racional*, como diz Alcides Tomasetti Jr.[108]

O tipo em análise, portanto, existe para proteger, para assegurar os direitos retromencionados, sabido que a auto-regulamentação pu-

[107] "Art. 31. A oferta e apresentação de produtos ou serviços devem assegurar informações corretas, claras, precisas, ostensivas e em língua portuguesa sobre suas características, qualidade, quantidade, composição, preço, garantia, prazos de validade e origem, entre outros dados, bem como sobre os riscos que apresentam à saúde e segurança dos consumidores"

[108] *In* "O objetivo da transparência e o regime jurídico dos deveres e riscos de informação nas declarações negociais para consumo". *Revista de Direito do Consumidor*, 4/52 e ss.

blicitária, porque não constituída de obrigatoriedade, e sozinha, não tem tido muito sucesso nessa área,[109] ou seja, não deu certo.

6.5.1. O Crime

O crime descrito em epígrafe é comissivo-alternativo em sua primeira parte (fazer afirmação falsa ou enganosa) e omissivo próprio (omitir informação relevante) em sua segunda parte.

Parece-nos que se trata de crime formal, em sua parte comissiva e de mera conduta quanto ao omissivo; e é daqueles a que Damásio de Jesus chama de *crimes de conduta mista*, ou seja, possuem uma ação inicial e uma omissão final.[110] Note-se que aquele que faz uma afirmação falsa (ação) sobre a característica do produto ou serviço, ao final e ao cabo está omitindo (omissão) a real característica daquele produto ou serviço, que é diversa da anunciada.

A consumação ocorre no momento em que se faz a afirmação falsa ou a omissão, independendo do dano causado ao consumidor. A consumação se dá mediante simples veiculação da propaganda, pela afirmação ou omissão do fornecedor.

Não cremos que a veiculação da afirmação falsa possa ser *por qualquer meio de comunicação* como se disse alhures, porque aí estaríamos incursionando no tipo seguinte, do art. 67, CDC. Os meios usados na transmissão de mensagens publicitárias variam enormemente, como adverte Fábio Ulhoa Coelho e vão desde panfletos até inserções em rádios e TV.[111] No art. 66, *caput*, tratamos da oferta não-publicitária, como ensina Benjamin, é a informação "de balcão", assim como outras "constantes de rótulos, bulas, termos de garantia, notas fiscais, cartas endereçadas aos consumidores, manuais de instrução e instrumentos contratuais".[112] Seria uma mensagem mais restrita, mais "pessoalizada", o que se dá, por exemplo, na venda domiciliar.

Acolhendo igualmente a lição de Benjamin, temos que o art. 66 é *residual* no cotejo com os arts. 67, 68 e 69. Tudo que não contiver nestes encaixa-se naquele.[113]

O crime é também denominado de fraude em oferta;[114] ou inadequação da oferta não-publicitária.[115]

---

[109] Mario Frota. "Auto-regulamentação. Vantagens e desvantagens". *Revista de Direito do Consumidor*, n.4/42 e ss.

[110] *In Direito Penal*. São Paulo: Saraiva, 1985, p. 170.

[111] *Op. cit.*, p. 232.

[112] Antonio Herman Benjamin. "A repressão penal aos desvios de *Marketing*". *Revista de Direito do Consumidor*, 4/95.

[113] Idem, p. 96.

[114] João Batista de Almeida. *A proteção jurídica do consumidor*. São Paulo: Saraiva, 1993, p. 134.

[115] Benjamin, *Op. cit.*, p. 95.

6.5.2. Elementos objetivos do tipo

"Fazer afirmação falsa" e "fazer afirmação enganosa" são as duas condutas possíveis se o delito é comissivo. A afirmação pode ser verdadeira ou falsa; a primeira é dever do fornecedor, e a segunda é a violação da primeira, seu outro lado, base lógica do crime.

Afirmação é o que se afirma, o que se positiva; traduz, então, um fazer, uma atuação do agente ativo.

A falsidade está ao lado da enganosidade, mas aquela só pressupõe o dolo (que até pode ser afastado), e esta também pressupõe a culpa. Como advertiu Paulo José da Costa Jr., falsidade e engano são conceitos intimamente ligados.[116]

A frase "fazer afirmação falsa" já é nossa conhecida do crime de falso testemunho ou falsa perícia do art. 342 do Código Penal. É "afirmar o falso", sendo que aí, como ensina Giuseppe Maggiore, significa dizer uma coisa positivamente distinta da verdade, ou seja, supor como existente alguma coisa (tais como aquelas previsões do próprio tipo: característica, natureza, qualidade, etc.) que não existe ou que não se conhece, ou alterar a verdade ou o conhecimento que dela se tenha.[117]

Na afirmação falsa, como diz Rui Stoco, há uma conduta positiva, em que o agente faz declaração diversa ou contrária à que corresponderia à sua percepção dos fatos.[118] Podemos dizer, pois, que é aquilo que vulgarmente chamamos de "mentira".

Entende-se que a afirmação falsa ou a enganosa podem vir pela palavra escrita, falada ou gestual, como no caso de o fornecedor assumir a afirmação do consumidor, sabendo-a falsa ou enganosa, concordando com um gesto de assentimento com a cabeça ou com um "positivo". Isso porque o tipo não diz, como o faz o Código Penal, a forma pela qual se faz a afirmação falsa. Mas é de se atentar que a afirmação deve ser existente em relação de consumo.

Na oração "fazer afirmação enganosa", contudo, o legislador não foi lá muito feliz, porque em o tipo sendo doloso, a expressão "enganosa" utilizada também pressupõe culpa, quando significa "erro, equívoco, omissão, conseqüentes de uma negligência ou falta de cuidado". Neste caso, então, "não há maldade, o ânimo de prejudicar, que mostraria o dolo", como disse Plácido e Silva.

---

116 *In Comentários ao Código de Proteção do Consumidor*. São Paulo: Saraiva, 1991, p. 229.

117 *In Derecho Penal*. Bogotá: Ed. Temis, 1990, p. 347.

118 *In Código Penal e sua interpretação jurisprudencial*. São Paulo: RT, 1995, p. 3.245.

A "afirmação enganosa" que o tipo doloso exige é aquela que significa *ardil, manobra ou artifício usado por uma pessoa para iludir outrem* e aí surge o *engano-ardil*, que é o engodo.[119]

Em outras palavras, o tipo previu no *caput* também um atuar que pode ser culposo (enganosa) quando queria o doloso (engodo) e dispôs em um parágrafo (§ 2º) a possibilidade do crime culposo. Houve, portanto, má técnica.

Não parece que a falsidade deva ser grosseira para se configurar o tipo, como se tem entendido alhures.[120] Ocorre que se pretende a veracidade na informação do fornecedor ao consumidor, a boa-fé na relação de consumo, que é sua espinha dorsal. Então, se o tipo não exige sequer o prejuízo do consumidor, ele se coaduna com a verdade unicamente. Daí por que não é necessário que a falsidade seja grosseira, como se tem entendido na jurisprudência do falso.

Na espécie, trata-se de uma afirmação falsa ou enganosa, às vezes, até de um desconhecido fornecedor em face de uma coletividade de consumidores. Então, não precisa a confiança destes naquele, como se exige na falsidade comum.

O direito à verdade, que estava nos sonhos dos filósofos, como se disse, na lei do consumidor aparece mais claramente, porque presentes os princípios da veracidade e da transparência (arts. 4º e 6º do CDC). Em se tratando de direito do consumidor, porque direitos da coletividade, não pode haver espaço à mentira, ao engodo, porque isso leva a um descrédito do mercado de consumo.

É de se entender, afastando o pensamento contrário à boa-fé que deve imperar nas relações de consumo, que a idéia de credo/confiança foi recepcionada pelo Código de Defesa do Consumidor, o que inexistia no sistema anterior, como ensina a Profª. Vera Jacob de Fradera.[121] A lei penal do consumidor veio para assegurar e dar seriedade ao novo sistema. Daí por que precisamos afastar-nos do entendimento vetusto acerca da falsidade, e um novo raciocínio se impõe para a lei penal do consumidor, porque nesta só vale a verdade. Como, aliás, referiu Benjamin, a regra instituída pelo CDC é a de que *só digo a verdade, a pura verdade, nada mais do que a verdade.*[122]

Omitir informação relevante é o escondimento maldoso de características e quantidades; omitem-se informes sobre segurança, desempenho, durabilidade, preço ou garantia de produtos ou serviços.

---

119 Idem.

120 Costa Jr. *Op. cit.*, p. 230.

121 *In* "A interpretação da proibição de publicidade enganosa e abusiva à luz do princípio da boa-fé: o dever de informar no CDC". *Revista de Direito do Consumidor*, 4/173 e ss.

122 *Op. cit.*, p. 98.

Aqui o crime é omissivo, e o fornecedor descumpre os deveres legais que lhes foram juridicamente impostos pela lei, cujos dispositivos anotamos no início deste.

O *silêncio* do fornecedor, sobre aspecto relevante do produto ou serviço, que para alguns foi equiparado a uma alegação,[123] também pode fazer com que se incida no verbo "omitir". Em outras palavras: o fornecedor não pode silenciar quando da informação ao consumidor, porque isso equivale a omitir.

A informação, todavia, exige a lei, deve ser *relevante*, ou seja, que tenha interesse, consideração no tocante à escolha do serviço ou produto. Uma informação determinante, a tal ponto que, sem ela, o produto ou serviço não seria adquirido, e por causa dela o produto foi adquirido. Informação relevante a ser omitida "se entende toda aquela necessária e fundamental para a formação de um convencimento a propósito da natureza, das características, condição e demais aspectos do produto ou do serviço, como diz René Dotti,[124] é a evidente e considerada como principal para a relação de consumo".

Não cremos tenha sido bem colocada esta *relevância*, porque conceito assaz vago, ou seja, dependente da valoração judicial, eis que, como ensina Benjamin, "é sempre apreciada caso a caso".[125] E nem tudo que é relevante ao julgador também o é para um consumidor determinado e muito menos para uma coletividade de consumidores. Isso permitirá alguma discussão em face do *jogo de linguagem*, como diz Eros Roberto Grau,[126] que ensejará no processo e isso não contribui à seriedade necessária ao tipo criado.

Dificilmente haverá informação, em afirmação falsa, que não se enquadre no rol do art. 66, *caput*, CDC, porque a especificação correta da *quantidade, características, composição, qualidade e preço dos produtos e serviços, como está no dispositivo, já são* direitos básicos do consumidor.

Refere-se a norma à *natureza* do produto ou serviço, quando inicia um rol, que não é taxativo, de eventuais violações pela afirmação falsa. A natureza é "a essência, os atributos, os elementos constitutivos do produto ou integrantes do serviço prestado".[127] É relativo àquilo que compõe o produto ou faz parte do serviço, podendo ser do próprio produto ou próprio da execução do serviço, desimporta.

[123] Benjamin. *Op. cit.*, p. 98.

[124] *In Comentários ao CDC*. Rio de Janeiro: Forense, 1991, p. 254.

[125] *Op. cit.*, p. 98.

[126] Ver a propósito do assunto em *Direito, conceitos e normas jurídicas*. São Paulo: RT, 1988, pp. 204 e ss.

[127] Costa Jr. *Op. cit.*, p. 232.

Suponha-se que o fornecedor afirme que certo produto é de fácil instalação e não requer qualquer prática. Se houver incômodo na instalação do produto, a quebra de uma parede, v.g., houve afirmação falsa sobre sua própria natureza e aí ocorre o ilícito.

As características do produto ou serviço são suas propriedades naturais, ou, "é aquilo que o distingue",[128] podendo, também, estar englobado na própria natureza do produto ou serviço.

A característica, ao lado da *qualidade,* é aquilo que Benjamin entendeu como "os dois termos mais amplos de todos",[129] afinal, a qualidade diz respeito ao próprio produto ou serviço e é onde podem aparecer os maiores vícios da informação. Aqui também aparece o *desempenho* do produto ou serviço, isto é, saber se o produto ou serviço tem qualidade é o mesmo que dizê-lo de ótimo desempenho; é onde aparece a *durabilidade* do produto ou serviço na relação de tempo.

Quantidade liga-se à idéia de medida, termo utilizado em sentido muito amplo pela lei. Ocorre que a quantidade diz respeito não só ao número, mas também ao tamanho, peso, volume, área, comprimento, largura, altura, dimensão.[130]

A *segurança* na informação do produto ou serviço também pode ser objeto de um fazer ou omitir criminoso. Hoje em dia o aspecto "segurança" também é levado muito em conta pelo consumidor. Não basta ter qualidade, há que ser seguro, no sentido de não causar resultado lesivo à integridade física do consumidor. *É a certeza, a infalibilidade, que preserva o produto ou o serviço de eventuais riscos.*[131]

Preço do produto é sua medida pecuniária, o valor de troca de um bem por outro. O preço do produto e do serviço, ora pode estimular o consumo, ora pode limitá-lo, daí sua importância no mercado. Pode vir sob a roupagem do preço de custo, preço de produção, enfim, basta uma afirmação mentirosa sobre um aspecto do preço para que se incida no ilícito.

Veja-se caso de fornecedor que afirma na publicidade que o preço de seu produto é menor do que outro concorrente similar. Há o crime, porque se mentiu sobre o preço e isso muitas vezes é determinante ao consumidor do outro produto. Aqui é onde também pode existir crime de concorrência desleal em concurso.

A *garantia* do produto ou serviço sempre existe, porque fixada na lei (art. 26, CDC). É o que se chama de garantia legal. Todavia,

---

[128] Idem.

[129] *Op. cit.*, p. 99.

[130] Benjamin. *Op. cit.*, p. 99.

[131] Costa Jr. *Op. cit.*, p. 233.

outras garantias podem existir ou não, dependentes da vontade do fornecedor. Se estas existirem, o fornecedor se obriga à entrega do termo de garantia adequadamente preenchido, sob pena de incidência no art. 74, CDC. A garantia é aquilo que assegura, garante o fornecimento do produto ou serviço de acordo com suas especificações próprias, até de funcionamento. Trata-se de um compromisso adicional, estabelecido para assegurar a qualidade do produto, como ensina Paulo Sandroni: durante certo período de tempo e em determinadas condições, o fabricante obriga-se a repor ou restaurar o equipamento.[132] Ela pode vir não só em produtos, mas também em serviços. Assim, a falsidade sobre algum dado relativo à garantia, ao seu tempo de duração, à sua existência ou limites, enfim, configura conduta criminosa do art. 66 em estudo.

Observa-se que da afirmação de uma garantia inexistente, que faz o fornecedor, *v.g.*, decorre a não-entrega do termo de garantia, como conseqüência lógica. Mas não existe a dupla tipificação (arts. 66 e 74, CDC), porque a relação de consumo foi violada uma única vez e, obviamente, se tornou inviável a entrega do termo de garantia para algo que não a possui. Esta segunda violação (art. 74, CDC) seria aquilo que se chama de crime impossível, porque não se pode entregar termo de garantia indevidamente preenchido se o produto não possui garantia adicional.

Discute-se se a ausência de informações nos produtos importados, devidamente *traduzidas para o vernáculo*, constitui ilícito penal. Entende-se que, no máximo, pode configurar infração administrativa (RT-730/542). Ocorre que o art. 66 da Lei 8.078/90 repetiu uma série de condutas referidas no art. 31 do CDC, excetuando a ausência de informações em língua portuguesa. Deixou claro o legislador que, se fosse penalmente relevante a falta de tradução, esta estaria incluída no rol de condutas típicas. Nem mesmo a omissão de tradução pode ser aceita como sinônimo de omissão de informação e, muito menos, de informação falsa ou enganosa (RT-746/601, do texto do acórdão, Rel. juiz José Urban).

Não se pode olvidar que a acusação deve providenciar a juntada da peça publicitária, para lastrear a denúncia ou a abertura de eventual processo penal, sob pena de inépcia (RT-744/534, STJ), o que vale igualmente para o art. 7º, inc. VII, da Lei 8.137/90.

---

[132] *In Dicionário de Economia*, São Paulo: Ed. Best Seller, 1989, p. 134.

6.5.3. Sujeitos ativo e passivo

O sujeito autor do crime do art. 66, *caput*, é o fornecedor, o fabricante ou qualquer pessoa ligada ao produto ou serviço e que esteja na condição de prestador da informação.

O crime não é cometido pelo publicitário, mas pode sê-lo pelo comerciante, porque visa, já disse, a regular a boa-fé na relação de consumo.

O ofendido pela conduta criminosa é a coletividade de consumidores, diretamente, bem como um consumidor determinado, indiretamente. Não se perquire a existência do dano, que se ocorrer poderá originar o concurso de crimes, como vimos.

6.5.4. A tentativa

No tocante à tentativa, ela está presente apenas na primeira parte do tipo, ou seja, é viável entender-se que o agente não chegou a fazer uma afirmação falsa ou enganosa contra o consumidor, embora tenha iniciado a consumação, porque foi impedido por circunstâncias alheias à sua vontade.

Mas quanto ao crime omissivo ela inocorre, exatamente pela própria configuração do tipo, que, de mera conduta, não a aceita.

6.5.5. Concurso de crimes

É importante a análise do concurso de crimes na espécie, pois ele é possível em certos casos.

O tipo permite concurso com outros crimes, geralmente concurso formal (art. 69, CP). Mas para tanto é necessário distingui-lo de outras figuras criminosas.

No estelionato (art. 171, *caput*, CP), v.g., o agente obtém uma vantagem ilícita com prejuízo de outrem, utilizando-se de qualquer meio fraudulento, onde se pode colocar a informação falsa. Claro, geralmente quando um fornecedor afirma falsamente a característica de produto ou serviço é para obter uma vantagem patrimonial. Vantagem ilícita, porque sem a afirmação não venderia o produto/serviço. Em causando prejuízo a um consumidor determinado e obtendo lucro ilícito na relação de consumo, não se pode entender que se trata de um crime-meio, eis que duas ordens protegidas estão sendo violadas. Então, ocorre concurso, como também entende Benjamin, no caso de *mise en scène* individualizada.[133]

[133] *Op. cit.*, p. 99.

A informação assim veiculada, ou omitida, também pode ocasionar outros crimes, tais como o dano (art. 163, CP), lesões corporais (art. 129, CP), inclusive o homicídio (art. 121, CP).

Apesar de o artigo analisado guardar "íntima relação" com o crime de falsidade ideológica (art. 299, CP), com ele não se confunde, porque o art. 66, *caput*, é especial em relação àquele e tem outras exigências em sua tipicidade. Filomeno resume algumas diferenças: a) no art. 299, CP, tem-se omissão apenas a documentos, sendo que no art. 66, *caput*, CDC, a omissão se refere a todas as modalidades de *mass media* (televisão, rádio, panfletos, bulas, manuais, etc.); b) na falsidade ideológica visa-se a prejudicar direito, criar obrigação ou alterar a verdade sobre fato juridicamente relevante; na falsidade publicitária basta tão-somente a veiculação de publicidade falsa.[134]

É de se notar que se o fornecedor fizer uma afirmação falsa em juízo, mesmo em litígio onde se discutam direitos do consumidor, como perito ou testemunha, em qualquer processo, inexiste o crime do art. 66, *caput*, pois o objeto de proteção deste é a relação de consumo. Em juízo, quando o fornecedor depõe falsamente, há violação de outra ordem de proteção (CP, art. 342) que não a relação de consumo.

O art. 7º, inc. VII, da Lei nº 8.137/90, dispõe que é crime induzir o consumidor ou usuário a erro, por via de indicação ou afirmação falsa ou enganosa sobre a natureza, qualidade de bem ou serviço, utilizando-se de qualquer meio, inclusive a veiculação ou divulgação publicitária.

É preciso fazer as devidas diferenças entre os dois crimes, art. 66, *caput*, e art. 7º, inc. VII, a fim de não se entender que este teria revogado aquele ou que seja impossível o concurso de crimes. Na análise da Lei 8.137/90, fazemos as diferenças e similitudes.

O art. 66, *caput*, CDC, pode apresentar-se junto com crimes da concorrência desleal. Veja-se o caso de fornecedor que afirma falsamente sobre a procedência de determinado produto, expondo-o à venda (art. 178, inc. IV, Dec.-Lei 7.903/45). São duas ordens violadas, a relação de consumo e a concorrência leal, ambas protegidas pela lei. Há o concurso, s.m.j.

Suponha-se que o fornecedor coloque à venda certo produto afirmando que se trata de couro quando não o é. Sabe-se que é proibido em lei penal o emprego da palavra "couro", mesmo modificada com prefixos ou sufixos, para produtos que não sejam de pele animal (Lei nº 4.888, de 9.12.65). Existe o concurso se estiver em causa a

[134] *Manual de Direitos do Consumidor*, 3ª ed., p. 249

relação consumerista. Então, também existe o concurso, obviamente, com outras leis especiais.

Tem-se dito que há concurso material de crimes[135] com o que concordamos em parte, eis que, também, pode existir o concurso formal.[136]

6.5.6. Jurisprudência

"ENTENDIMENTO EQUIVOCADO, S.M.J., surgiu de acórdão publicado na JTARGS-90/64, onde o agente ativo instalou um Curso Supletivo que não estava autorizado pelos órgãos competentes e passou a fazer ampla campanha de publicidade nos meios de comunicação. Foi denunciado pelo art. 66 do CDC e aí foi mantida a condenação. Ora, está claro que se o agente utilizou-se do meio publicitário, ele incorreu no art. 67, CDC, eis que, a publicidade feita pelo agente é que foi enganosa (art. 37, § 1º, CDC). Ademais, a denúncia esqueceu-se ainda do art. 171, *caput*, do Código Penal, em concurso, como nesse ponto bem referiu o acórdão" (p. 65).

"CRIME CONTRA O CONSUMIDOR. Omissão quanto à natureza, característica e qualidade do produto. Caracterização. Inteligência do art. 66, *caput*, da Lei 8.078/90. Pratica o delito contra o consumidor o fornecedor que se omite em explicitar natureza, característica e qualidade do produto. Essa conduta formal tipifica o crime omissivo puro e de ação múltipla do *caput* do art. 66 da Lei 8.078, de 11.9.90" (TACrimSP, RT-742/655, Rel. Juiz Renato Nalini).

"CRIME CONTRA O CONSUMIDOR. Inocorrência. Restaurantes *fast food*. Desnecessidade de cumprirem o disposto no art. 31 da Lei 8.078/90. Impossibilidade de serem enquadrados nas disposições penais do art. 66 da referida lei. (TACrimSP, RT-740/617. Do texto do acórdão: '...os restaurantes não oferecem nem apresentam produtos, mas dão ao cliente a possibilidade de que sejam preparadas refeições segundo seu desejo, o que difere diametralmente da oferta de pratos prontos ou semi-preparados que são ofertados e apresentados em estabelecimentos comerciais, como, por exemplo, nos supermercados. O que diferencia os restaurantes *fast food* dos demais é que eles têm um cardápio fixo, possibilitando dar velocidade à preparação dos pratos - dái serem conhecidos como restaurantes de 'comida rápida', que são feitos para consumo imediato')."

---

135 Filomeno. *Op. cit.*, p. 249.

136 Dotti. *Op. cit.*, p. 258.

"CRIME CONTRA O CONSUMIDOR. Propaganda enganosa - Anúncio da venda de material que o comerciante não detinha para entrega - Infringência dos arts. 6º, IV, e 37 da Lei 8.078/90 - Caracterização do delito previsto no art. 66 do referido diploma legal.

Comete o delito de afirmação falsa ou enganosa contra relações de consumo, em prejuízo de clientes, agente que faz publicar em jornal de grande circulação anúncio de material de construção para atraí-los, recebendo importância e não o entregando, porque não o detinha. A consumação da infração penal ocorre com a publicação enganosa, pois o consumidor, que é atraído para comprar, supõe que o comerciante detém a mercadoria para entrega imediata ou a seguir. Infringência dos arts. 6º, IV, e 37 da Lei 8.078/90 (Código de Defesa do Consumidor). Incidência do réu no art. 66 do mesmo Código, c/c o art. 71 do Estatuto Repressivo pelas condições de tempo, lugar e maneira de execução das condutas ilícitas" (TACrimSP, Rel. Sérvio Túlio Vieira, RT-740/683).

"CRIME CONTRA O CONSUMIDOR. Art. 66, *caput* do CDC. Agente que adquire vidros de palmito sem rótulos, sem exigir a guia florestal do vendedor e sem possuir licença para armazená-los e vendê-los. Tipificação também das contravenções previstas no art. 26, *h* e *i* da Lei 4.771/65. (TACrimSP, Rel. Juiz Rubens Elias, RT-717/427). O caso: na feira livre os réus vendiam vidros de palmito em conserva com omissão de informação relevante sobre a natureza, características, qualidade, quantidade e durabilidade do produto. Não se acolheu a alegação de 'erro de proibição', porque sendo feirante matriculado, mesmo de origem humilde, afeito aos atos da mercancia, em contato com seus colegas e fregueses, não poderia comprar produtos ou bens de um desconhecido".

"CÓDIGO DE DEFESA DO CONSUMIDOR. Tipifica o artigo 66 da Lei 8.078/90, o fato de o fornecedor de serviços entregar o veículo como apto a trafegar, com garantia, vindo, em seguida a apresentar problemas, necessitando ser rebocado e consertado em outra oficina, em face do fechamento para férias. Garantia inviabilizada enganosa. Decreto condenatório mantido." (Turma Recursal dos Juizados Especiais Criminais, Proc. 01398500999, Rel. Nereu José Giacomolli, j. 24.4.98, *apud* CD-ROM - Juizados Especiais Cíveis e Criminais). O caso: os réus retificaram um motor de um veículo, transformando-o para gasolina, dando garantia, mas fechando a oficina. O automóvel deu problemas e foi consertado em oficina diversa, porque a oficina dos réus estava fechada em férias. Entendeu-se que ao garantirem o serviço prestado e fecharem a oficina para férias, declararam falsamente, pois com o estabelecimento fechado, não poderiam prestar qualquer garantia. Ainda, ao entregarem o veículo afirmando estar em boas condições, enganaram a vítima.

6.5.7. Art. 66, § 1º, CDC

"*§ 1º. Incorrerá nas mesmas penas quem patrocinar a oferta*".

Apesar de se tratar de palavra muito utilizada na técnica forense, exprimindo a atuação de advogado num processo, patrocínio, aqui, tem o sentido utilizado na área da publicidade.

O patrocinador é o agente que auxilia, principalmente com ajuda financeira, a veiculação da afirmação falsa ou enganosa. O auxílio financeiro, porém, não é determinante do patrocínio, aliás, adverte Pasqualotto (*Op. loc. cit.*, p. 20) que o pagamento não é elemento necessário do patrocínio, podendo existir patrocínio apenas com os meios materiais para a veiculação ilícita (o que ocorre quando veículo de comunicação faz publicidade de si mesmo, como exemplifica nosso colega e amigo).

Via de regra, o patrocinador é aquele que custeia, que financia, que subsidia a afirmação falsa, quando esta é veiculada por meio de comunicação. O patrocínio tem o sentido do termo "promover" a publicidade que se utiliza no art. 67, CDC.

Patrocinar é também favorecer e significa o aval, o empenho de alguém na promoção do produto ou do serviço, como ensina Dotti;[137] significa "proteger", "favorecer", "beneficiar" (Filomeno, *Manual, op. cit.*, p. 251); patrocinador é quem subscreve a mensagem (Pasqualotto, *op. loc. cit.*, p.20).

Apenas não concordamos quando se diz que a lei quis realçar "a modalidade de participação, que poderá se manifestar pela persuasão ou conselho".[138] Não. A lei cria um tipo próprio ao patrocinador, independe da participação no delito principal, tanto que a pena prevista é a mesma. Fosse modalidade de participação, o juiz poderia estabelecer pena diversa ao patrocinador; todavia, vê-se que as condutas estão equiparadas: tanto é criminoso quem afirma a falsidade como aquele que a patrocina. Não há concurso de agentes, mas sim um tipo próprio ao patrocinador, tanto que este até pode nem existir num caso concreto.

É de se atentar que o parágrafo faz referência à oferta, o que pode inocorrer no *caput* do art. 66. Veja-se o caso de mera afirmação falsa

[137] *Op. cit.*, p. 257.

[138] Dotti, *Comentários*, p. 257.

sobre certo produto, sem que envolva a oferta desse produto a qualquer consumidor. Suponha-se, ainda, que haja a oferta, a afirmação falsa, mas inexista patrocinador. Isso ratifica a assertiva que estamos diante de conduta diversa do concurso ou participação.

Nota-se que o delito, porém, é dependente da existência do anterior, ou seja, sem o crime anterior ele não se configura, porque o patrocínio da oferta deve ser realizado sobre uma anterior afirmação falsa ou enganosa. Destarte, o parágrafo pode ser considerado uma espécie de "crime acessório" no tocante à afirmação falsa, porque sem esta também pode inexistir o patrocínio criminoso. Em suma: o patrocínio só existe com uma oferta anterior, que contenha afirmação falsa ou enganosa. A absolvição do agente pelo art. 66, *caput*, determina a atipicidade da conduta do patrocinador.

Veja-se caso de fornecedor que deliberadamente omite uma informação relevante sobre produto ou serviço, e terceiro saia a patrocinar a veiculação daquela omissão. Aquele comete o crime do *caput*, e este, o do § 1º.

O crime consuma-se com o patrocínio doloso, ou seja, sabendo o patrocinador que está oferecendo subsídio financeiro ou material para a veiculação de afirmação falsa ou enganosa sobre produto ou serviço. Óbvio que não tendo conhecimento, nem ao menos potencial, do falso afirmado, crime não há. Isso pode ocorrer na área comercial, quando alguém oferece ajuda financeira para veiculação de campanhas de produtos novos no mercado consumerista, visando a lucro posterior com a consagração daquele.

6.5.8. Tentativa

É possível a tentativa, quando o patrocinador é impedido de prestar a necessária base ao veicular publicitário. Suponha-se declaração falsa contra o consumidor colocada em uma bula, que é obstada após a impressão, mas ainda na gráfica que iria patrocinar a divulgação, até pela colocação de seu logotipo. Há um crime consumado, com a declaração da falsidade e outro tentado pela interrupção do serviço de patrocínio. Tentativa, óbvio, quanto ao atuar comissivo do tipo.

6.5.9. Modalidade culposa

"§ 2º. Se o crime é culposo".

Aqui é preciso uma separação, porque o crime poderá ser culposo apenas na modalidade do engano-equívoco, afastando-se-o também do crime omissivo que contém o *caput*.

Pode ocorrer de o agente, descuidando do dever de bem informar, às vezes, pelo açodamento, fazer uma afirmação falsa sobre o produto ou o serviço. Tal afirmação, então, ao nível da culpa, transforma-se no próprio "engano" e aí se configura o tipo culposo.

Então, quer-se dizer que o crime culposo pode surgir pela negligência do fornecedor quando presta uma informação, descuidado do dever que tinha em informar corretamente.

Exemplo típico trazido por Benjamin é daquele fornecedor que afirma que o seu produto/serviço é o mais barato do mercado e logo na esquina existe o mesmo produto com menor preço. A afirmação, sem dúvida, é despida de qualquer cuidado objetivo perante o público consumidor.

Também se discute se é possível o crime culposo quanto à conduta omissiva, o que já discutimos quando dos comentários ao art. 63, § 2º, CDC, para onde enviamos o leitor.

6.5.10. Jurisprudência

"CRIME CONTRA AS RELAÇÕES DE CONSUMO. Caracterização. Falta de informação relativa à durabilidade do produto exposto à venda. Inteligência do art. 66, § 2º, da Lei 8.078/90. Sendo obrigação de todo fornecedor, produtor ou comerciante garantir aos consumidores o conhecimento da durabilidade do produto ofertado, incorre nas raias do art. 66, § 2º, da Lei 8.078/90 aquele que deixar de prestar tal informação." (TAMG, Rel. Juíza Myriam Saboya, RT-731/629).

6.6. PUBLICIDADE ENGANOSA OU ABUSIVA

"Art. 67. Fazer ou promover publicidade que sabe ou deveria saber ser enganosa ou abusiva.

Pena. Detenção de 3 (três) meses a 1 (um) ano e multa".

Para analisarmos o tipo supra é preciso uma digressão sobre a publicidade enganosa ou abusiva, que é para quem volta a atenção na lei penal do consumidor.

O direito do consumidor adotou o *caveat venditor* e afastou de vez o *caveat emptor*, através do qual era o comprador de produtos e serviços que devia tomar as cautelas necessárias à proteção do seu interesse quanto aos característicos do bem adquirido, seja verificando as qualidades, seja assumindo o risco do erro de avaliação.[139]

[139] Walter Ceneviva. *Publicidade e Direito do Consumidor*. São Paulo: RT, 1991, p. 111.

O consumidor, então, teve ampliados seus direitos. Agora, tem o direito básico de ser protegido contra a publicidade enganosa ou abusiva e contra os métodos coercitivos ou desleais (art. 6º, inc. IV, CDC). Ao fornecedor, por seu turno, incumbe a correta e adequada informação ao consumidor, devendo, ainda, veicular anúncios de advertência, para este, logo que tenha conhecimento dos vícios que possam acontecer com seus produtos e serviços (art. 10, § 1º, CDC).

A publicidade, sem ferir a criatividade do agente publicitário, deve ser o mais séria possível, afinal, além de obrigar o fornecedor, ela integra o próprio contrato que vier a ser celebrado (arts. 30 e 35, CDC). Ademais, feita a publicidade, o publicitário deve repassar ao fornecedor os dados fáticos, técnicos e científicos que dão sustentação à mensagem (art. 36, par. único, CDC), sob pena de crime do fornecedor que não os tiver organizado (art. 69, CDC). Não pode haver dúvida de que se trata de publicidade, imediatamente identificada pelos consumidores (art. 36, *caput*, CDC).

Em suma, a publicidade é a mola da negociação e é apenas um dos meios da veiculação da informação, a cargo do fornecedor, podendo vir por anúncios, escritos (panfletos) ou verbais, chamadas, mensagens publicitárias, filmes, *outdoors*, em jornais, revistas, enfim, múltiplos seus meios de acesso ao consumidor.

A mensagem publicitária, todavia, pode vir viciada e mesmo com a existência de mecanismos coibidores de vícios (auto-regulamentação publicitária) eles podem resistir e persistir na ofensa ao consumidor.

Proibidas as peças publicitárias enganosas ou abusivas, fraudadas, o dispositivo em estudo coloca os necessários limites à publicidade e faz efetivo os arts. 6º, inc. IV, 36 e 37, CDC.

6.6.1. O crime

O crime é comissivo-alternativo e apresenta duas formas.[140] Supõe, pois, um atuar, um agir do agente, fazendo ou promovendo a publicidade enganosa ou abusiva.

Com disse o Prof. Luisi, trata-se de fazer, ou seja, realizar concretamente a publicidade, ou de promovê-la, isto é, levar outrem a executá-la.[141] Duas formas, portanto.

É crime formal, pois não exige ele um resultado naturalístico, embora presente o resultado jurídico-penal. Protege o consumidor e

[140] Luiz Luisi. "A tutela penal do consumidor". *Fascículos de Ciências Penais*, v. 4, 1991, Porto Alegre: Ed. Fabris, p. 65.

[141] Idem.

a integridade da relação de consumo, residindo aqui a sua objetividade jurídica. Trata-se de crime de perigo abstrato, sendo irrelevante saber se alguém sofreu ou não prejuízo econômico em decorrência desse anúncio, ou se o fornecedor anunciante, que o fez veicular, obteve ou não indevida vantagem econômica.

É *norma penal em branco*, porque exige norma integradora (art. 37 e §§, do CDC) que mencione o que é publicidade enganosa e o que é publicidade abusiva.

Para uns, tal crime pode ser chamado crime de publicidade enganosa;[142] para outros, é publicidade enganosa ou abusiva.[143] Mas em si mesmo o crime é dirigido para o *meio publicitário*, embora possa existir o concurso de pessoas não ligadas àquele, mas vinculadas à publicidade em si.

Também, afigura-se possível a incidência do tipo na conduta do fornecedor, quando cria ou faz a publicidade e em terceiro que a promove, podendo o "promovente" até ser o publicitário. Não se trata de capitulação pelo concurso de agentes (arts. 75, CDC, ou 11 da Lei nº 8.137/90), e sim pela infringência do próprio tipo em estudo.

6.6.2. Elementos objetivos do tipo

O tipo normatiza a publicidade lançada perante o consumidor. Sabe-se da existência de outra forma de publicidade que atinge diretamente o fornecedor concorrente, que é a publicidade comparativa, onde a enganosidade e a abusividade são agravadas, como ensina Walter Ceneviva,[144] o que já vimos.

Fazer a publicidade é o ato de sua criação fática ou intelectual, desimporta. Tanto faz a publicidade aquele que a coloca no papel, como aquele que a torna corpórea, seja nas telas, nas revistas ou na sonorização, enfim, no veículo publicitário. A conduta se caracteriza pela ação do sujeito que pessoalmente ou por interposta pessoa produz a propaganda, como diz Dotti.[145]

Mas é de se distinguir que aquele que tem a idéia criminosa age apenas intelectivamente, e não há crime por ter-se idéias malignas, mas pode existir concurso de agentes, quando o "pensador" passa à ação. Então, para o crime em estudo exige-se um fazer material, corpóreo, ou seja, basta que a idéia seja criada e exposta ao público

142 Benjamin, RDC, 4/101.

143 João Batista de Almeida. *Op. cit.*, p. 135.

144 *In Publicidade e Direito do Consumidor*. São Paulo: RT, 1991, p. 101.

145 *Op. cit.*, p. 259.

consumidor. Exige-se a exposição de consumidores à publicidade para a consumação.

Proíbe-se a publicidade enganosa, no art. 37, CDC, que, como ensina Bittar, "é a mensagem falsa ou falseada, que leve a erro o consumidor"; diz Ceneviva que "ela leva ou induz o consumidor a erro na aquisição do bem ou serviço"; ou ela ocorre quando "o anúncio induz o consumidor em erro afirmando falsidades ou sonegando informações essenciais acerca do objeto da mensagem".[146]

Tem-se afirmado, sem razão no aspecto penal ao nosso entender, que a publicidade enganosa, para ser assim considerada, deve ser recebida pelo destinatário da comunicação como verdadeira;[147] ou que inocorre ilícito quando a falsidade "é facilmente perceptível pelo consumidor".[148]

Se o raciocínio supra é válido para os fins civis, assim não entendemos para os penais, eis que, a se exigir que o consumidor seja efetivamente ludibriado, estaremos tornando um crime formal em material, isto é, buscando resultados caso a caso, procurando consumidores que entendam ou não a mensagem publicitária; estaremos colocando na lei algo que ela não disse e estaremos desvirtuando o princípio da veracidade, porque dando ensejo a que o publicitário/agente do crime veicule o que bem entender sem a preocupação com o teor de sua propaganda, sem ligar ao mercado consumerista e muito menos com o consumidor.

É de se notar, ademais, que, quanto à publicidade, há uma verdadeira impossibilidade de determinar ou individuar cada destinatário da mensagem publicitária, daí por que o CDC dispõe que são equiparadas a consumidores "todas as pessoas determináveis ou não" (art. 29, CDC).

Claro, não se pretende afastar o fantasioso da peça publicitária, ou seja, aquela criação intelectual que agrada aos olhos. Lembra Fábio Ulhoa Coelho que uma mensagem publicitária pode conter informações falsas, como a levitação de consumidores do *drops*; o tênis que permite saltos acrobáticos; a *lingerie* utilizada pela manequim bonita,[149] etc.

Mas o que se pretende, s.m.j., é disciplinar apenas a publicidade que visa ao engano com seus aspectos intrínsecos, ou seja, ligados ao próprio produto ou serviço.

[146] Fábio Ulhoa Coelho. *O empresário e os direitos do consumidor*. São Paulo: Saraiva, 1994, p. 243.

[147] Fabio Ulhoa Coelho. *Comentários ao CDC*. São Paulo: Saraiva, 1991, p. 161.

[148] Ceneviva. *Op. cit.*, p. 99.

[149] *In O empresário e os direitos do consumidor*. Saraiva, 1994, pp. 247/9.

Veja-se o caso se aquela propaganda de *drops* afirmasse uma qualidade de afastar as cáries sem qualquer visita ao odontólogo; se fosse afirmado que aquele tênis durasse uma vida inteira no uso diário; a *lingerie*, cujo uso contínuo eliminasse celulites e estrias, enfim, propagandas que visam de fato ao engano do consumidor e nada têm de criativas.

Evidente, até pode acontecer, o consumidor dificilmente acreditaria em tais mensagens, mas o objetivo da regra penal parece ser outro, ou seja, a regra visa a proibir a mentira na publicidade; a coibir o uso indevido da publicidade e alguns exageros que por aí circulam, a fim de que não se agrida o consumidor. Este até pode gostar de assistir a uma publicidade bem "bolada", mas tem o direito básico de não ser agredido em sua inteligência com uma falsidade evidente. Tem o direito básico à veracidade, à transparência, enfim.

Sabido que nem sempre existe responsabilidade penal do publicitário/agente, pois deve ser considerada a atuação do anunciante, que é aquele a quem a mensagem publicitária vai beneficiar. Mas isso deve ser averiguado *in casu*.

O que se deve perquirir é se o agente, quando fez ou promoveu a peça de propaganda, estava atuando com dolo direto ou eventual de enganar consumidores, não se havendo de perquirir quais ou quantos os consumidores enganados. Note-se que a mesma campanha publicitária veiculada no Sul, em face da mídia televisiva, também o é no Norte do país, mas isso não significa que no Sul inexistam consumidores de similar apreensão a tantos existentes do Norte. Em outras palavras, quando a agência publicitária ou outra pessoa fazem a propaganda, devem estar atentos à existência de consumidores de diferentes apreensões intelectivas. E para atender à norma sem que se incorra no ilícito ora estudado, basta dizer a verdade, nada mais do que a verdade sobre o produto/serviço. É assim que se atende à norma penal geral consumerista.

Promover a publicidade é fazer com que se a execute, que se a ponha em prática.[150] É financiá-la, onde também pode se incluir o colocá-la no mercado de consumo, isto é, atuar no sentido de torná-la possível materialmente. Significa impulsionar ou diligenciar no sentido de tornar públicos os produtos ou serviços oferecidos; é o mesmo que gerar as condições humanas ou materiais para se formar a propaganda.[151]

---

[150] Costa Jr. *Op. cit.*, p. 236.

[151] Dotti. *Op. cit.*, p. 260.

Promover a publicidade tem o mesmo sentido de patrociná-la. Então, aquele que promove uma publicidade, ou faz uma oferta publicitária enganosa, comete o crime do art. 67; e aquele que patrocina ou promove uma oferta não-publicitária que contenha falsidade ou engano incide no art. 66, § 1º, do CDC. Por isso se disse que um dos artigos é residual ao outro.

É enganosa a publicidade total ou parcialmente falsa, compreendidas a informação e a comunicação publicitárias; aquela que, de qualquer modo, possa enganar ou induzir a erro o consumidor sobre a natureza, características, quantidade, qualidade, propriedade, origem, preço e outros dados do produto ou do serviço, como resume Bittar.[152] É como consta do art. 37, § 1º, do CDC.

Daí por que não podemos entender a possibilidade de uma publicidade ser lícita (atípica) ao mesmo tempo que contenha falsidades, como quer certa parte da doutrina.[153] No plano penal, se a publicidade contém falsidades, é enganosa; se é enganosa, é penalmente relevante.

É abusiva a publicidade discriminatória de qualquer espécie, que incite a violência, explore o medo ou a superstição, se aproveite da deficiência de julgamento e experiência da criança, desrespeita valores ambientais, ou que seja capaz de induzir o consumidor a se comportar de forma prejudicial ou perigosa a sua saúde ou segurança. É a publicidade verdadeiramente criminosa.

O afastamento de qualquer forma de discriminação, para a promoção de todos, é um dos objetivos fundamentais da República (art. 3º, inc. IV, CF), daí por que se afirma o direito de punir contra qualquer discriminação que atente aos direitos e liberdades fundamentais (art. 5º, inc. XLI, CF). A publicidade discriminatória não pode ser explícita ou velada, quando se deve considerar o "contexto positivo ou negativo em que se insere no anúncio a referência a certa raça ou nacionalidade".[154]

Quando a violência é utilizada como suporte publicitário para combater a própria violência não parece ocorrer o crime. Ali se considera apenas a violência como mote para incitar a ocorrência da própria violência. Suponha-se propaganda de certo instrumento contundente onde cenas de rixas entre torcidas adversas são mostradas a fundo; ou certo "chefe de torcida" apareça empunhando o produto ou sobre ele tecendo considerações.

---

[152] *Op. cit.*, p. 129.

[153] Por todos: Fábio Ulhoa Coelho. *Op. cit.*, p. 250.

[154] Coelho. *Op. cit.*, p. 261.

Ressalva-se a existência de outras formas de abusividade, que não aquelas mencionadas pelo próprio art. 37, § 2º, CDC, o que se permite afirmar a enumeração exemplificativa do texto.

6.6.3. Que sabe ou deveria saber

O elemento subjetivo do tipo está contido na expressão "que sabe ou deveria saber", a qual, aliás, também consta dos arts. 68 e 73 do CDC. Há certa discussão sobre a expressão referida, e parece que surgiram três posições:

a) trata-se de dolo somente;[155]

b) há culpa presumida;[156] e para outros ainda

c) há dolo (que sabe) e culpa (que deveria saber).[157]

Realmente, os redatores da lei, nos artigos onde surge aquela expressão, pretendiam fazer um beija-flor (crimes doloso e culposo) e fizeram um morcego (somente crime doloso).

Todavia, basta olhar-se em o próprio Título II do CDC, onde veremos que quando o legislador quis expressar a culpa criou um tipo culposo (arts. 63 e 66, CDC) e com pena inferior ao tipo doloso (como é normal). Ademais, pelo próprio princípio da excepcionalidade (art. 18, parágrafo único, do Código Penal), o crime culposo deve ser o mais claro (*rectius*: expresso) possível e isso incorre na espécie, s.m.j.

Então, a argumentação de Damásio de Jesus[158] é de lógica exemplar, pois, ou (1) o sujeito tem pleno conhecimento de que a publicidade é enganosa ou abusiva (art. 67) e há dolo de perigo direto (ele sabe que a publicidade é enganosa); ou (2) o agente não tem pleno conhecimento da natureza enganosa da publicidade, mas lhe passa pela mente essa probabilidade em face de circunstâncias concretas e age com dolo eventual de perigo, pois assumiu o risco de promover a publicidade criminosa; ou (3) o sujeito não sabia que a propaganda era enganosa, e essa circunstância nunca passou pela sua consciência nem havia fatos indicadores dessa qualidade da propaganda, quando não há crime a punir.

---

155 Damásio de Jesus. "Dolo e culpa no Código de Defesa do Consumidor", *Novas Questões criminais*. São Paulo: Saraiva, 1993, p. 46, e *Direito Constitucional* 1/95; Fábio Ulhoa Coelho. *Op. cit.*, p. 287; Francisco Cavalcanti. *Comentários ao CDC*. Ed. Del Rey, 1991, p. 148; José Silva Jr. *in Leis Penais Especiais e sua interpretação*. São Paulo: RT, 1995, p. 490; Eduardo Alvim. *Código do Consumidor Comentado*. São Paulo: RT, 1995, p. 309.

156 Paulo José Costa Jr. *Op. cit.*, p. 238.

157 René Ariel Dotti. *Op. cit.*, p. 267; Walter Ceneviva. *Op. cit.*, p. 150; Luiz Luisi. *Op. cit.*, p. 66; João Batista de Almeida. *Op. cit.*, p. 135, e Antonio Herman Benjamin. *Op. cit.*, p. 111.

158 *In Dolo e culpa no CDC. Apud Novas Questões Criminais*. São Paulo: Saraiva, SP, 1993, pp. 51/2.

Pode até ter havido a intenção do legislador em criar um tipo culposo nos arts. 67, 68 e 73, CDC, mas isso inocorreu, *data venia*, não se podendo enxergar algo onde nada existe.

6.6.4. Sujeitos ativo e passivo

O tipo dirige-se à oferta publicitária, ou ao "*Marketing* publicitário", como diz Benjamin.[159] Então, quem faz o anúncio, via de regra, é o publicitário. Aí é ele o sujeito ativo do crime, podendo existir o concurso com o anunciante, na medida da culpa deste, "já que a aprovação final do anúncio é sua",[160] como veremos abaixo.

Diz-se que o publicitário faz a publicidade,[161] pelo que é o sujeito ativo principal. (No mesmo sentido: Filomeno, *Manual*, 3ª ed., p. 252). Trata-se, pois, de crime próprio nesse sentido. Exige a figura de um publicitário como criador da publicidade enganosa ou abusiva para se configurar o crime. Se aquele que cria a publicidade é o próprio fornecedor, o crime é o do art. 66, *caput*, CDC, pois faz uma afirmação não-publicitária enganosa sobre o produto ou o serviço.

Não podemos isentar de responsabilidade o publicitário, sob a alegação de que é o anunciante o "dono do anúncio" e a este incumbe-lhe a aprovação. Ora, sem o publicitário muitas vezes o anúncio nem iria ao ar.

Nos casos em que o publicitário recebe do anunciante o *briefing*, que é uma espécie de resumo, um guia que o anunciante dá ao publicitário de como quer a sua publicidade, se o publicitário segue as regras do *briefing* e ele sabe ou deveria saber que a publicidade é enganosa/abusiva, comete o crime do art. 67, CDC, na medida de sua culpabilidade; o anunciante-fornecedor pratica o crime do art. 66, CDC, com o *briefing*.

Geralmente, a publicidade é promovida pelo próprio anunciante/fornecedor, que aí pratica o crime autonomamente; às vezes, pelo responsável do veículo de publicidade (jornal, TV, rádio, etc.). Existem os casos de "agenciadores de propaganda", profissionais que, vinculados aos veículos da divulgação, a eles encaminham propaganda por conta de terceiros, como está no art. 2º da Lei nº 4.680/65. Os agenciadores não estão comprometidos com a propaganda em seu contexto, exceto quando a promovem diretamente, daí que, em princípio, não incorrem no crime em questão. Os agenciadores atuam no

---

[159] Op. loc. cit., p. 94.

[160] Benjamin. *Op. cit.*, p. 104.

[161] Paulo Costa Jr. *Op. cit.*, p. 237.

sentido de angariar a publicidade, como atuam os corretores no ramo de seguro, ou os despachantes no ramo de documentação em geral.

As assertivas de que o veículo nunca pode ser responsabilizado penalmente por ter transmitido publicidade enganosa ou abusiva, ou de que a partir do CDC os jornais, revistas e emissoras de rádio e televisão não se exoneram da responsabilidade penal sob a alegação de que terceiros são os responsáveis , devem ser entendidas *cum granu salis.*

Quando a publicidade enganosa é feita ou promovida diretamente pelo próprio veículo de comunicação, não há como afastar-lhe da responsabilidade criminal e aí responde seu criador, na forma do art. 67, CDC. Todavia, hipótese diversa sucede quando o veículo apenas divulga, ou seja, publica, veicula, transmite uma publicidade já pronta, feita e promovida por terceiros, pois, aí sim, como também pensa Fábio Ulhoa Coelho, responsabilizá-lo seria transformá-lo em censor (com o dever e poder de censura de anúncios). Em outras palavras: o dirigente/responsável pelo veículo de comunicação responde na medida de sua culpabilidade.

Outros profissionais da área de criação da agência de publicidade, que concorreram para a feitura ou promoção da publicidade, são igualmente co-responsáveis e devem ser denunciados. Nesta hipótese, cabe razão a Fábio Ulhoa Coelho: cada um dos membros da equipe de criação, bem como da gerência e diretoria da agência, envolvido especificamente com o trabalho de concepção do anúncio ilícito, responderá na medida da respectiva culpabilidade.[162]

Mas, ressalvam-se aqueles que participam como meros figurantes da peça publicitária, como o motorista de um carro, um manequim, um piloto, enfim.[163]

Algumas palavras sobre a *publicity,* que, embora não mencionadas na lei do consumidor, podem conter enganosidade ou abusividade e deve ser reprimida penalmente.

Pela *publicity* faz-se uma espécie de "lançamento", em grande estilo, da campanha publicitária principal; através dela "fatos pitorescos envolvendo os modelos ou a produção do anúncio são veiculados pela imprensa", ou seja, é uma "técnica de promoção de eventos em torno da publicidade".[164] O tratamento à *publicity* deve ser o mesmo que se dá à publicidade/propaganda enganosa ou abusiva. A investigação criminal deve chegar àqueles que "fizeram ou promoveram"

---

162 *Op. cit.,* p. 292.

163 Fábio Ulhoa Coelho. *Op. cit.,* p. 292.

164 *Op. cit.,* p. 275.

a *publicity*, que muitas vezes podem não ser os mesmos autores da publicidade principal.

O sujeito passivo em tais crimes é o consumidor coletivamente considerado, eis que, é a ele que a publicidade se dirige. Daí por que não se busca uma vítima certa, bastando que o Ministério Público prove a veiculação da publicidade, ou por que não chegou a ser veiculada.

6.6.5. A tentativa

O crime do art. 67, CDC, admite a tentativa. É bem possível que uma peça publicitária pronta não seja veiculada, isto é, não chegue aos consumidores por circunstâncias alheias à vontade do publicitário ou do fornecedor, como a desistência da promoção pelo fornecedor, *v.g.*

6.6.6. O concurso de crimes e de pessoas

Com relação ao concurso de pessoas, quando do estudo dos elementos do tipo, já vimos em quais hipóteses pode ocorrer aquele e é para lá que enviamos o leitor.

Quanto ao concurso de crimes, é na criação ou promoção de publicidade enganosa ou abusiva que aparecem as mais comuns hipóteses daquele. Notemos que na abusividade já se faz referência a outros ilícitos penais que podem caracterizá-la.

Mas o concurso só deve ser admitido se tiver vínculo com a nossa relação de consumo, ou seja, não é qualquer publicidade de cunho racista que se admite em concurso. Veja-se que se existe um anúncio publicitário conclamando raças, seja excluindo outra ou incitando-as umas contra as outras, o crime não tem possibilidade de ocorrer pelo art. 67, CDC (talvez pela Lei 5.250/67 ou crime de racismo). Todavia, supondo publicidade onde se diga que determinado produto ou serviço serve para esta ou aquela raça, apenas, pode até existir os dois crimes, em concurso formal.

A incitação da violência na publicidade da relação de consumo pode igualmente tipificar a incitação ao crime (art. 286, CP) ou a apologia de crime ou criminoso (art. 287, CP); a exploração da superstição pela publicidade da relação de consumo pode redundar em curandeirismo (art. 284, CP); aquela que atente contra a criança pode violar o ECA (arts. 228 a 244, da Lei nº 8.069/90) ou a lei da corrupção de menores (Lei nº 2.252/54); aquela publicidade que desrespeita os valores ambientais, relativos a pesca ou caça, pode tipificar também ilícitos da Lei nº 9.605/98.

Enfim, em todos existe a possibilidade da ocorrência do concurso de crimes, especialmente o formal.

Pode suceder, ainda, que a publicidade, embora trate de relação de consumo, ainda viole delito da Lei de Imprensa (Lei nº 5.250/67). Sem afastar a titularidade do ofendido, ainda pode ser violado o art. 18, § 2º, daquela em concurso[165] com o art. 67, CDC, porque também ofendida a relação consumerista.

6.6.7. Prescrição

As prescrições, seja da pretensão punitiva ou executória, ocorrem em 4 (quatro) anos. Se for aplicada somente a pena de multa, a prescrição desta ocorre em 2 (dois) anos (art. 114, CDC).

6.6.8. Jurisprudência

"Já se decidiu que para a caracterização da publicidade enganosa, a publicidade deve ser de tal maneira maliciosa que induza em erro, ou se aproveite do erro alheio para o fim de injusta locupletação do agente, sendo o erro aquele sem o qual inexistiria o ato de consumo, pois relativo às qualidades essenciais do produto ou serviço" (RHC 912.675, TACrimSP, RT-751/608).

"CRIME CONTRA O CONSUMIDOR. Publicidade enganosa. Venda de veículos. Preço a ser pago com uma entrada de sessenta por cento, mais três parcelas sem juros e TR. Carnê com as prestações com incidência da variação da TR. Condenação mantida. Inteligência do art. 67 da Lei 8.078/90. *Da redação*: A publicidade enganosa constitui crime de perigo abstrato, tem-se em vista uma universalidade de consumidores exposta a práticas desleais de anúncio de produtos e serviços, donde ser despiciendo indagar-se se houve ou não prejuízo concreto para algum ou alguns deles" (TACrimSP, Rel. Juiz Renê Ricupero, RT-726/664). O caso: o réu fez afirmação falsa, através de anúncio em jornal local, no sentido de ser possível a aquisição de veículo UNO, pagando-se 60% de entrada e o restante em outras três parcelas, sem juros e TR. Atraído por tal publicidade, o consumidor dirigiu-se à mencionada empresa, onde acabou comprando um automóvel com as características aludidas no anúncio. Dias depois, ao receber o carnê com as prestações, notou que incidiam sobre as mesmas as diferenças relativas à variação da TR, além de taxa de contrato".

---

[165] No mesmo sentido: Francisco Cavalcanti. *Op. cit.*, p. 149.

"CRIME CONTRA O CONSUMIDOR. Propaganda enganosa. Cartaz afixado à porta do estabelecimento comercial anunciando forma parcelada de pagamento. Não menção de qualquer restrição. Vítima que efetua compra e não obtém a vantagem mencionada. Alegação de que o anúncio somente valia para compras acima de determinado valor. Crime caracterizado. Apelação provida para condenar os réus. Se pretendiam os réus estabelecer valor mínimo para a concessão do parcelamento, deveriam tê-lo consignado no anúncio. Não o fazendo, haveriam de cumprir a promessa pública." (TACrimSP, Rel. Juiz Arantes Theodoro, RT-722/466). O caso: os réus eram gerente e proprietário de loja de calçados a varejo. Afixaram na loja uma faixa de propaganda comunicando ao público que as vendas poderiam ser feitas em 4 pagamentos iguais, sem indicar qualquer restrição quanto à mercadoria ou valor da compra, tanto que o anúncio se utilizava da expressão genérica e abrangente: 'agora tudo em até quatro pagamentos iguais'. Os réus admitiram que a faixa foi colocada para atrair a freguesia. Certo consumidor, interessado na compra de um par de sapatos, pretendeu pagá-lo nas condições do anúncio, o que lhe foi recusado sob o argumento de que o parcelamento só valia para compras de valor superior a um certo patamar. Condenação: três meses de detenção e noventa dias-multa.

"DENÚNCIA. CONSÓRCIO. PUBLICIDADE ENGANOSA. A exigência do art. 41 do CPP significa descrição do fato com todas as suas circunstâncias. A denúncia deve ser formal e materialmente homogênea. Formal, quando ajusta a descrição aos fatos; material, desde que exista um mínimo de indício, no sentido técnico da palavra, qual seja, fato do qual possa decorrer a demonstração ou a busca da evidência de outro fato. *Consórcio* é reunião de pessoas que formam poupança a fim de adquirir, com pagamentos parcelados, determinado bem, cujo preço será uniforme para todos os consorciados, independentemente da data de recebimento do bem obtido por sorteio, ou lance. Publicidade enganosa ou abusiva é induzimento de terceiros a erro para realizar algum negócio jurídico. Como infração penal, é fim em si mesma. Assim, não resta configurada quando se destina a atrair pessoas para aderir a consórcio. Este é contrato formal. A pessoa atraída, antes de firmar a avença, tem conhecimento das respectivas cláusulas. Em sendo estas legais, nenhum ilícito se caracteriza." (STJ, HC 2.553-9, MG, 6ª T., j. 29-8-94, Rel. Min. Vicente Cernicchiaro, *Revista Ciências Criminais IBCCRIM* 11/262).

6.7. INDUÇÃO CRIMINOSA NA PROPAGANDA

"Art. 68. Fazer ou promover publicidade que sabe ou deveria saber ser capaz de induzir o consumidor a se comportar de forma prejudicial ou perigosa a sua saúde ou segurança:

Pena. Detenção de 6 (seis) meses a 2 (dois) anos e multa".

Acerca do direito de informação do consumidor, já tecemos considerações em vários dispositivos comentados. Também, assegura o CDC como direito básico do consumidor a proteção de sua vida, saúde e segurança, contra os riscos provocados por prática no fornecimento de produtos e serviços considerados perigosos ou nocivos (art. 6, inc. I).

Em princípio, produtos e serviços com alto grau de nocividade e periculosidade não podem ser colocados no mercado de consumo (art. 10, *caput*, CDC). Claro, exceto os riscos normais e previsíveis de produtos ou serviços que, pela sua natureza ou fruição, assim exigem para serem utilizados, como referimos no art. 64, retro.

Veja-se o caso de uma faca. Ela é também um produto que se torna perigoso, caso manejada fora de sua fruição comum. Também, na hipótese de produtos químicos, especialmente formicidas ou raticidas, que causam mal à espécie humana. Tais produtos não estão proibidos, contudo, o fornecedor deve tomar algumas precauções em nível de colocação no mercado de consumo, que vão desde a publicidade até a comercialização.

Para a aferição da exata extensão do que seja perigoso ou nocivo, é de se utilizar o critério da *normalidade* na fruição do produto ou serviço, ou seja, estando presente um produto ou serviço perigoso ou nocivo, verifica-se seu uso comum, para só depois verificar-se a má utilização.

Cabe à autoridade responsável pela fiscalização, da área do produto ou serviço, dizer aos consumidores e fornecedores, qual ou quais os serviços e/ou produtos que apresentam alto grau de periculosidade ou nocividade e não podem estar no mercado (art. 10, *caput*, do CDC), assim como cabe ao fornecedor informar às autoridades e aos consumidores acerca da periculosidade surgida após a introdução do produto ou serviço no mercado consumerista (art. 10, § 1º, CDC), sob pena do crime do art. 64, CDC.

Nesse dever de informação, como se vê, a responsabilidade civil, penal e administrativa, recai sempre sobre a autoridade pública e/ou sobre o fornecedor. Esferas independentes de responsabilização, que podem ser cumuladas, como sabemos. O consumidor é sempre o destinatário primeiro da informação, podendo servir como eventual auxiliar no processo de *feedback* da relação de consumo, ou seja, poderá informar à autoridade ou ao fornecedor acerca da mesma periculosidade ou nocividade surgida com a colocação do produto/serviço no mercado. Mas lembre-se: não é sua obrigação legal e sobre si não recai qualquer responsabilidade, isto é, se o consumidor não informar à autoridade competente acerca da publicidade criminosa, ele não responderá por crime algum.

6.7.1. O crime

Repete-se, aqui, *mutatis mutandis*, o que já se disse ao artigo anterior. O crime é comissivo-alternativo e apresenta duas formas.[166] Supõe, pois, um atuar (fazer), um agir do agente, fazendo ou promovendo a publicidade capaz de *induzir* o consumidor a se comportar de forma prejudicial a sua saúde ou segurança.

Como disse o Prof. Luisi, trata-se de *fazer*, ou seja, realizar concretamente a publicidade, ou de promovê-la, isto é, levar outrem a executá-la.[167] Duas formas, portanto.

É crime formal,[168] pois não exige ele um resultado naturalístico, embora presente o resultado jurídico-penal. Protege o consumidor e a coletividade de consumidores; a integridade da relação de consumo, ou seja, a boa-fé do consumidor na publicidade, com repercussão na sua saúde e/ou segurança.

A consumação do crime em estudo se dá "com a veiculação da publicidade, mesmo que o consumidor não seja induzido",[169] isto é, basta que a potencialidade de perigo esteja presente na publicidade.

Pela redação do tipo exige-se que a publicidade seja conhecida, quando, então, só assim ver-se-á se foi capaz de induzir o consumidor a se comportar desta ou daquela forma perigosa.

Nota-se, ainda, que o art. 68 sob comento reproduz parte do art. 37, § 2º, do CDC: "capaz de induzir o consumidor a se comportar de forma prejudicial ou perigosa à sua saúde ou segurança". Trata, então, de publicidade abusiva.

Surgiu crítica à redação do artigo, sob o fundamento de que em tratando de publicidade abusiva, estaria repetindo o art. 67, CDC: tipificam-se duas vezes a publicidade abusiva, com apenações dife-

---

166 Luiz Luisi. "A tutela penal do consumidor". *Fascículos de Ciências Penais*. v. 4, 1991, Porto Alegre: Ed. Fabris, p. 65.

167 Idem.

168 Contra: René Ariel Dotti. *Comentários ao CDC*, Forense, 1992, p.269.

169 João Batista de Almeida. *A proteção jurídica do consumidor*. São Paulo: Saraiva, 1993, p. 136.

rentes, disse Miguel Reale Jr. Ressaltou-se o absurdo legislativo com outra absurda questão: "Será que o art. 68, por ser posterior, revoga o 67?".[170]

Claro, o artigo poderia ter sido melhor redigido (melhor técnica legislativa), mas não há qualquer disparidade ou revogação. A incriminação não apresenta aquela dificuldade, pois no art. 68, CDC, o legislador entendeu de apenar *mais gravemente* aquilo que, dentro da publicidade abusiva, pareceu-lhe conduta mais gravosa. Nada mais do que uma forma *qualificada* de publicidade abusiva, assim como existe na codificação penal nos tipos qualificados. Tivesse o legislador incriminado aquela conduta desmembradamente, ou, em *ultima ratio*, desdobrado um parágrafo, não haveria qualquer crítica. Mesmo assim, não há prejuízo pela técnica redacional utilizada.

Nem mesmo a outra crítica - de que o julgador deverá perquirir o comportamento interior do consumidor, num processo investigatório do inconsciente,[171] se justifica, pois, a perquirição do dolo na conduta do agente sempre foi feita pelo juiz (*v.g.*, quando o sujeito ativo induz alguém ao suicídio - art. 122, *caput*, CP), e não há qualquer dificuldade nisso, s.m.j. A pesquisa do *animus* do fornecedor é feita como a qualquer agente de crime doloso e não é, como se disse, caminhada às cegas.

Para uns, tal crime pode ser chamado crime de publicidade abusiva;[172] para outros, é publicidade prejudicial ou perigosa.[173] Igualmente, o crime é dirigido para o meio publicitário, embora possa existir o concurso de pessoas não ligadas ao meio, mas vinculadas à publicidade em si mesma.

6.7.2. Elementos objetivos do tipo

Aqui, basicamente, também repetimos o que lançamos no artigo anterior, mudando o que deve ser mudado. O tipo normatiza a publicidade lançada perante o consumidor.

Através do art. 68, CDC, proíbe-se a publicidade abusiva, como prevê o art. 37, § 2º (última parte), CDC, mas tão-somente quando ela seja capaz de *induzir* o consumidor a se comportar de forma prejudicial a sua saúde ou segurança.

---

[170] Miguel Reale Jr . *Avanços e retrocessos. Estudos em homenagem a Manoel Pedro Pimentel*. São Paulo: RT, 1992, p. 277.

[171] Costa Jr. *Op. cit.*, p. 239.

[172] Benjamin. *Op. cit.*, p. 112.

[173] João Batista de Almeida. *Op. cit.*, p. 137.

Induzir é palavra utilizada pelo CDC com o mesmo sentido da lei penal comum (arts. 62, inc. II, 122, 236, todos do CP). É o induzimento que se assemelha (mas não é a mesma coisa) à instigação.

Ensinava Nelson Hungria que *induzir* significa persuadir ou levar alguém a praticar algum ato; ela pressupõe a iniciativa na formação da vontade de outrem;[174] é incitar, incutir, mover, levar, isto é, o sujeito faz penetrar na mente da vítima uma idéia.[175] Traduz iniciativa, que é o ato de quem é o primeiro a propor, suscitar, propagar ou executar alguma idéia, como disse Magalhães Noronha.[176]

No artigo em comento, induzir "diz respeito a tal força da mensagem publicitária que possa persuadir o consumidor a adquirir o produto ou o serviço".[177]

Parece-nos que um dos objetivos da publicidade, como "braço estendido da argumentação de vendas", como disse Domingues, é persuadir, isto é, levar o produto/serviço ao consumidor; ou levar o consumidor ao consumo. Contudo, o art. 37 e parágrafos funcionam como um freio à publicidade, um limite a ser respeitado, sendo a publicidade abusiva uma modalidade de abuso de direito.[178]

Promover a publicidade, repito, é fazer com que se a execute, que se a ponha em prática.[179] É financiá-la, onde também pode-se incluir o colocá-la no mercado de consumo, isto é, atuar no sentido de torná-la possível materialmente. Significa impulsionar ou diligenciar no sentido de tornar públicos os produtos ou serviços oferecidos; é o mesmo que gerar as condições humanas ou materiais para se formar a propaganda.[180]

Promover a publicidade tem o mesmo sentido de patrociná-la. Vale o que foi dito no art. 67, CDC. Destarte, aquele que promove uma publicidade, ou faz uma oferta publicitária enganosa, comete o crime do art. 67; aquele que patrocina ou promove uma oferta não-publicitária que contenha falsidade ou engano incide no art. 66, § 1º, e o publicitário/fornecedor que faz ou promove publicidade capaz de induzir o consumidor a se comportar de forma prejudicial a sua saúde ou segurança comete o crime do art. 68, CDC.

O agente que faz ou promove dita publicidade deve criar um novo agir no sujeito passivo do crime; deve trazer uma força publici-

---

174 *In Comentários ao Código Penal*. vol. V. Rio de Janeiro: Forense, 1981, p. 232.

175 Damásio de Jesus. *Direito Penal*. v. 2. São Paulo: Saraiva, 1985, p. 106.

176 *Direito Penal*. v. 2. São Paulo: Saraiva, 1983, p. 42.

177 Ceneviva. *Op. cit.*, p. 130.

178 José Alexandre Tavares Guerreiro. *Comentários ao CDC*. Rio de Janeiro: Forense, p. 129.

179 Costa Jr. *Op. cit.*, p. 236.

180 Dotti. *Op. cit.*, p. 260.

tária tal para criar uma nova forma de comportamento no consumidor; e o comportamento é que deve ser suficiente para prejudicar ou colocar em perigo a saúde ou segurança do consumidor.

Não se exige qualquer resultado material em tal crime. Logo, as situações de perigo e de saúde devem ser apuradas abstratamente. Perguntar-se-á o Promotor diante do inquérito: em agindo de acordo com a publicidade aqui investigada, um consumidor poderia sofrer qualquer risco em sua saúde ou segurança? O "sim" autoriza a denúncia.

É interessante analisar o caso de publicidade que envolva alguma forma de violência, como, v.g., de algumas academias de artes marciais. Assim, também, a publicidade de academias de tiro. Não se pode negar que de forma indireta tais publicidades podem induzir o consumidor à violência: quem aprende e treina o tiro ao alvo, via de regra, adquire, adquiriu ou está prestes a adquirir uma arma de fogo. Fica o consumidor apto a disparar um tiro certeiro tanto em um alvo como em qualquer pessoa; quem aprende a lutar pretende autodomínio, ou competir, mas também aprende a desferir golpes suficientes para matar alguém.

Tais modalidades, no entanto, são meras atividades desportivas e não estão ao alcance da noção de publicidade enganosa e abusiva. O que se afirma é que, para os fins penais, a publicidade abusiva precisa antes ser enganosa, eis que, a própria norma (art. 37, § 2º, CDC) permite tal entendimento quando diz "dentre outras" formas de publicidade.

Assim, a violência indireta na publicidade de esportes nada tem de fantasiosa ou enganosa, sendo que a violência até está muitas vezes presente em algumas formas do esporte. Em não sendo enganosa, não é abusiva. Se não é abusiva, não é criminosa.

Devemos lembrar que a publicidade de cigarros, bebidas alcoólicas, agrotóxicos, medicamentos e terapias não está proibida, embora passível de ser taxada de abusiva. Mesmo com a possibilidade de sofrer restrições legais, na forma do art. 220, § 4º, CDC, eventual legislação que proibisse a veiculação de tais anúncios, seria inconstitucional.

No tocante aos medicamentos, tem sido comum na mídia o incentivo indireto à automedicação, através da publicidade de "remédios milagreiros", feito com "plantas orientais", ou "plantas importadas", ou substâncias de sucesso na Europa. À evidência que se trata de publicidade muitas vezes enganosa, podendo vir a ser abusiva e criminosa, quando induzir o consumidor a se comportar de forma prejudicial à sua saúde.

O tipo se utiliza da palavra "forma" em duas acepções: forma prejudicial ou forma perigosa à saúde ou segurança do consumidor. Entende-se que "a forma prejudicial caracteriza-se como algo que paulatinamente vai minar a saúde ou segurança de alguém, e a forma perigosa é aquela que expõe a saúde (ou a segurança) a uma agressão aguda capaz de alcançá-la e lesá-la abruptamente".[181]

6.7.3. "Que sabe ou deveria saber"

Neste artigo, igualmente, repetiu-se a expressão acima, configuradora do *elemento subjetivo do tipo.*

Não há qualquer equiparação de conduta culposa com dolosa na expressão, pois, já dissemos, quando a lei penal do consumidor quis o tipo culposo, ressalvou-o em parágrafo isolado.

Ratificamos nossas conclusões já expostas no art. 67, CDC, sob o mesmo título, para a qual enviamos o leitor, entendendo que se trata de dolo direto ou eventual o elemento subjetivo do tipo do art. 68.

6.7.4. Sujeitos ativo e passivo

Em princípio, a conclusão sobre os sujeitos ativo e passivo do crime do art. 68, é igual às do anterior.

O tipo dirige-se à oferta publicitária, ou ao "*Marketing* publicitário", como diz Benjamin.[182] Dessa forma, quem faz o anúncio, via de regra, é o publicitário. Aí é ele o sujeito ativo do crime, embora podendo existir o concurso com o anunciante, na medida da culpa deste, "já que a aprovação final do anúncio é sua".[183]

Diz-se que o publicitário faz a publicidade[184] e aí é o sujeito ativo principal. Trata-se, pois, de crime "próprio" nesse sentido, apenas. Exige a figura de um publicitário, como o criador da publicidade enganosa ou abusiva, para se configurar o crime. Isso nem sempre ocorre, todavia, eis que, se aquele que cria a "publicidade" de induzimento prejudicial é o próprio fornecedor, o crime é o do art. 66, *caput*, CDC, pois faz uma afirmação não-publicitária enganosa sobre o produto ou o serviço.

Como já dissemos, não se pode simplesmente isentar de responsabilidade o publicitário, sem perquirir-lhe o dolo, sob a alegação de que é o anunciante o "dono do anúncio" e a este incumbe-lhe a apro-

[181] Francisco Cavalcanti. *Comentários ao Código de Proteção e Defesa do Consumidor*. Belo Horizonte: Del Rey, 1991, p. 150.

[182] *Op. cit.*, p. 94.

[183] Benjamin. *Op. cit.*, p. 104.

[184] Paulo Costa Jr. *Op. cit.*, p. 237.

vação. Ora, sem o publicitário, muitas vezes, o anúncio não iria sequer ao ar e aí pode ser o promovente da publicidade abusiva pelo induzimento, quando se aplica o art. 68. Em outras palavras: o publicitário pode ser aquele que promove de qualquer forma a publicidade abusiva.

Aqui, igualmente, quando o publicitário recebe do anunciante o *briefing* (uma espécie de resumo, um guia que o anunciante dá ao publicitário de como quer a sua publicidade), se o publicitário segue as regras do *briefing*, sabendo ou devendo saber que o *briefing* é írrito, atuando, portanto, com dolo direto ou eventual, comete o crime do art. 68, CDC; o anunciante fornecedor pratica o crime do art. 66, CDC, com o *briefing*.

Também, afigura-se possível a incidência do tipo no fornecedor, quando este cria ou faz a publicidade e no terceiro que a promove, desde que seja capaz de induzir o consumidor ao comportamento perigoso.

O *sujeito passivo* em tais crimes é o consumidor coletivamente considerado, eis que, é a ele que a publicidade se dirige. Daí por que não se busca uma vítima certa que, se existir, também é sujeito passivo. Basta que o Ministério Público prove a veiculação da publicidade, ou por que ela não chegou a ser veiculada. Como disse João Batista de Almeida: é o consumidor difusamente considerado e aquele exposto à publicidade capaz de induzi-lo a se comportar de forma prejudicial ou perigosa.[185]

6.7.5. A tentativa

O crime do art. 68, CDC, admite a tentativa. É bem possível que uma peça publicitária que contenha mensagem capaz de induzir o consumidor ao perigo não seja veiculada, isto é, não chegue aos consumidores por circunstâncias alheias à vontade do publicitário ou do fornecedor.

Veja-se a hipótese, lembrada por Filomeno, quando há intervenção do Conar, antes da veiculação anúncio, ou impedida por medida judicial cautelar.[186]

6.7.6. Concurso de crimes e de pessoas

Com relação ao concurso de pessoas, quando do estudo dos elementos do tipo do art. 68, já vimos em quais hipóteses pode ocorrer tal instituto e é para lá que enviamos o leitor.

---

185 *Op. cit.*, p. 136.

186 José Geraldo Brito Filomeno. *Manual de Direitos do Consumidor*. São Paulo: Atlas, 1999, p. 255.

Quanto ao concurso de crimes, é geralmente neste tipo de publicidade (abusiva, que induz o consumidor a se comportar de forma prejudicial ou perigosa a sua saúde ou segurança) que ele aparece. Notemos que na abusividade (art. 37, § 2º, CDC) já se faz referência a outros ilícitos penais que podem caracterizá-la.

Mas o concurso só deve ser admitido se tiver vínculo com a nossa relação de consumo, ou seja, não é qualquer publicidade que se admite em concurso, considerando a existência de publicidade dirigida só ao fornecedor de produtos ou de serviços.

Vejamos o caso de uma publicidade que, induzindo o consumidor, este acaba criando uma situação de perigo de vida para si. Nesta hipótese, o publicitário/fornecedor responde pela ofensa à relação consumerista (art.68, CDC), em concurso, com o crime do art. 132, CP. Mas se o consumidor, induzido pela publicidade abusiva, expuser a perigo também a vida de terceiro, o publicitário/fornecedor responderá pelo art. 68, CDC; e o consumidor (se tiver agido com dolo, apenas), pelo art. 132, CP.

Outros crimes podem surgir da publicidade abusiva pela indução, inclusive lesões corporais, homicídio, rixa, dano, crimes contra a saúde pública, crimes contra propriedade imaterial (Decreto-Lei 7.903/45), etc.[187]

6.7.7. Prescrição

A prescrição da pretensão punitiva ou executória ocorre em 04 (quatro) anos.

6.8 PUBLICIDADE SEM BASE FÁTICA, TÉCNICA OU CIENTÍFICA.

"Art. 69. Deixar de organizar dados fáticos, técnicos e científicos que dão base à publicidade.

Pena. Detenção de 1 (um) a 6 (seis) meses ou multa".

Outro artigo que se vincula, igualmente, à publicidade e aos direitos do consumidor relativos à correta, ampla e veraz informação.

É mais uma forma de proteção ao consumidor no tocante à publicidade enganosa, falsa, que fere os princípios da publicidade referidos no início.

[187] René Ariel Dotti refere inúmeros crimes com os quais pode ocorrer o concurso formal ou material e para lá enviamos o leitor, *in Op. cit.*, p. 276.

Na verdade, o fornecedor, além de ter o dever de informação, muitas vezes, ainda tem a seu cargo a questão processual relativa à prova, pois, em determinadas ocasiões, a prova é seu ônus exclusivo, pela inversão legal do CDC (art. 6º, inc. VIII c/c 36, par. único, CDC).

Analisado detidamente, o art. 69, CDC, traz para o processo penal do consumidor uma espécie de "inversão do ônus da prova em matéria penal", porque o fornecedor é quem deve fazer prova no sentido de que organizou os dados relativos à sua publicidade, consoante o mandamento do art. 36, par. único, CDC.

O artigo em análise também orienta o fornecedor, para que, nos planos cível e penal, muna-se previamente de elementos relativos à publicidade que realiza, a fim de que, quando preciso, possa deles se utilizar. Daí por que o Prof. Filomeno leciona que tratamos de um "corolário lógico do princípio da inversão do ônus da prova".[188]

Anota-se, mesma forma, que a lei do consumidor impôs ao fornecedor a responsabilidade de manter-se atualizado com a pesquisa tecnológica em todo o mundo referente ao objeto do seu fornecimento.[189] Óbvio, não pode bem informar quem está desatualizado ou despreocupado com seus produtos e/ou serviços.

Impôs-se, a final, ao fornecedor que faz, promove ou realiza a publicidade, o dever de manter, em seu poder, para informação dos legítimos interessados, os dados fáticos, técnicos e científicos que dão sustentação à mensagem que veicula (art. 36, parágrafo único, CDC).

Mas, afinal, quem são os legítimos interessados em olhar os dados arquivados; para que o fornecedor deve guardar tais dados e por quanto tempo deverá fazê-lo?

O fornecedor, diz a lei, deve guardar os dados para serem eventualmente consultados pelos legítimos interessados, que são os consumidores, as entidades de proteção e defesa do consumidor, o juiz, o Ministério Público, seja para a instrução de ações, seja para a instrução de inquéritos civis ou penais, inclusive os publicitários.

Como exemplarmente ensina a Profa. Thereza Alvim, sobre quem seja o legítimo interessado na consulta: "todos aqueles que se sentirem individualmente expostos à prática da publicidade; aqueles a quem competir a fiscalização e o controle de todos os atos que digam respeito a essa lei e os publicitários, para desses dados poder deduzir qualquer infração com os quais não desejem ser considerados coniventes".[190]

---

188 *Op. cit.*, p. 256.

189 Fábio Ulhoa Coelho. *Op. cit.*, p. 77.

190 *In Código do Consumidor Comentado*. São Paulo: RT, 1995, p. 204.

Com relação à terceira parte da pergunta, a lei não dá prazo de guarda (arquivamento) daqueles dados, nada dando a entender que seja somente pelo prazo da veiculação publicitária. Parece-nos que o fornecedor deve guardar consigo os dados fáticos, técnicos ou científicos, para os fins penais, durante o prazo de dois anos, contados da veiculação de sua publicidade, que é o prazo da prescrição da pretensão punitiva.

6.8.1. O crime

O delito é omissivo próprio. Trata-se de crime de mera conduta, onde não se indaga de qualquer resultado material contrário ao consumidor.

Divide-se a doutrina quanto ao momento da consumação. Para alguns, o crime se consuma "no momento em que deveriam ter sido organizados os dados";[191] para outros, com o simples fato da omissão[192] ou de que não necessita que a publicidade seja feita, disse Manoel Pedro Pimentel.[193]

Entendo que o crime se consuma no momento em que a publicidade é veiculada, uma vez que só aí se pode verificar que o fornecedor, realmente, se omitiu na organização de dados. É o critério da "exposição do consumidor", como disse Benjamin.[194] Ora, sem verificar-se a existência, o surgimento da publicidade, não se pode investigar se o fornecedor omitiu-se na criação dos dados a que a lei se refere. Destarte, quando o anúncio aparece e é veiculado, expondo o consumidor, é que se vai verificar e exigir o arquivo dos dados. Tal entendimento afasta a possibilidade de o fornecedor safar-se, alegando que o crime está prescrito, com o argumento de que a omissão se deu dois ou três anos antes de sua veiculação.

O crime é chamado ora de omissão da fundamentação de publicidade;[195] ora de omissão na organização de dados,[196] sendo que ambas as denominações satisfazem. O tipo torna efetivo os arts. 6º, inc. III, e 36, parágrafo único, CDC.

6.8.2. Elementos objetivos do tipo

Organizar é arrumar, ordenar, planejar, enfim, no texto tem o sentido de dispor em ordem e arquivar os dados técnicos, fáticos e

[191] João Batista de Almeida. *Op. cit.*, p. 137; Paulo José Costa Jr. *Op. cit.*, p. 242.

[192] José Silva Jr. *Op. cit.*, p. 493.

[193] RT, 661/254.

[194] Direito do Consumidor. RT, nº 4/117. No mesmo sentido: Francisco Cavalcanti. *Op. cit.*, p. 150.

[195] Benjamin. *Op. cit.*, p. 116.

[196] João Batista de Almeida. *Op. cit.*, p. 136.

científicos. Quando se diz *organizar*, obviamente, já se diz em ordem rigorosa, inclusive, em se tratando de dados numéricos, a forma há de ser inteligível. Tudo que é organizado é para ser inteligível (forma simples) por aqueles que possam ter vista dos dados.

Quando as informações estiverem organizadas em banco de dados, igualmente, devem facilitar a leitura, decodificando-se-as, se for o caso.

Deixar de organizar é não manter os seus dados devidamente organizados. Eles podem até existir, mas não estão em ordem para serem consultados como base da publicidade. O agente descumpre expressamente o dever imposto pelo art. 36, parágrafo único, do CDC.

Os *dados* a que a lei se refere são aqueles elementos ou base para a formação de um juízo,[197] no caso, sobre fatos, técnica e ciência.Dados fáticos, então, são elementos relativos a fatos concretos, não-imaginários; "têm a ver com o cotidiano, como quando o anunciante diz que seu produto é o campeão de vendas no mercado";[198] ou quando anuncia que tem o preço mais barato da praça; ou que é o mais durável do mercado, ou o que tem maior prazo de garantia do que a concorrência, e isso não é verdadeiro. Qualquer afirmação nesse sentido, pelo fornecedor, deve estar devidamente amparada. Se o dado fático estiver fundado em pesquisas, estas devem ser originadas de agências idôneas, oficializadas, legalizadas; os dados técnicos e cientificos que amparam a publicidade devem estar aptos ao entendimento do agente ministerial e do magistrado.

Os dados técnicos são os mesmos elementos exigidos à formação do juízo, mas só que vinculados à arte, ao método, ao "modo de funcionamento do bem".[199]

Alguns desses dados, todavia, podem estar ligados a segredo industrial, e aí o fornecedor, embora deva guardá-los como base técnica de sua publicidade, não está obrigado a fornecê-los a qualquer consumidor, mesmo ao legitimado, ressalvada a ordem judicial com a devida justificação e desde que imprescindível à solução do pleito. Com isso se protege a pirataria industrial.

Os dados científicos, por seu turno, como ensina Benjamin, são aqueles que, direta ou indiretamente, buscam ou têm apoio em quaisquer das ciências.[200] Parece-me que também nesta hipótese, quando vinculado a sigilo, os dados padecem das mesmas restrições dos da-

---

[197] Aurélio Buarque de Holanda. *Novo Dicionário Aurélio*. São Paulo: Nova Fronteira.

[198] Benjamin. *Op. cit.*, p. 117.

[199] Idem.

[200] Idem.

dos técnicos, isto é, podem ser vistos desde que com autorização judicial.

Os dados técnicos e/ou científicos para serem mostrados devem ser analisados caso a caso. Em princípio, o direito do consumidor não pode ser absoluto, então, deve ser analisado casuisticamente. Mas o que importa é a organização de tais dados em posse do fornecedor.

Ainda a respeito dos dados, é de se ter em mente que o arquivamento, a organização dos mesmos nem sempre se faz de forma concomitante para todos os dados.

Os dados fáticos sempre estarão presentes na publicidade, às vezes, amparados por dados técnicos ou científicos. Mas existem produtos ou serviços em que os dados científicos não se fazem necessário.

Veja-se a publicidade de um tênis, v.g. em publicidade que os atesta de certa durabilidade. Na certa devem ser guardadas estatísticas de uso (dados fáticos), ou dados de sua técnica de costura ou fabricação (dados técnicos). Mas não aparecem os dados científicos que podem ser organizados a esse respeito. Então, nem sempre os dados mencionados coexistem, pelo que o fornecedor, dependendo do produto/serviço na publicidade veiculada, poderá deixar de organizar algum dado sem que incorra em crime.[201]

O elemento subjetivo do tipo é o dolo (dolo genérico), isto é, exige-se uma vontade livre, consciente e deliberada no sentido de manter qualquer organização a respeito dos dados da publicidade.

6.8.3. Sujeitos ativo e passivo

O dever de guardar os dados, como já disse o art. 36, parágrafo único, CDC, é do fornecedor. Tanto que se eventuais órgãos oficiais quiserem informações sobre questão de interesse do consumidor é para o fornecedor que devem expedir notificações (art. 55, § 4º, CDC). Então, é para este que se dirige o dispositivo penal em estudo, sendo, portanto, seu sujeito ativo. Como pensa Benjamin: só o fornecedor anunciante.[202]

Nem teria sentido, a rigor, o publicitário estar arquivando dados técnicos, fáticos e científicos de produtos e serviços que não lhe dizem respeito diretamente, seja porque não é ele o fabricante/fornecedor ou o produtor, seja porque que não tem o dever legal de guardá-los. Quanto a isso, o art. 36, parágrafo único, CDC, é de clareza solar.

Sujeito passivo é a coletividade de consumidores, uma vez que é agredido pelo escondimento de dados relativos à publicidade, fi-

[201] Contra: Paulo José da Costa Jr. *Op. cit.*, p. 241.

[202] *Op. cit.*, p. 116.

cando sem saber, a rigor, se está diante de publicidade séria ou enganosa/abusiva.

6.8.4. A tentativa

Em se tratando de crime omissivo próprio, há inadmissibilidade da tentativa, eis que o delito se consuma com a simples omissão, como dizem Luis Régis Prado e Cezar Roberto Bitencourt.[203]

6.8.5. Concurso de crimes e de pessoas

Diz Benjamin que o concurso é possível com os arts. 66 e 67, CDC, assentando que "o agente não só deixa de manter organizados os dados de sua informação ou publicidade, como estas são, ademais, falsas ou capazes de induzir o consumidor em erro".[204]

Isso deve ser bem entendido, claro.

O art. 66, CDC, pressupõe uma afirmação falsa (manifestação exterior pelo próprio agente) ou uma omissão relevante de informação sobre produtos ou serviços.

Prima facie, não parece existir relação entre a não-organização de dados da publicidade (art. 69) e a falsidade na oferta (art. 66). Em outras palavras: o tipo só pressupõe que os dados, verdadeiros ou falsos, não estejam organizados. Se o fornecedor não possuir dados técnicos sobre seus produtos ou serviços (dados inexistentes) e não fizer qualquer afirmação falsa ou qualquer omissão de informação não parece presente qualquer crime, pois não fez publicidade ou oferta.

Suponha-se que o fornecedor tenha os dados fáticos de sua publicidade, mas estão desorganizados. O Ministério Público os requisita; o fornecedor os organiza e os entrega. Crime não há pelo art. 69, CDC. Pode existir o do art. 66, CDC.

Suponha-se que o fornecedor tenha os dados fáticos de sua publicidade, mas que estão desorganizados. O Ministério Público, o agente policial ou uma entidade de fiscalização realiza uma inspeção. Há flagrante. Crime há pelo art. 69. O concurso com o art. 66, CDC, só haverá se na análise dos dados técnicos, fáticos ou científicos se verificar uma afirmação falsa ou omissão de informação relevante do fornecedor. Aí há concurso com o art. 66, CDC.

No mesmo caso, suponha-se que o fornecedor não tenha os dados fáticos nem técnicos ou científicos de sua publicidade. O Minis-

---

203 *In Elementos de Direito Penal*. Parte Geral. São Paulo: RT, 1995, p. 111.

204 Benjamin. *Op. cit.*, p. 117.

tério Público os requisita. Os dados não aparecem. O crime existe pelo art. 69, CDC, porque o deixar de organizar equivale ao inexistir. O fornecedor deixou de cumprir dever imposto pela lei.

Com o art. 67, CDC, é preciso observar que é crime, em princípio, praticado pelo publicitário. O fornecedor só pode ser agente do crime quando fizer pessoalmente ou promover a publicidade enganosa ou abusiva. No art. 69, o agente é sempre e só o fornecedor, eis que, crime de omissão se trata e é a este o dever imposto pelo art. 36, parágrafo único, CDC. Mesmo que o fornecedor crie ou promova uma publicidade enganosa ou abusiva ele jamais terá organizado dados que atendam ao princípio da veracidade, sob a forma de dados técnicos, fáticos ou científicos, sobre o que é enganoso ou abusivo. Então, aqui, a omissão na organização, a falta de dados técnicos, fáticos ou científicos e verazes sobre sua publicidade (art. 69, CDC) é mero caminho, um crime-meio para se chegar ao delito-fim, que é a própria veiculação de publicidade enganosa ou abusiva (art. 67, CDC). Com isso se conclui que dificilmente se terá concurso dos arts. 69 com o 67 do CDC, porque quando o fornecedor cria ou promove uma publicidade enganosa ou abusiva ele já não tem qualquer base de sustentação veraz àquela.

Suponha-se, ainda, que um fornecedor tenha omitido a organização de dados de sua publicidade. Após a instauração do processo penal pelo art. 69, CDC, o fornecedor organiza os dados que antes inexistiam, fundando-se neles em sua defesa naquele juízo. Está presente a hipótese pela qual o agente inovou o estado de coisa para fazer efeito em processo penal, que é o parágrafo único do art. 347, CP. Deve o Ministério Público aditar a denúncia pelo concurso material. Todavia, se o fornecedor apenas organiza seus dados e mostra-os ao juiz, a circunstância deve ser considerada apenas como atenuante genérica (art. 66, CP).

Caso diverso, contudo, é trazido por Filomeno,[205] quando o agente, pendente processo civil ou administrativo, destrói ou modifica os dados que dispõe. Aí ocorreria tão-somente o art. 347, *caput*, do CP, eis que inova-se artificiosamente um estado de coisa com o fim de induzir a erro o juiz ou o perito, se for o caso.

O concurso de pessoas no crime omissivo pode ocorrer sob a forma de participação, a qual, como ensina Cezar Roberto Bitencourt, ocorre normalmente através de um agir positivo do partícipe que favorece o autor a descumprir o comando legal.[206] Suponha-se que

[205] *Op. cit.*, p. 141.

[206] *In Lições de Direito Penal* - parte geral. Porto Alegre: Livraria do Advogado Editora, 1992, p. 56.

um publicitário instigue dolosamente o fornecedor a deixar de organizar os dados fáticos, técnicos ou científicos que dão base à publicidade. Há participação, pela instigação, do publicitário no crime do fornecedor.

Mas é de se alertar que a participação é conduta essencialmente dolosa,[207] compreende, pois, o conhecimento pelo partícipe do dever do fornecedor de organizar os dados e seu assentimento a que este deixe de organizá-los.

No art. 69, CDC, não parece possível a co-autoria, afinal, o dever de organizar os dados é imposto somente ao fornecedor de produtos ou serviços, e não ao publicitário ou à terceira pessoa.

6.8.6. Prescrição

O crime prescreve em dois anos. Assim como nos arts. 63, § 2º; 66, § 2º; 73 e 74, não parece possível a prescrição retroativa no art. 69, CDC, porque o máximo da pena cominada é de seis meses, isto é, inferior a um ano. Assim, decorridos mais de dois anos entre a data do fato e a do recebimento da denúncia ou entre esta e a da publicação da sentença condenatória ocorre a prescrição da pretensão punitiva, apenas.

6.9. TROCA DE COMPONENTES SEM AUTORIZAÇÃO

"Art. 70. Empregar, na reparação de produtos, peças ou componentes de reposição usados, sem autorização do consumidor.

Pena - Detenção de 3 (três) meses a 1 (um) ano e multa."

A norma do consumidor (art. 21) criou para o prestador de serviços, na reparação de produtos, a obrigação de utilizar peças de reposição originais adequadas e novas, ou que mantenham as especificações técnicas do fabricante, salvo, quanto a estes últimos, autorização em contrário do consumidor.

O artigo sob comento tem parcial relação com o acima disposto e se dirige principalmente ao prestador de serviços. Tem parcial relação, porque houve modificação na exigência relativa a peças ou componentes de reposição, eis que, o tipo penal não aceita somente que sejam eles "usados". A norma civil consumerista exige a colocação de peças novas, originais e adequadas, ou que mantenham as especificações técnicas do fabricante. Em outras palavras: não cometerá o crime

[207] Nilo Batista. *Concurso de agentes*. São Paulo: Liber Juris, 1979, p. 121.

o prestador de serviços que utilizar em seu conserto uma peça não-original ou que não mantenha a especificação técnica do fabricante, desde que seja peça ou componente não usado. Todavia, poderá responder por isso na órbita civil da reparação, se não tiver consigo a autorização do consumidor.

Assim, o fornecedor de serviços, ou seja, "todo aquele que exerce uma atividade que decorre de sua própria mão-de-obra, ou de utilização de terceiros sob sua orientação e contratação"[208], ou aquele que faz consertos em geral, não pode substituir uma peça por outra qualquer sem consultar o consumidor. É a regra. A autorização do consumidor, por seu turno, deve ser expressa e prévia, preferencialmente, por escrito, como veremos em seguida.

Em que pese a preocupação do legislador consumerista, a dificuldade nesse campo ficará por conta da prova. Ocorre que a maioria dos consumidores, leigos em matéria de serviço especializado, terá dificuldade em distinguir uma peça usada de uma recondicionada, por exemplo. Esta pode até passar-se por peça nova sem que o leigo distinga uma da outra. Isso para não se falar de uma peça já usada, que muitas vezes pode vir "mascarada" de nova, ou seja, lustrada, polida, enfim, apresentada como se nova fosse. Também, muitas vezes, ocorre de o consumidor nem saber qual foi a peça trocada, nem se algum componente foi substituído, ficando somente na confiança do prestador de serviços.

A exigência de prova plena fará com que seguidamente se recorra à prova pericial e aí pode surgir a dificuldade do aparato oficial (Polícia e Ministério Público), especialmente em pequenas comunidades, em conseguir técnico oficial habilitado para tanto. Na matéria, é de se exigir conhecimento efetivo, não bastando o comum "atestado" feito por duas pessoas alheias ao ramo do serviço, porém, suprirá a exigência se tais pessoas possuírem conhecimento teórico ou prático ao reconhecimento.

6.9.1. O crime

O crime é comissivo, porque exige uma conduta do sujeito ativo e se dirige ao prestador de serviços, que é quem repara produtos.

O crime é de mera conduta, não exigindo um resultado material, pois se dirige à proteção geral dos consumidores potencialmente sujeitos ao prestador de serviços.

---

208 Irineu Strenger, *Comentários ao Código de Defesa do Consumidor*, Forense, RJ, 1992, p. 85.

Todo aquele prestador de serviços que atuar no sentido de empregar peças ou componentes de reposição usados, quando da reparação de produtos, sem a autorização do consumidor, está incidindo no crime em estudo. Não importa se a peça trocada funciona ou não, basta que tenha sido empregada uma peça usada e para isso falte uma autorização do consumidor.

O tipo poderia ser melhor construído, como, por exemplo, configurar também o fato de o prestador de serviços deixar de entregar ao consumidor a peça substituída, porque isso é muito comum e contribui para o engano dos consumidores. Na verdade, muitos prestadores de serviços não entregam a peça substituída e repassam-na a outro consumidor.

Também o saudoso Manuel Pedro Pimentel referiu que pode o prestador de serviços, diante de uma emergência, não ter outro recurso senão o de empregar peças ou componentes de reposição usados, mesmo sem a autorização do consumidor, quando no tipo deveria ser incluída a expressão "sem justa causa".[209]

É de atentar-se que o desconhecimento do consumidor, a sua ignorância sobre o funcionamento detalhado dos bens e serviços, aliás, é também motivador da legislação consumerista. Veja-se os aparelhos eletroeletrônicos, *v.g.*, onde poucos sabem qual ou quais transístores servem para alguma coisa, até para não referir a questão dos automóveis, onde muitos(as) "motoristas" só sabem onde vai o óleo e a gasolina. Então, estranhamente, embora comum a modalidade fraudulenta em que o fornecedor de serviços atue no engodo no que diz respeito às peças efetivamente trocadas, o delito em análise em hipóteses muito raras veremos aplicado, porque é de difícil constatação pelo consumidor. Daí por que também isso impedirá muitas vezes a caracterização do flagrante.

Este crime é também chamado de emprego não autorizado de componentes usados; crime de utilização de peças e componentes usados;[210] e emprego de peças e componentes de reposição usados,[211] consoante Filomeno.

6.9.2. Elementos objetivos do tipo

Empregar tem o sentido de colocar, utilizar-se, apor, substituir ou aproveitar-se o fornecedor, nos serviços de reparação, de peças já usadas anteriormente, seja pelo próprio consumidor ou por terceiro.

[209] *In* "Aspectos Penais do Código de Defesa do Consumidor". Revista dos Tribunais, 661/254.

[210] João Batista de Almeida. *Op. cit.*, p. 137.

[211] Benjamin. *Loc. cit.*, p. 107.

Na interpretação, como disse Dotti, não há dificuldades práticas, eis que é o mesmo que "servir-se de peças ou componentes de reposição já utilizados".[212]

Serviços de reparação, como ensina Irineu Strenger, são todos aqueles que tenham por objeto a recolocação de bens e produtos em seu estado anterior de prestabilidade.[213]

A propósito, como já lembrado, o delito do art. 70, CDC, é parente na linha direta do crime de estelionato (art. 171, *caput*, CP), pelo que, se o agente escapar daquele, cairá abraçado com este tipo.

O consumidor, repito, tem o direito de ser informado e isso implica que o prestador de serviço/fornecedor avise àquele, previamente, que irá utilizar peça usada no conserto programado. Somente com a concordância do consumidor é que tal peça pode ser utilizada.

A autorização do consumidor é necessária para a utilização de qualquer outro tipo de peça que não seja a original ou a nova. É de se distinguir, então, peças originais de peças novas, porque aquelas são "recomendadas ou endossadas pelo fabricante do produto a ser reparado" e a "idéia de peça nova opõe-se à de peça recondicionada ou de segunda mão".[214] *Peças ou componentes usados* são todos aqueles que, após sua primeira fabricação, tenham sido, de uma forma ou de outra, empregados, mesmo que uma única vez.[215]

Para o fim penal, a ausência de *autorização do consumidor* é requisito[216] da configuração do tipo, ou seja, com aquela autorização, toda peça é aceita, não havendo incidência do tipo do art. 70. Todavia, como nem toda peça aceita pode ser boa, o prestador pode incorrer em estelionato, afinal, ninguém manda a conserto um bem, autorizada a colocação de uma peça, para que o bem não funcione. Há essa diferença que deve ser captada, pois a autorização não é um cheque em branco que o consumidor passa ao prestador de serviços, validando qualquer espécie de falcatrua.

A autorização, em que pese a lei assim não a exigir, por precaução, deve ser expressa por escrito. Esta, aliás, é para fazer prova a favor do sujeito ativo, claro, uma vez que só a este interessa provar que obteve autorização do consumidor para a utilização desta ou daquela peça usada.

Admite-se, contudo, uma autorização implícita, velada, silente, como quando o consumidor chega em um prestador de serviços que

---

212 *Op. cit.*, p. 280.

213 *In Comentários ao CDC*. Rio de Janeiro: Forense, 1992, p. 87.

214 Benjamin. *Comentários ao CDC*. São Paulo: Saraiva, 1991, p. 108.

215 Benjamin. *Direito do Consumidor*, 3/109.

216 Benjamin. Idem.

só trabalhe com peças usadas, recondicionadas, enfim, aí não se é de exigir a autorização.

Outra hipótese também ventilada[217] ocorre quando o consumidor, posteriormente, no momento em que vai pagar a conta, fica sabendo que foi colocada uma peça usada. Não parece que nesta hipótese exista uma presunção de assentimento, porque isso revela certa má-fé do prestador de serviços que adota a tese do "fato consumado". Ora, se podia e devia avisar antes e não o fez, deve responder, em tese, pelo descumprimento do dever de informar previamente à colocação. Ademais, na espécie, nem está presente a autorização do consumidor. Porém, é de ser admitida nessa hipótese, uma autorização *a posteriori*, quando o consumidor concordasse e aí desapareceria a incriminação.[218]

Não se afasta, ainda, prove o prestador de serviços que o consumidor concedeu uma autorização verbal, ali mesmo no estabelecimento, na oficina, diante de outros clientes, enfim, com prova testemunhal firme que será fiscalizada pelo *parquet*. Em assim ocorrendo, também é de se considerar válida a autorização.

Resumindo, podemos dizer que a autorização expressa de que nos fala a lei pode vir sob a forma escrita, verbal, tácita ou presumida, sem que isso possa amoldar uma conduta típica.

Será preciso a demonstração de um prejuízo concreto na espécie?

Dizem que sim René Dotti[219] e Paulo Costa Jr.;[220] Benjamin entende que não há necessidade de dano efetivo para o consumidor.[221]

Para a resposta é necessário ver-se a espécie do crime em questão. Ocorre que para o conserto e a conseqüente utilização da peça há um caminho, que vai desde o desmonte, a seleção da peça a ser substituída, a seleção da peça usada, enfim, caminho que pode ser abortado por circunstâncias externas, como a intervenção do próprio gerente do estabelecimento ou até do consumidor. Então, o crime é formal, mas de perigo presumido, abstrato, onde resulta da simples ação do agente o emprego da peça usada, sem a autorização do consumidor. Daí por que não é necessária a demonstração de efetivo prejuízo, nem mesmo discutindo-se se a peça trocada é melhor ou pior do que a substituída. O consumidor não pode ser obrigado a "engolir" uma peça usada só porque é de marca excelente, ou importada (aqui tem-se verdadeira adoração pelo que é importado), ou porque dificil-

[217] Dotti. *Op. cit.*, p. 281.

[218] Nesse sentido: Manoel Pedro Pimentel, RT, 661/254.

[219] *Op. cit.*, p. 282.

[220] *Op. cit.*, p. 243.

[221] *Direito do Consumidor*, 3/110.

mente "dá oficina", ou porque o prestador de serviços assim entendeu. Não. Aqui estamos tratando de direitos do consumidor, e não do fornecedor.

Como disse acertadamente Antonio Herman Benjamin: "basta a vontade consciente de empregar peças usadas sem consulta ao consumidor".[222]

6.9.3. Sujeitos ativo e passivo

Para a identificação do sujeito ativo do crime não se exige que o fornecedor/prestador de serviços afirme ao consumidor que utilizou peças novas na reparação, como pretende Paulo José Costa Jr., aliás, isso nem entra em consideração no tipo. O que se entende relevante é o efetivo emprego da peça usada e para isso é despicienda aquela afirmação pelo sujeito ativo. Ocorre que é dever do prestador de serviços utilizar-se de peças originais ou que atendam às especificações do fabricante, enfim, na pior das hipóteses, peças novas.

Entendemos que nem sempre o sujeito ativo no crime é o responsável pelo estabelecimento, pois "a ele é que cabe o dever de fiscalizar e controlar a forma como seu serviço é prestado", como quer Benjamin.[223] Isso seria adotar-se a responsabilidade penal objetiva do responsável pelo estabelecimento e sabemos que tal não é possível. O que se pretende é que o inquérito policial deslindará quem é o sujeito ativo, que até pode ser o responsável pelo estabelecimento, mas não sempre e necessariamente.

O responsável pelo estabelecimento, muitas vezes, mesmo deixando peças novas à disposição do empregado, não tem a certeza de que elas estejam sendo utilizadas devidamente, salvo se for norma do estabelecimento a entrega da peça usada ao próprio serviço, ou ao setor de peças, ou que neste sejam requisitadas pelo empregado mediante a troca da usada pela nova, enfim, tudo isso a investigação policial deve demonstrar.

Mas como se vê, todo esse procedimento fica a cargo de empregados: o estoquista, o trabalhador que realiza o conserto, enfim, não se pode prontamente responsabilizar o gerente ou responsável.

Parece-nos, portanto, que o sujeito ativo do delito é a pessoa física que presta e atesta como perfeita e legal a troca de peças no serviço que realizou e isso inocorreu. Claro, pode existir concurso de pessoas, como na hipótese de o gerente da oficina, v.g., orientar o empregado para que se utilize dessa modalidade de fraude, ou que

222 *Op. cit.*, p. 110.

223 *Direito do Consumidor*, 3/108.

utilize de peças usadas em tais consertos. A responsabilidade do empregado, também, pode ser até afastada e só responsabilizado o gerente/responsável.

Sujeito passivo pode ser pessoa física ou jurídica, mas que seja o consumidor, isto é, aquele que leva o objeto ao conserto.

É um pouco forte dizer-se que o sujeito passivo não é o consumidor individual,[224] afinal, sem este a fraude dificilmente será descoberta. Se ninguém reclama da prestação de serviço com a utilização de peças usadas, mesmo que o crime exista, ele não aparece. Então, para a persecução penal, exige-se um sujeito passivo indireto, eis que o sujeito passivo direto, concordamos, é a coletividade de consumidores como um todo.

6.9.4. A tentativa, o concurso de crimes e de pessoas

Disso decorre que o crime em estudo admite a tentativa, pois perfeitamente possível a cessação do *iter criminis*. Mesmo eventual discussão da ocorrência desse instituto (tentativa) nos crimes formais é de ser afastada,[225] uma vez que em tais crimes o resultado adere à conduta, e sem a complementação desta não há crime formal consumado. Ademais, a natureza do tipo estudado permite um *iter*, um fracionamento. Só há o emprego de peça usada na efetiva troca da peça e esta, como se disse, pode ser obstada.

Por derradeiro, o crime em questão não se confunde com o estelionato, pois este ainda exige a fraude, o ardil ou qualquer meio fraudulento e exige prejuízo à vítima e ocorre em outra relação negocial que não a relação de consumo. No delito em estudo, não se exige prejuízo e ainda se requer necessariamente uma relação de consumo.

A doutrina distingue em exemplos um do outro, como no caso da não-substituição de qualquer peça, com a conservação da mesma peça e cobrança pelo "serviço", como se fora substituída (existe uma fraude e um lucro indevido com evidente prejuízo ao consumidor); apresentação de nota fiscal de peça nova que jamais foi substituída; lavagem da peça velha com componentes químicos, para fins de aparentar uma peça nova, enfim, quando aparecerem algumas características entre um crime e outro é de se resolver pelas regras do conflito aparente de normas penais.[226]

O elemento subjetivo do tipo é o dolo, ou seja, a vontade livre e consciente de colocar peça ou componente de reposição já utilizado,

224 Benjamin. *Op. cit.*, p. 109.

225 Pimentel. *Op. cit.*, p. 107.

226 No mesmo sentido: René Dotti, p. 283.

pouco ligando o prestador de serviços para a autorização ou não do consumidor. Isso significa que a negligência do prestador de serviços ou sua distração não configura o crime,[227] porque presente a culpa *stricto sensu*.

É de se recordar, ainda, que o emprego da peça usada, seja porque inadequada ou porque inútil para os fins pretendidos, disso sabendo o fornecedor, pode causar o estrago total do objeto, o que é causa não só da reparação civil como pode ensejar o concurso com o crime de dano (art. 163, CP).

Vemos a possibilidade do concurso deste crime com o estelionato, quando ocorrer efetivo prejuízo ao consumidor, eis que duas ordens de proteção foram violadas.

Admite-se o concurso de agentes neste crime, não só porque comissivo, mas porque geralmente são oficinas de prestação de serviços que se utilizam de empregados que podem estar acordados com um ou outro chefe na troca dolosa de peças sem autorização do consumidor.

6.9.5. Prescrição

As prescrições da pretensão punitiva ou executória ocorrem em 4 (quatro) anos (art. 109, inc. V, do Código Penal).

A multa, que é obrigatória, pois cumulativa, prescreve em dois anos, somente quando ainda não tiver ainda sido cumprida.

6.10. COBRANÇA OFENSIVA DE DÍVIDAS

"Art. 71. Utilizar, na cobrança de dívidas, de ameaça, coação, constrangimento físico ou moral, afirmações falsas, incorretas ou enganosas ou de qualquer outro procedimento que exponha o consumidor, injustificadamente, a ridículo ou interfira com seu trabalho, descanso ou lazer.

Pena - Detenção de 3 (três) meses a 1 (um) ano e multa."

O fornecedor, como qualquer credor, tem o direito de receber o seu crédito, quando para isso poderá até se utilizar da cobrança judicial. Afinal, trata-se de cumprimento de obrigação assumida pelo consumidor, que deve ser por este satisfeita. Como ensinou Agostinho Alvim: o cumprimento da obrigação é a regra; o inadimplemento, a exceção.

[227] V. Paulo Costa Jr. *Op. cit.*, p. 243.

A cobrança, aliás, não significa somente procurar receber o que é devido por uma pessoa à outra, mas também exigir que se pague o que é devido, como esclarece Plácido e Silva.[228] Daí por que existe um direito de cobrar (direito de crédito) a ser exercido pelo fornecedor/credor, nas formas amigável e judicial (cobrança compulsória).

Ocorre que, muitas vezes, a cobrança amigável (extrajudicial) se transforma em discussões intermináveis, debates acalorados, onde começam a surgir desde coações, constrangimentos, ofensas à honra de um e outro até vias de fato. Inúmeras vezes, da cobrança de uma simples dívida resulta a morte do credor ou do devedor, quando não de ambos. Aí, o que era uma faculdade do credor/fornecedor, porque cobrança amigável, transforma-se em sério motivo, que pode se tornar até qualificadora (motivo fútil no homicídio) em eventual crime que dela decorra.

O direito de cobrar (direito de crédito), por seu turno, não pode ser exercido ao extremo, pois todo direito extremado (uso anormal do direito) configura o abuso. E todo abuso de direito, que consiste no exercício anormal, irregular ou malicioso do direito, deve ser coibido. Já do Direito Romano vinha a máxima: *Summum jus summa injuria*, sendo que Gayo já dizia que não devemos abusar de nossos direitos.[229]

O artigo 71 em estudo pretende regrar o exercício do direito de crédito (direito de cobrar), impedindo que se cometam excessos pelo fornecedor/credor.

Miguel Reale chamou essa norma de "forma populista de 'Direito' a favor dos devedores", um "absurdo porque se proíbe, praticamente, a cobrança do crédito": "quer dizer, não há momento algum em que o consumidor possa responder por sua dívida...".[230] Tal regra nada teria a ver com defesa do consumidor, segundo nosso mestre.

Não pensamos assim, todavia. O dispositivo em questão vem regular o exercício da cobrança amigável, eis que, a cobrança judicial tem suas regras próprias e é controlada devidamente pelo aparato estatal. Regula-se, portanto, aquela faculdade da cobrança amigável, que tem o fornecedor, a fim de que não descambe para o abuso, para além daquela linha divisória entre o lícito e o ilícito. Visa com isso a conter o ímpeto do credor/fornecedor em receber de qualquer maneira o seu crédito. Evita-se, enfim, a ocorrência da justiça de mão própria, o exercício arbitrário das próprias razões, que também é ilícito penal (art. 345, CP).

228 *In Vocabulário Jurídico*. v.1. Rio de Janeiro: Forense, p. 350.

229 Louis Josserand. *Del abuso de los derechos y otros ensayos*. Colombia: Temis, 1982, p. 5.

230 *In Aplicações da Constituição de 1988*. Rio de Janeiro: Forense, 1990, p. 59.

O consumidor inadimplente, aquele que não cumpriu a sua parte no negócio, assim como tem o dever jurídico e moral de honrar seu compromisso, tem o direito de, quando cobrado, não ser exposto a ridículo, não se transformar em objeto de brincadeiras e não sofrer constrangimentos de qualquer espécie (art. 42, CDC), seja pelo credor, seja por terceiros. Afinal, havendo inadimplemento, é sobre os bens do devedor que recai a sanção, como disse Olimpio Costa Jr.,[231] daí por que não se pode extremar dizendo-se que não há momento algum em que o consumidor possa responder por sua dívida.

A cobrança ofensiva de dívidas fere o direito à honra da pessoa, que é direito da personalidade.[232] Naquela, o credor confunde o plano econômico do devedor com o plano pessoal, íntimo, de amor próprio, que é a honra, bem da personalidade pertencente ao devedor e que deve ser resguardado, protegido na relação de consumo.

6.10.1. O crime

É crime de ação múltipla, como ensina Dotti, pois de várias maneiras é possível ocorrer o abuso do direito de cobrar.[233] O art. 71 é um tipo comissivo, exige uma atuação do agente; é crime de mera conduta, onde desnecessário qualquer resultado no mundo naturalístico.

O crime veio agilizar até o procedimento relativo à ameaça (quando for contra o consumidor), porque o Código Penal (art. 147 do Código Penal) exige a representação do ofendido e agora a ação penal é pública incondicionada.

Sobrevindo algum resultado, é preciso agir com cautela, para não se aplicar regra de concurso, quando presente apenas um crime.

O crime é doloso, isto é, exige plena manifestação de vontade do agente no sentido de macular a honra do consumidor com a cobrança vexatória. Consuma-se com a realização de uma ou outra das condutas incriminadas e o preenchimento dos demais elementos do tipo.[234]

O crime ora é chamado de "meios vexatórios para cobrança de dívidas", para Filomeno; ora de "cobrança irregular de dívida de consumo",[235] como quer Benjamin; ora "cobrança arbitrária de dívidas", ou cobrança vexatória de dívidas, para João Batista de Almeida;

[231] *In A Relação Jurídica Obrigacional*. São Paulo: Saraiva, 1994, p. 39.

[232] Ver nosso "Anotações aos Direitos da Personalidade", RT, 715/36.

[233] *Op. cit.*, p. 285.

[234] Dotti. *Op. cit.*, p. 287.

[235] Milhomens e Magela Alves. *Manual de Direito do Consumidor*. Rio de Janeiro: Forense, 1994, p. 157.

ou cobrança ofensiva de dívidas. Qualquer uma das denominações atende perfeitamente à intenção do legislador.

6.10.2. Elementos objetivos do tipo

O núcleo do tipo é o verbo *utilizar* a significar servir-se, empregar, aproveitar-se o credor, fornecedor somente (um dos pólos da relação de consumo), de meios indevidos para a cobrança de seus créditos. O agente atua no sentido da utilização do meio irregular na cobrança de dívidas.

Dívida é a prestação que o devedor está obrigado a cumprir com o credor ou com alguém por este autorizado; é a quantia pecuniária devida ou tudo aquilo que se deve.[236]

A ameaça do exercício normal de um direito não é coação, como dispõe o *art. 100 do Código Civil*, mas o excesso é criminoso.[237]

A ameaça é a manifestação do propósito de fazer a alguém um mal futuro, seja por palavra, escrito ou gesto, ou qualquer outro meio simbólico. É a promessa de causação de um mal.[238] No crime em questão não é necessário que a *ameaça* seja, como exige a lei penal comum, de mal injusto e grave ou acompanhada de representação, mas deve ser capaz de atemorizar a vítima (como vem decidindo nosso Tribunal), pois, como disse Hungria, a lei penal não exige heroísmos, mas também não é tutela dos que temem assombrações ao meio-dia. Basta que seja uma simples ameaça, realizada oralmente, por escrito, real ou simbólica, direta ou indireta, explícita ou implícita,[239] em relação de consumo e para cobrar dívida, que chegue ao conhecimento da autoridade. Já na coação ou no constrangimento não se exige qualquer medo pela vítima (consumidor).

A cobrança deve estar diretamente relacionada com a relação de consumo, ou seja, o crédito impago deve dizer respeito a uma relação de consumo entre o sujeito ativo do crime e a vítima. Não vemos como existir o crime naquelas hipóteses em que o fornecedor (C) manteve relação de consumo com "A" e vem "B" e assume a dívida de "A", porque "emprestou-lhe" o nome (*rectius*: o crédito) junto ao fornecedor. Neste caso, eventual cobrança ofensiva de "C" (cobrador) contra "B" não é crime contra o consumidor, ante a inexistência de relação consumerista entre o fornecedor-credor e "B". Todavia, se o fornece-

---

236 Diniz, Maria Helena. *Dicionário Jurídico*, Vol.2, cit., p. 209.

237 Art. 100, Cód. Civ. Não se considera coação a ameaça do exercício normal de um direito, nem o simples temor reverencial.

238 Dotti. *Op. cit.*, p. 285.

239 Nelson Hungria. *Comentários ao Código Penal*. v. VI. Rio de Janeiro: Forense, p. 184.

dor (C) entregou sua dívida para ser cobrada por terceiro (D) (empresas de cobranças) e este se utiliza de procedimentos vexatórios, o crime está presente.

Não foi feliz o legislador quando se referiu às espécies de *constrangimento (físico ou moral)*, porque estão "obviamente inseridas nos procedimentos de ameaça e de coação".[240]

A coação, como ensina Paulo Costa Jr., pode verificar-se por ameaça (*vis moralis, vis relativa, vis compulsiva*) ou violência física (*vis physica, vis absoluta* e *vis corporalis*), logo, engloba o constrangimento e a ameaça.

Clóvis Beviláqua já ensinava que se a pessoa procurar incutir pavor ou grave apreensão no ânimo de outrem, "esse cortejo de ameaças torna anormal o exercício do direito e constitui coação".[241]

Afirmações são frases positivas, ditas ou escritas pelo credor/cobrador/fornecedor. O tipo exige ainda que a afirmação seja falsa, isto é, que contenha uma inverdade; que seja incorreta, ou seja, com incorreção, desviada, errada ou defeituosa;[242] ou que seja enganosa, passível de lograr, enganar o consumidor e/ou até terceiros, quanto à pessoa do consumidor, como ensina Luisi.

A afirmação, então, pode conter falsidade ideológica ou material, não importa para a configuração do crime. Se utilizada a falsidade ideológica ou material, parece que existe concurso formal de crimes, como diz Dotti.

Não concordamos quando referido que a afirmação falsa ainda pode configurar crime contra a honra do consumidor, quando então poderia existir um concurso de crimes (crimes contra a honra). O dispositivo consumerista também visa a resguardar a honra do consumidor inadimplente, pois expressamente menciona que este não deve ser exposto ao ridículo pela cobrança da dívida. Ademais, ainda existe o fato de que os crimes contra a honra dependem de queixa-crime (art. 145, CP) para só depois poderem ser aditados pelo Ministério Público e no art. 71, CDC, o *parquet* pode agir de ofício e livremente.

O tipo traz uma ilicitude especial na palavra *injustificadamente*, que para alguns é uma demasia,[243] ou demonstração de redação defeituosa da norma,[244] porque ela pode ser vista quando da análise da antijuridicidade. Segundo José Geraldo Filomeno, o advérbio *injusti-*

---

[240] Dotti. *Op. cit.*, p. 285.

[241] *Código Civil dos EUB*, Ed. Rio. Histórica. 7ª ed., p. 349.

[242] Costa Jr. *Op. cit.*, p. 245.

[243] Luiz Luisi. *Op. cit.*, p. 69.

[244] Dotti. *Op. cit.*, p. 286.

ficadamente tem por escopo resguardar o exercício regular do direito de cobrar.[245]

Entende-se que a palavra tem sua razão de ser, pois não falta um intérprete a dizer que estaria abolido o direito de cobrança amigável, cobrança extrajudicial, que até se pode dar com uma ameaça. Veja-se, *v.g.*, o caso de alguém que possui uma cambial vencida e cobra o devedor, ameaçando-o de protesto. O protesto é ato legal e isso "justifica" a ameaça realizada. Daí que crime inocorre. Óbvio, mesmo com esta "justificação" não pode o credor chegar ao trabalho do consumidor gritando a altos brados uma ameaça de procedimento judicial, porque isso já configura ofensa à honra do devedor-consumidor, expondo-o a ridículo no seu trabalho. Outra ameaça que pode ser impunível sob a ótica consumerista é o caso da ameaça de "botar na justiça" a dívida do consumidor. Também se diz que *qualquer outro procedimento* utilizado pelo cobrador é ilícito, quando expõe o consumidor a ridículo. Isso significa que *o rol* de comportamentos do credor/cobrador, no crime, *é exemplificativo*, em número aberto, pois pode surgir outra prática de cobrança, principalmente agora com o advento da informática, com a navegação de mensagens no universo informatizado. Até nesta hipótese se configura o crime em nossa opinião.

Expor o consumidor a ridículo é o escárnio, a gozação, "são ofensas pessoais à dignidade do devedor";[246] "a fazê-lo alvo do riso, do cômico".[247]

Tais comportamentos ocorrem até quando, na cobrança de dívidas, o credor expõe cópia do cheque do devedor, carimbado pelo banco, no pára-brisa de seu automóvel (TACRIM-SP AC 824.759-6, Rel.Penteado Navarro, j. 31.8.94); ou aqueles cheques colocados em postos de gasolina, em lojas, geralmente em vitrines expostas aos olhares do público; ou, como em caso ocorrido na cidade de Canoas-RS, quando o comerciante apôs cópia do cheque inadimplido pelo consumidor na frente do seu estabelecimento comercial, em quadro-negro, enfim, isso é que expõe o consumidor a ridículo.

Tais cobranças não podem ser feitas no ambiente *do trabalho, descanso ou lazer do consumidor*, o que deve ser bem entendido, sob pena de jamais o fornecedor-credor poder exercitar o direito de cobrar (direito de crédito). Um funcionário público, *v.g.*, se não está no tra-

---

[245] *Op. cit.*, p. 272.

[246] José Alexandre Tavares Guerreiro. *Comentários ao Código do Consumidor*. Rio de Janeiro: Forense, 1992 p. 140.

[247] Paulo José Costa Jr. *Op. cit.*, p. 245.

balho, está no lazer, na rua ou em casa. Então, fosse aplicar a regra, jamais poderia ser encontrado para ser cobrado, mesmo discretamente.

Como ensina Francisco Cavalcanti, o dispositivo não é um *salvo-conduto* para o devedor inadimplente:

"A presença de um representante do credor, p.ex., no local de trabalho de um devedor que vem se furtando a uma tentativa de acordo, a uma composição, de modo urbano e sem procurar interferir nos serviços que venha esse realizando, não poderá caracterizar o tipo".[248]

Há de ficar provado, portanto, que a cobrança perturbou, impediu, interferiu com o trabalho do consumidor, com seu descanso em casa, no clube, em festa, em reunião com amigos etc., isto é, com seu lazer.

6.10.3. Sujeitos ativo e passivo

Sujeito ativo no crime é o cobrador (fornecedor), ou seja, aquele que se utiliza da cobrança irregular ou vexatória contra o consumidor. É a pessoa física, e no caso de empresas especializadas em cobrança (pessoa jurídica) o sujeito ativo pode ser ou não o proprietário ou o gerente da empresa, dependendo, aí, daquilo que deslindar a investigação policial. Pode existir, à evidência, o concurso de pessoas, como no caso de o gerente orientar um "meio infalível" ao seu empregado, mas vexatório ao consumidor, para o recebimento do crédito.

É sujeito ativo do crime aquele funcionário do escritório de cobrança, que telefona ao devedor e passa a perturbá-lo no local de trabalho, noticiando aos colegas do devedor a existência da dívida cobrada.

O locador pode ser sujeito ativo do crime, quando expõe o locatário a ridículo na cobrança dos alugueres (TACrimSP, Rel. Juiz Leonel Ferreira, RT-720/450). Quanto a este, todavia, entendemos que só pode sê-lo se existir a relação de consumo, ou seja, quando o locador tiver por habitualidade a locação de imóveis, sob pena de fazermos incidir o tipo em uma mera relação obrigacional (contrato de locação).

Sujeito passivo não é apenas o consumidor, mas também a coletividade de devedores (consumidores, também) participantes da relação de consumo. Aquele é o sujeito indireto, mediato; este é o sujeito passivo imediato, direto. Mas sujeito passivo indireto é somente aquele que contrai o débito através da relação de consumo.[249]

---

[248] *Op. cit.*, p. 153.

[249] No mesmo sentido: Dotti. *Op. cit.*, p. 287.

Entende-se que o consumidor também é sujeito passivo,[250] mas indireto, porque, muitas vezes, sem a sua identificação o crime fica na "cifra negra" da criminalidade. Assim, o locatário no crime do locador (RT-720/450).

6.10.4. Concurso de crimes e de pessoas

O constrangimento, que pode ser visto como "crime tipicamente subsidiário"[251] em relação à lesão corporal, é delito autônomo contra as relações de consumo. Destarte, aí mesmo pode surgir um concurso formal dos arts. 71, CDC, e 129, CP.

Veja-se o caso de fornecedor que, além de ameaçar o devedor, acaba por agredi-lo, causando-lhe também lesões corporais. Não vemos este ou aquele como crime-meio, ou subsidiário, pois perfeitamente separáveis os dois crimes, e o nosso artigo liga-se à proteção também da relação de consumo, ao direito do devedor em não ser molestado em sua honra pelo credor/fornecedor. Assim, como violado o direito à integridade da honra do consumidor na relação de consumo, também houve violação ao direito de qualquer pessoa não ser violada em sua integridade física. Dois objetos violados, portanto, ambos protegidos pela norma penal; dois crimes autônomos em concurso.

É de se atentar, porém, ainda relativamente ao concurso de crimes, que dada a variedade de crimes-meio utilizados pela norma, ela permite ora o concurso de crimes, ora o concurso aparente de normas penais, quando deve ser resolvido pelos princípios aplicáveis (subsidiariedade, consunção e especialidade).

Benjamin entende que, devendo ser observado o bem jurídico violado, há necessidade do reconhecimento de concurso de crimes. Parece entender que sempre isso ocorre. Vimos acima que o concurso de crimes é possível, concurso formal, mas ainda completamos: desde que não seja possível resolver-se o conflito pelos princípios do concurso aparente de normas.

Suponhamos, por exemplo, o crime de ameaça (art. 147, CP). O cobrador/fornecedor/credor ameaça gravemente o consumidor, a fim de receber seu crédito. Note-se: não se trata de qualquer sujeito ativo e nem de uma ameaça sem substrato jurídico anterior. Trata-se de um credor/fornecedor que ameaça alguém por causa de um substrato jurídico, uma dívida, uma obrigação surgida em relação jurídica de consumo. Em tese há dois crimes: a ameaça e a ofensa à relação de

---

[250] Contra: Benjamin, RDC, 3/112.

[251] Celso Delmanto. *Código Penal Comentado*. São Paulo: Renovar, 1991, p. 146.

consumo. Porém, ocorre a *especialização* pelo art. 71, onde inclusive a pena prevista é maior do que na ameaça. É o art. 71 que será aplicado não havendo concurso de crimes, eis que, a ameaça foi apenas um *meio* para se ofender a integridade moral do consumidor e a relação de consumo.

É nesse sentido que ensina o Des. Tupinambá Miguel do Nascimento, *verbis:*

"No art. 71 da lei de proteção ao consumidor se inserem elementos que podem ser considerados crimes pelo Código Penal (arts. 146 e 147). A norma subsidiária, a todo sentir, é a da lei penal comum. Por isso, a norma principal, que é a do Código do Consumidor, é a única aplicável. Afastáveis os concursos formal e material".[252]

Então, podemos identificar *três correntes* relativamente ao concurso de crimes na espécie:

a) existe apenas concurso de crime formal;

b) existe apenas a aplicação da norma especial da lei do consumidor, afastáveis os concursos formal e material;

c) pode existir ora concurso de crimes, ora concurso aparente de normas penais. É a posição que adotamos, pelos fundamentos antes invocados.[253]

6.10.5. A tentativa

Com relação à tentativa, também é de se observar que ela deve ser estudada caso a caso. Mesmo que o crime de mera conduta do art. 71, CDC, em tese, não aceite a tentativa, na espécie existem crimes que a admitem. Veja-se o caso do crime de constrangimento ilegal, que é crime material[254] e por isso a admite.[255] Daí por que pode ocorrer tentativa em determinadas hipóteses de cobrança irregular de dívidas, mas em outras não (por ameaça *v.g.*).

Por oportuno, é de se lembrar que se o credor, constatada a inadimplência, envia o nome do devedor para algum cadastro de devedores (tipo SPC, ou Associações Comerciais de Proteção ao crédito) não existe crime, mesmo que o consumidor entenda como coação ao pagamento. Nesse sentido já se decidiu (TACrimSP-HC. 223488, Rel.Ribeiro dos Santos, julgado em 29.4.92, *apud* José da Silva Jr., *Op. cit.*, p. 495).

---

[252] *In Comentários ao Código do Consumidor*. São Paulo: Aide, 1991, p. 153.

[253] No mesmo sentido: René Dotti. *Op. cit.*, p. 288.

[254] Hungria. *Op. cit.*, p. 154.

[255] Idem e Damásio de Jesus. *Direito Penal*. v.2. São Paulo: Saraiva, p. 262.

6.10.6. Prescrição

As prescrições da pretensão punitiva e executória ocorrem em 4 (quatro) anos. A multa, quando ainda não executada, prescreve em dois anos.

6.10.7. Jurisprudência

"CRIME CONTRA O CONSUMIDOR. Cobrança por meio vexatório. Inteligência do art. 71 da Lei 8.078/90 e 100 do CC. Da redação: Ficar ameaçando o consumidor inadimplente, constrangendo-o, sobretudo em seu local de trabalho, e incomodar seus colegas de trabalho, submetendo-o a vexame e xingamentos, já é abuso do direito de cobrar, circunstância tal que, por conseguinte, refoge ao que dispõe o art. 100 do Código Civil. A proteção ao devedor não se cinge à proscrição da prisão, salvo os casos de permissão constitucional, mas, civilizada e contemporaneamente, resguarda-o de ações que o exponham ao ridículo ou que interfiram com o seu trabalho, descanso ou lazer". (TACrimSP, Rel. Juiz Walter Guilherme, RT-731/595).

"CRIME CONTRA O CONSUMIDOR. Locatário devedor de aluguéres. Locador que expõe o inquilino a ridículo, na tentativa de receber o seu crédito. Crime caracterizado. Aplicação do art. 71 do CDC".

"CRIME CONTRA O CONSUMIDOR. Locatário. Possibilidade de ser sujeito passivo de crime. Admissibilidade. Inteligência dos arts. 2º, 3º, §1º do CDC. Locação é o contrato pelo qual alguém cede um bem de sua propriedade a outrem, para que este o use ou utilize, mediante o pagamento de uma quantia pecuniária, denominada aluguel. Portanto, o locatário utiliza produto seja móvel (*leasing*) ou imóvel (locação predial), mediante o pagamento de aluguel. Assim, enquandra-se na definição do art. 2º do Código do Consumidor". (Rel. Juiz Leonel Ferreira, TACrimSP, RT-720/450).

6.11. DIFICULTAR O ACESSO DO CONSUMIDOR ÀS INFORMAÇÕES.

"Art. 72. Impedir ou dificultar o acesso do consumidor às informações que sobre ele constem em cadastros, banco de dados, fichas e registros.

Pena - Detenção de 6 (seis) meses a 1 (um) ano ou multa".

Novamente, preocupa-se a lei penal do consumidor com o direito de informação, aliás, assegurado constitucionalmente com o advento do *Habeas Data* (art. 5º, inc. LXXII, CF).

É direito do consumidor o acesso às informações existentes em cadastros, fichas, registros e dados pessoais e de consumo arquivados sobre ele, bem como suas respectivas fontes, nos termos do art. 43 e §§ do CDC.

Na verdade, já se disse, os bancos de dados e os cadastros de consumidores fazem parte da realidade no Direito Comercial Brasileiro[256] e se justificam também como *plus* amparador da boa-fé dos negócios. Afinal, tanto o fornecedor tem o direito de conhecer com quem negocia, quanto o consumidor tem o direito de não ser confundido com homônimo inadimplente e assim ser prejudicado na relação de consumo.

As informações que o fornecedor detenha sobre o consumidor, na medida em que amparam a garantia e a segurança dos negócios não têm utilização absoluta, porque o consumidor também tem o direito de que tais informações sejam bem utilizadas. E a boa utilização implica também possa o consumidor fiscalizá-las, delas tendo ciência, a fim de adequá-las ao verdadeiro. O fornecedor não pode vedar a que o consumidor tenha acesso a tais informações, mesmo porque cabível *Habeas Data* pelo prejudicado (art. 43 e § 4º, CDC c/c art. 7º, inc. I, Lei 9.507/97). Daí que o artigo em estudo visa a tornar certo o cumprimento do art. 43 do CDC.

Não cremos que o dispositivo seja "neutralizado" pelo *Habeas Data (Lei Federal nº 9.507, de 12.11.97)* , como pretende Toron,[257] pois com o art. 72 do CDC, o consumidor pode até resolver gratuitamente seu problema de acesso às informações, mediante a intervenção da Justiça Pública, sem os custos que o *Habeas Data* até pode acarretar, inclusive, pela contratação de advogado.[258]

Consoante Paulo Costa Jr., nem seria preciso o H*abeas Data* para obtenção das informações ou para a retificação dos dados do consumidor, pois "seria bastante o mandado de segurança".[259] Isso deve ser entendido em termos, pois o fornecedor, o arquivista, enfim, aquele que detém as informações sobre o consumidor, no mais das vezes não

[256] Francisco Cavalcanti. *Comentários ao Código de Proteção e Defesa do Consumidor*. Belo Horizonte: Del Rey, 1991, p. 99.

[257] Alberto Z. Toron. "Aspectos penais da proteção ao consumidor". *Fascículos de Ciências Penais*. Porto Alegre: Sergio Fabris, 1991, p. 52.

[258] Ver na *Revista Ajuris* n. 53, excelente estudo de Bertram Antonio Stürmer: Bancos de Dados e Habeas-Data no Código do Consumidor.

[259] *In Comentários ao Código de Proteção do Consumidor*. São Paulo: Saraiva, 1991, p. 247.

é autoridade para ser sujeito em mandado de segurança. Apesar de o art. 43, § 4º, do CDC, ter equiparado os bancos de dados, cadastros, os serviços de proteção ao crédito e congêneres a "entidades de caráter público", não transformou seus titulares, empregados ou proprietários em "autoridade coatora". Daí por que se pode admitir a ação mandamental apenas quando estiver a informação com uma autoridade, com um agente público, no sentido em que doutrinou Celso Antonio Bandeira de Mello no clássico "Apontamentos".

6.11.1. O crime

O crime em análise deve ser vislumbrado com parcimônia, com cuidado, a fim de não se cometerem arbitrariedades que possam ensejar outro tipo de responsabilidade, contra o próprio consumidor ou contra a autoridade.

É crime comissivo, ou seja, exige uma conduta positiva do agente fornecedor/arquivista, um *facere* no sentido de não deixar, por impedir ou criar dificuldades, que o consumidor chegue às informações que sobre ele detenha nos seus cadastros, banco de dados, fichas e registros.

O crime é doloso, ou seja, exige-se do fornecedor/arquivista a vontade especial de impedir ou complicar o acesso do consumidor à informação. Pode ocorrer eventual comportamento negligente do arquivista, quando não procura adequadamente ou procura displicentemente a informação e impede o acesso do consumidor; pode também suceder de arquivista iniciante na empresa que, por imperícia, não sabe procurar a informação ou informa mal, quando inocorre crime, e o caso pode ser solvido na responsabilidade civil.

Através deste dispositivo afasta-se a exigência de ordem judicial, que faziam determinados fornecedores/arquivistas, para conceder a informação. Isto é extensivo, claro, aos comerciantes que possuam quaisquer registros sobre o consumidor, seja por conduta relativa a débito, crédito ou qualquer outra.

É comum certos fornecedores colherem informações gerais sobre determinado consumidor, ou seja, recolhem amplo leque de informações pessoais, para crediário, *v.g.*, para depois não utilizá-las, porque não concederam o crédito pretendido. Tais informes devem ser devolvidos ao consumidor ou inutilizados. A retenção dessas informações sem a concordância do consumidor é vedada, até porque viola o direito à intimidade. Nesse mesmo sentido seguem as tais listas de endereços ou cadastros de consumidores, muito comum pelo repasse de uma empresa para outra.

É crime instantâneo, mas de efeitos permanentes, pois, consumado o crime de impedimento de acesso à informação, seus efeitos permanecem, até que o próprio sujeito ativo, por si ou por terceiro, faça cessar a conduta criminosa, fornecendo a informação pretendida pelo consumidor.

Isso tem relevo quanto ao estado temporal para definir a flagrância, pois, negada a informação, negado o acesso à informação ao consumidor, este tanto pode dar voz de prisão em flagrante ao agente ativo quanto dirigir-se até a Delegacia de Polícia no dia seguinte para fazer atuar a autoridade. Esta, exatamente por se tratar de crime de efeito permanente, pode voltar ao local e dar ordem de prisão em flagrante ao sujeito, inclusive a dois ou três dias após o fato, porque presente o "estado de flagrância".

A possibilidade da existência de crimes de mera conduta instantâneos ou permanentes é clara na doutrina,[260] assim como o crime instantâneo de efeito permanente.[261]

Perguntamos: a comprovação de efetivo prejuízo material para o consumidor é necessária para a consumação do crime?

Para alguns autores é preciso[262] a comprovação de prejuízo; para outros, porque entendem se tratar de perigo concreto, é indispensável que a informação sonegada tenha relevância no patrimônio do consumidor;[263] sendo que ainda para certa corrente não é necessária a comprovação de qualquer prejuízo.[264]

Para responder à questão, cremos necessário relembrar que o dispositivo é crime de mera conduta, onde não se exige resultado naturalístico para sua consumação. Tais crimes, relembra-se, são crimes de dano ou de perigo, como os demais crimes, "muito embora não sejam crimes de resultado material danoso ou perigoso".[265]

O que vale na espécie é uma presunção de dano feita pelo legislador, porque, como dizia Petrocelli, o dano nem sempre será fisicamente existente.[266] Então, exigir-se comprovação de dano ou prejuízo é distorcer o próprio tipo, colocando-lhe características que não possui, dada sua natureza existencial.

---

260 Idem p. 67.

261 Mirabete. *Op. cit.*, p. 128.

262 Magela Alves. *Op. cit.*, p. 159.

263 Dotti. *Op. cit.*, p. 291.

264 Filomeno. *Op. cit.*, p. 161; José Silva Junior. *Op. cit.*, p. 496 e Eduardo Alvim. *Comentários ao CDC*. São Paulo: RT, p. 320.

265 Pimentel. *Op. cit.*, p. 68.

266 *Apud* Pimentel. Idem.

O tipo em análise traz o perigo presumido, jamais o concreto, uma vez que o tipo não exige demonstração de prejuízo, i.é, o tipo não refere, "expressamente, a existência da probabilidade do dano (ou lesão)".[267] Ademais, exigir ainda que o consumidor comprove um dano ou sua probabilidade, que só pode ser exterior à conduta penalmente considerada, é fazer exigência que da lei não consta para a correta tipificação.

Em suma: a exigência de demonstrar perigo concreto, ou seu efetivo prejuízo, quando essa comprovação sequer depende do consumidor, porque exterior à conduta daquele que nega a informação, é esvaziar o tipo em questão.

Veja-se o caso de consumidor que teve vedado o acesso a crediário, *v.g.*, na "Loja Ipsilony", porque esta foi informada (por telefone, como sói acontecer) pela "Loja Xisla" que aquele não é bom pagador. O consumidor, sem qualquer prova contra a "Loja Xisla", baseado tão-somente no fato ocorrido, vai até "Xisla" e esta lhe nega acesso às informações. Então, segundo a corrente sob crítica, deve exigir-se que o consumidor interpele judicialmente a "Loja Ipsilony" para comprovar o prejuízo que teve? Isso é proteção ao consumidor? Não. Isso é mera complicação incentivadora da desistência do consumidor que quer proteger seus direitos.

Resumindo, repetimos: o crime é de mera conduta, de perigo presumido e não se exige qualquer comprovação de dano, sob pena de desvirtuar o tipo e criar dificuldades imensas, porque externas ao comportamento do agente ativo, para a correta tipificação.

Para uns, o crime em análise é denominado "crime de perturbação do acesso aos arquivos de consumo;[268] para outros, de "impedimento de acesso a banco de dados".[269]

6.11.2. Elementos objetivos do tipo

O núcleo é *impedir ou dificultar*, o que não dá chance de se considerar a tentativa, mesmo que não o vislumbrássemos como crime de mera conduta, pois tentar impedir já é dificultar. E isso é crime consumado, e não tentado.

Pode ser considerado como crime de ação múltipla ou de conteúdo variado, pois o tipo faz referência a duas modalidades de ação e,

---

267 Dotti. *Op. cit.*, p. 236.

268 Benjamin. *Direito do Consumidor*, 3/113; José Silva Junior. "Lei do Consumidor". *In Leis especiais e interpretação*. São Paulo: RT, 1995, p. 496.

269 José Geraldo Brito Filomeno. *Manual de Direitos do Consumidor*. São Paulo: Atlas, 1991, p. 160.

mesmo que primeiro seja dificultado e finalmente impedido o acesso à informação, existe um só crime consumado.

Impedir significa obstar, obstruir, não deixar, paralisar, impossibilitar que ao consumidor chegue o conteúdo da informação detida. O Código Penal utilizou em alguns dispositivos o verbo *impedir* (arts. 208 e 209, *v.g.*) e aqui tem o mesmo sentido.

A rigor, impedir o acesso é a própria negativa da informação ao consumidor, aliás, como disse Benjamin: o impedimento se dá normalmente "com um simples *não*".[270] Note-se: negativa de informação ao consumidor ou a alguém munido de procuração outorgada pelo consumidor. Não se entende caso em que o fornecedor/arquivista negue a informação a advogado, munido de mandato, sob o argumento de que a informação só pode ser dada ao interessado diretamente ou que a procuração não esteja com firma reconhecida. E isso tem acontecido aqui no RS, o que já é consumação do crime em análise e permite a prisão em flagrante, s.m.j., porque é criar a própria dificuldade e não reconhecer como válido um documento assinado pelo consumidor (a procuração).

Dificultar tem o sentido de tornar difícil, tornar penoso, fazer exigências em demasia, enfim, "complicar" a vida do consumidor; é "opor óbices"[271] para que o consumidor não tenha o acesso à informação que pretenda; é empecer ou embaraçar o consumidor;[272] é a "mera omissão, o silêncio em prestar ou dar acesso ao consumidor".[273] Na verdade, tem razão Benjamin, geralmente a dificuldade é criada, "é disfarçada, muitas vezes justificada com argumentos burocráticos" do tipo: "o Chefe não se encontra no momento, para autorizar o acesso", enfim, "até a pretexto de que inexiste arquivo com o nome do consumidor", ou exigindo taxas de serviço para o fornecimento da informação.

A exigência de preços, ou "taxas", aliás, é um dos meios de que se utilizam certos fornecedores para dificultar o acesso do consumidor às informações cadastrais. Pode configurar o crime, portanto.

Não se afasta a possibilidade de o fornecedor/arquivista deletar, isto é, apagar a informação que detém sobre o consumidor, exatamente para tornar o evento em "crime impossível". Daí por que é oportuno que a autoridade que for agir em caso assim tenha assegurado firmemente, até por pesquisa em outras fontes, recibos, créditos, de-

[270] *Op. cit.*, p. 115.

[271] *Op. cit.*, p. 71.

[272] Silva Junior. *Op. cit.*, p. 496.

[273] Benjamin. Idem.

clarações etc., que o fornecedor/arquivista realmente possua a informação de interesse do consumidor. Entendemos, portanto, que a prova, na espécie, pode ser até indireta, desimportando o fato de o arquivista ter deletado dados, bastando que se comprove a negativa e a existência dos dados negados.

Mas deletados os dados, excluída a informação sobre o consumidor e havendo o impedimento de acesso caso não exista outro indício ou meio de prova, realmente, o crime é impossível, e o consumidor pode vir a arcar com as conseqüências porventura danosas que cause ao nome do fornecedor/arquivista. Daí por que advertimos ao início: é preciso parcimônia, porque a existência das informações sobre o consumidor no cadastro considerado é verdadeiro elemento do crime.[274]

Não só no ramo comercial, mas no relacionamento humano em geral, é o conhecimento mútuo entre as partes que assegura a continuidade daquelas relações. Assim como o consumidor escolhe seu fornecedor, este tem o direito de selecionar a sua clientela, o que faz ora por meio do preço, ora por meio das informações que guarda sobre seus consumidores. É de se recordar que a informação sobre o consumidor efetivo ou potencial é instrumento imprescindível para as decisões do empresário, como doutrinou Fabio Ulhoa Coelho.[275]

A importância da manutenção de *cadastros, banco de dados, fichas ou registros de consumidores*, serve de amparo, principalmente, à concessão do crédito ao consumidor pelo fornecedor, eis que, como doutrina o autor acima citado, inexiste direito do consumidor ao crédito, e este não pode ser visto senão como uma concessão do empresário.[276]

Cadastro é vocábulo originado do latim *capitastrum* e designa todo sistema de fichário, organizado pelos estabelecimentos públicos ou particulares, referente a qualquer assunto de seu interesse, seja econômico ou mesmo administrativo.[277]

Na espécie, cadastro parece englobar as palavras *fichas e registros*, afinal, estes também compõem aquele. Isso leva-nos a afirmar que cadastro, banco de dados, fichas e registros são enunciados meramente exemplificativos, inserindo-se aí os arquivos etc. Não fosse assim, com o avanço da tecnologia, inventar-se-á outro nome para cadastro e assim burlar-se-ia a lei.

---

274 Benjamin. *Op. cit.*, p. 115.

275 *In Comentários ao Código de Proteção do Consumidor*. São Paulo: Saraiva, 1991, p. 175.

276 *In O empresário e os direitos do consumidor*. São Paulo: Saraiva, 1994, p. 189.

277 Plácido e Silva. *Vocabulário Jurídico*. V. 1 Rio de Janeiro: Forense, p. 272.

O que se quer dizer é que seja qual for o meio de guarda de informações, desde que utilizadas em favorecimento ou detrimento do consumidor, é um cadastro. Claro, não se vai ao ponto de considerar-se cadastro um outro objeto que informe o fornecedor/arquivista sobre a conduta do consumidor. Benjamin refere o caso de uma carta, v.g., enviada pela ex-esposa do consumidor, que não pode ter seu conteúdo divulgado.[278] Mas se o conteúdo da carta constar do cadastro...

Assim acontece com *banco de dados*,[279] expressão que se torna corriqueira com o advento da informática, mas que muitas vezes são apenas os antigos cadastros, fichários, arquivos, enfim, como disse Dotti, apoiado em Aurélio de Holanda, uma coleção abrangente de dados armazenados em um meio físico, com o objetivo de evitar ou minimizar duplicidade de informação, otimizar a eficácia de seu tratamento, permitindo o acesso, através de diversas fontes, a uma grande variedade de informações.[280]

O acesso ao banco de dados atualmente, via de regra, faz-se por meio de computador, cujo manuseio é de responsabilidade do técnico que nele opera.

Mesmo que não se confunda *dados* com *informação*,[281] na espécie, a palavra *dados* tem o sentido da própria informação, ou seja, a palavra *dados* no tipo analisado refere-se, à evidência, ao conjunto de informações detidas pelo fornecedor/arquivista/técnico de informática.

As fichas são o meio material, um papel, um cartão, de armazenamento da informação positiva ou negativa sobre o consumidor. Geralmente preenchidas à mão, próprio punho do consumidor ou de terceiro, ou preenchidas datilograficamente pelo arquivista, mas ali são anotadas pelo fornecedor também outras informações que colhe sobre o consumidor. Como disse Plácido e Silva "indica o papel, em que se anotam certos fatos a respeito de pessoas ou de coisas, como lembranças deles ou como registro do que é preciso ser lembrado".[282]

É relevante a informação constante da ficha, aliás, vulgarizada no meio popular por expressões do tipo "ficha limpa", "ficha suja", etc. que dão de imediato a impressão positiva ou negativa de algo ou de alguma pessoa.

---

278 *Op. cit.*, p. 116.

279 Ver na *Revista Ajuris* n.53, excelente estudo de Bertram Antonio Stürmer: Bancos de Dados e Habeas-Data no Código do Consumidor.

280 *Op. cit.*, p. 289.

281 Idem.

282 *Op. cit.*, p. 691.

Registro é outra palavra que engloba todas as anteriores e tem múltiplos usos, mas no texto tem o sentido de "ampliar o universo onde podem ser documentados os interesses do consumidor, a fim de possibilitar o seu conhecimento e o exercício dos direitos de supressão ou retificação".[283]

Com o dispositivo em questão, enfim, se pretende terminar com a comum assertiva do fornecedor ou arquivista: "vai pedir ordem judicial, se quiser", sabendo da dificuldade que assim cria ao consumidor. Agora tudo pode acabar ainda na fase policial, porque o envolvimento da empresa em ilícito desse tipo é péssimo *merchandising*.

6.11.3. Sujeitos ativo e passivo

A norma se dirige àquele que detém o controle sobre as informações do consumidor, seja o arquivista, seja o gerente, o fornecedor, enfim, qualquer pessoa que está na linha de comando com as informações, ou seja, que pode repassá-las ao solicitante consumidor. Eis o sujeito ativo do crime, que pode ser qualquer um, desde que exerça o controle das informações.[284] Exercer o controle das informações não é somente digitá-las, imprimi-las, registrá-las, mas inclui autorizar o registro no veículo cadastral.

Suponhamos uma grande loja de departamentos onde o setor de crédito faz tal registro, ou autoriza o registro das informações ao banco de dados (que geralmente funciona no mesmo local). O responsável não seria o funcionário que realiza o trabalho mecânico de registro, mas sim o chefe de setor, ou chefe de serviço que autorizou o registro considerado.

Claro, não se pode afastar o gerente ou chefe do departamento como sujeito ativo, quando se negam a autorizar que o empregado/funcionário forneça aquelas informações. O empregado até pode se albergar em alguma excludente de antijuridicidade, pela inexigibilidade de conduta diversa, mas não pode, a princípio, livrar-se do processo penal. O tipo em análise é daqueles que permite, mais comumente, a presença de um sujeito ativo mediato, identificado, embora não seja necessária esta presença para a configuração do crime.

Ocorre que, na maioria das vezes, só se descobre que o fornecedor está impedindo ou dificultando a concessão de informações quando um certo consumidor reclama o não-acesso a estas. Mas o crime é de mera conduta, ou seja, desnecessário qualquer resultado, que se

[283] Ibidem.

[284] No mesmo sentido: Dotti. *Op. cit.*, p. 290.

sobrevir, poderá ter outras repercussões, inclusive na área indenizatória, como veremos.

6.11.4. A tentativa e o concurso de crimes e de pessoas

A tentativa não se admite, já o dissemos, porque crime de mera conduta e porque a própria redação nuclear assim indica. Ora, quem tenta impedir o acesso já está dificultando. Então, com a tentativa já se consumou o crime.

A hipótese de *concurso de pessoas* deve ser considerada, como no caso em que o arquivista negue a informação, e o consumidor solicite a intervenção do gerente que também adere à posição e auxilia a conduta do arquivista. Claro, ambos devem estar cientes de que ilícito penal cometem e que descumprem o dever de informar. Então, como dizia Pimentel, somente sob as formas de instigação e de auxílio é que se pode admitir o concurso nos crimes em questão.[285]

Também viável é o concurso de crimes como, v.g., na hipótese aventada por Dotti, quando o fornecedor/arquivista perde as estribeiras e dá socos ou pratica vias de fato contra o consumidor.[286]

6.11.5. Prescrição

As prescrições da pretensão punitiva e executória ocorrem no prazo de 4 (quatro) anos. Caso a multa for a unicamente imposta, pois pena alternativa, prescreverá em dois anos.

6.12. OMISSÃO DE CORREÇÃO DE INFORMAÇÃO EM CADASTROS

"Art. 73.Deixar de corrigir imediatamente informação sobre consumidor constante de cadastro, banco de dados, fichas ou registros que sabe ou deveria saber ser inexata.

Pena - Detenção de 1 (um) a 6 (seis) meses ou multa."

Analisamos o direito do consumidor à plena, completa e adequada informação sobre produtos e serviços que estão no mercado de consumo, bem como do seu livre acesso às informações que sobre si constem de cadastros, banco de dados, registros, fichas etc. Também, a própria Constituição Federal assegura ao cidadão o acesso àquelas.

285 *Op. cit.*, p. 99.

286 *Op. cit.*, p. 292.

Daí por que o dispositivo ora comentado também se dirige à proteção do direito de informação do consumidor.

O consumidor tem o direito de verificar as anotações que sobre si existam em banco de dados e cadastros do fornecedor (art. 43, *caput*, CDC). Quando verificar qualquer inexatidão em tais cadastros, banco de dados, etc., a lei assegura ao consumidor "exigir sua imediata correção" (art. 43, § 3º, CDC), afinal, até a informação colacionada tem sua vida útil regulada pela lei (art. 43, § 1º, CDC).

Note-se que a correção da informação arquivada não é mera faculdade outorgada ao fornecedor, mas tão-somente o cumprimento de um direito outorgado ao consumidor, bem como fruto do princípio da boa-fé que deve imperar ante os contratantes como tão sabiamente expressado por nosso saudoso mestre Clóvis Verissimo do Couto e Silva.[287]

É um direito à retificação da informação incorreta, como diz Antonio Herman Benjamin.[288] Constatada a inexatidão, que pode ser por erro de escrita ou incoerência da própria anotação ou registro, ou envelhecimento do informe, desimporta, deve ser procedido o acerto às expensas do fornecedor, afinal, se o consumidor sofrer prejuízos em decorrência de tais anotações indevidas, responderá civilmente o fornecedor (art. 6, inc. VII, CDC).

Mas para evitar que se chegue ao nível da reparação civil e seus evidentes incômodos, a norma penal consumerista concedeu ao consumidor uma proteção, a fim de ser melhor fiscalizado o cumprimento daquela obrigação imposta ao fornecedor, que é o artigo sob comento. Então, a norma penal surge para efetivar, garantir, o art. 43, § 3º, CDC.

O art. 73, CDC, em que pese necessário do ponto de vista da defesa do consumidor, não deixa de ser passível de críticas em sua redação, que, como disse o saudoso Manoel Pedro Pimentel, "não pode deixar de ser censurada".[289]

6.12.1. O crime

O crime é omissivo puro. É crime de mera conduta, portanto, onde o não agir basta para descumprir a obrigação imposta pela norma do art. 43, § 3º, CDC. Daí por que não se apura, para os fins penais, se da não-correção da informação sobreveio qualquer dano ao consumidor.[290] Em sobrevindo dano, claro, ele poderá ser vislumbra-

---

287 *In A obrigação como processo*. São Paulo: Buschatsky, 1976.

288 *Código Brasileiro de Defesa do Consumidor*. Rio de Janeiro: Forense Universitária, 1991, p. 261.

289 *In* RT, 661/256.

290 Contra: René Ariel Dotti. *Op. cit.*, p. 294; a favor: Filomeno. *Op. cit.*, p. 279.

do sob a ótica reparatória civil. Não é preciso sequer haver o fornecedor se utilizado da informação: basta detê-la consigo e deixar de corrigi-la no devido prazo quando exigido.

Entendemos que para a consumação do crime o consumidor não precisa provar qualquer aspecto relativo à correção que pretende ao fornecedor. Este é que deve estar preparado para provar que o seu cadastro está correto, afinal, como anotou Benjamin, trata-se de material muitas vezes recolhido à revelia do consumidor, competindo a quem aproveita a produção da prova positiva de sua veracidade e atualidade.[291] Assim que, havendo o consumidor manifestado oralmente a sua pretensão, impõe-se ao fornecedor o dever de correção, salvo prova cabal que detenha em contrário. Temos que eventual dúvida na exatidão da informação, também, jamais poderá beneficiar o fornecedor/arquivista depondo contra a palavra do consumidor. Na dúvida do arquivista, corrija-se a informação, ou pesquise a informação correta.

Não parece existir crime quando há negativa de correção sobre uma informação arquivada que espelha a realidade contra o consumidor. Basta que o arquivista tenha prova firme da veracidade de sua informação.

O crime traz polêmica no que se refere ao elemento subjetivo do tipo na utilização de "que sabe ou deveria saber", assim como ocorreu nos arts. 67 e 68 do CDC. Lá tratamos desse assunto, ora ratificado: o crime é doloso.

Não vemos óbice a que o consumidor, por advogado, solicite a correção da informação, desde que munido de mandato, obviamente.

O crime ora é chamado de "omissão na correção de dados incorretos"[292] ou "omissão na correção de arquivo de consumo",[293] bem como de "omissão na correção de dados inexatos", como diz João Batista de Almeida.

6.12.2. Elementos objetivos do tipo

Como se disse, o crime é omissivo pelo verbo *deixar*, que significa não atuar no cumprimento do dever legal positivo antes existente. *Corrigir*, disse Dotti,[294] significa endireitar, retificar, dar forma correta. Deixar de corrigir, portanto, significa não corrigir, omitir-se, não

[291] *Op. cit.*, p. 262.

[292] Filomeno. *Op. cit.*, p. 161.

[293] Benjamin. *Op. cit.*, p. 116.

[294] *Op. cit.*, p. 292.

realizar, não fazer uma conduta imposta positivamente no sentido de acertar, corrigir a inexatidão que detém o fornecedor consigo.

Já houve várias interpretações para o sentido da palavra *imediatamente,* advérbio que exprime a significação do que vem em seguimento; com a necessária presteza e brevidade; tão logo se tenha feito o que lhe antecede, como disse Plácido e Silva.[295]

Temos entendido que o vocábulo *imediatamente* deve estar adequado ao texto legal, ou seja, concedendo-se um prazo para que o fornecedor ou arquivista retifique, acerte a sua informação.[296]

Com efeito, não se pode exigir que o arquivista largue tudo o que está fazendo e saia a corrigir uma inexatidão, sem o cuidado anterior de verificar a correção de sua anotação, sob pena de o serviço de arquivos virar um caos e perder até a sua razão de ser, em detrimento do fornecedor que, como já vimos, também tem o direito de manter seus arquivos e bancos de dados.

Fôssemos utilizar o rigor da palavra *imediatamente,* que deriva de imediato, ou seja, sem solução de continuidade, o arquivista deveria deixar toda a sua tarefa de lado, sua rotina, para atender ao consumidor de pronto, fazendo-o tão ou mais importante do que aquele que lhe mantém o trabalho e lhe paga o salário. A norma não pretende, s.m.j., dizer que todos os arquivos e bancos de dados devem girar em torno do consumidor, ou acima do proprietário da empresa/fornecedor.

Então, é de se atentar para o prazo de cinco dias *úteis* (art. 43, § 3º, CDC) que a lei já concede ao arquivista, como suficiente também para as correções pretendidas pelo consumidor.[297] Daí por que o crime somente se consuma com o atraso superior a cinco dias úteis.

Há doutrina entendendo que o crime é instantâneo de efeitos permanente e que tem o arquivista o prazo de cinco dias úteis para corrigir a informação.

O crime instantâneo é aquele que, uma vez consumado, está encerrado, a consumação não se prolonga;[298] são os que se completam num só momento, sem continuidade temporal;[299] os crimes instantâneos de efeito permanente são os crimes em que a permanência dos efeitos não depende do agente;[300] ou consumada a infração em dado momento, os efeitos permanecem, independentemente da vontade do

[295] *In Vocabulário Jurídico.* Rio de Janeiro: Forense, v.2, p. 783.

[296] Contra: Benjamin. *Op. cit.,* p. 117.

[297] No mesmo sentido: Filomeno. *Op. cit.,* p. 162; Paulo José Costa Jr. *Op. cit.,* p. 251.

[298] Julio Fabrini Mirabete. *Manual de Direito Penal.* v.1. São Paulo: Atlas, p. 128.

[299] Damásio de Jesus. *Op. cit.,* p. 170.

[300] Idem, p. 171.

sujeito ativo.[301] Parece existir incoerência dizer-se que o crime analisado é instantâneo e de efeito permanente ao mesmo tempo em que se dá ao arquivista um prazo mínimo de cinco dias úteis para efetivar a correção.

Nos crimes instantâneos de efeitos permanentes há uma instantânea consumação, e o estado de flagrância permanece (daí se dizerem permanente) independente da atuação do sujeito ativo. No prazo de permanência, o agente pode ser preso em flagrante.

Mas se entendemos que a lei concede um prazo ao arquivista, ele não está em estado de flagrância enquanto dentro do prazo que a própria lei lhe concedeu.[302]

Assim, não concordamos que o crime do art. 73, CDC, seja instantâneo e de efeito permanente, mas sim aquilo que certa parte da doutrina chama de *crime a prazo*, ou seja, "quando o fato típico depende de um prazo temporal",[303] afinal, só depois de transposto o prazo para a não-correção é que se consuma o delito. Só depois desse prazo de cinco dias úteis é que o agente ativo pode ser preso em flagrante.

Mesmo que a norma não faça referência a eventual "justificativa" pelo atraso na correção, pode o arquivista provar que por circunstâncias alheias a sua vontade, culpa exclusiva de terceiros, v.g., deixou de proceder à correção. Suponha-se uma greve geral na empresa, com o fechamento de escritórios em geral onde o arquivista não tenha acesso aos cadastros.

Alertamos que o prazo é de *cinco dias úteis* ao arquivista, isto é, se o fornecedor/arquivista não trabalhar no sábado, este dia é desconsiderado. Mas pode se tornar dia útil em caso contrário.

Diversamente entende René Ariel Dotti, para quem o prazo de cinco dias úteis "é reservado para outra obrigação".[304] Não concordamos. E não é só porque *summum ius summa injuria*, mas porque se a lei concede aquele prazo ao arquivista para realizar o mais, que é avisar a terceiros sobre a correção, onde muito presente até eventual prejuízo ao fornecedor, também deve ter um prazo para realizar o menos, que é satisfazer pessoal e unicamente o próprio consumidor. E, muitas vezes, a informação negativa foi causada pelo próprio comportamento do consumidor, como quando é inadimplente, quando não honra suas obrigações tempestivamente ou quando concorre para o lançamento de informações incorretas.

---

301 Mirabete. *Op. cit*, p. 128.

302 Contra: Paulo Costa Jr. *Op. cit.*, p. 250; Filomeno. *Op. cit.*, p. 162.

303 Damásio de Jesus. *Op. cit.*, p.193.

304 *Op. cit.*, p. 292.

Pode suceder de o consumidor repassar a informação que pretende como correta e querer naquele exato instante uma declaração formal do arquivista no sentido de que houve a correção, até para fazer prova em alguma repartição ou em outra empresa. Neste caso, como o consumidor pretende afastar o prazo de cinco dias úteis concedido ao arquivista, para fins de pesquisa sobre a informação detida ou até sobre seu cadastro, o consumidor é que deve comprovar de plano o que pretende corrigir. Claro, inexiste regra sobre isso, mas a construção é coerente, uma vez que o consumidor pretende afastar um prazo legal já concedido ao arquivista.

A *informação* sobre o consumidor pode ser de qualquer espécie, uma vez que o delito, já se disse, não exige prejuízo ao consumidor. É a informação que está arquivada a respeito do consumidor e que este pretende corrigi-la. A correção, repete-se, não impõe ao consumidor quaisquer ônus econômicos.

A informação deve constar de cadastro, banco de dados, fichas ou registros, sendo que a relação parece ser meramente exemplificativa, uma vez que a palavra "cadastro" tem amplo significado. Basta que o armazenamento seja da informação, e que o consumidor pretenda correção. Valem aqui as anotações do artigo anterior.

6.12.3. Sujeitos ativo e passivo

Sujeito ativo é a pessoa encarregada de "processar" a informação, ou seja, aquele que anota nos cadastros, nas fichas, aquele que registra no banco de dados; ou aquele que dá a ordem, a autorização para o registro, naqueles casos nos quais sem a ordem anterior o registro não teria sido efetivado. Nem sempre é o próprio arquivista quem omite. Daí por que não vemos o delito como próprio. Em certas empresas é comum um rodízio de empregados na função de arquivista, que é deveras estafante. Então, é de se verificar aquele que efetivamente procedeu à anotação ou se negou a realizá-la, quando tinha o dever jurídico de fazê-lo.

É de se observar que muitas vezes o arquivista é mero datilógrafo, ou anotador, ou digitador, e não pode sair "acertando" o que entende incorreto sem dar ciência ao empregador ou gerente. Neste caso, se este não concorda com a correção, ou orientou que não se fizesse, é o total responsável pelo comportamento penalmente relevante e assume sozinho a condição de sujeito ativo. Não se pode exigir comportamento diverso do empregado frente ao patrão nas atuais situações do mercado de trabalho.

Sujeito passivo indireto é o consumidor que pretende a correção dos seus dados e diretamente é a coletividade de consumidores. Fere-se a relação de consumo em um dos direitos que assegura: o direito à informação clara e adequada.

6.12.4. Tentativa, concurso de crimes e de pessoas

Pode ocorrer caso de concurso de pessoas, pela participação somente, quando o fornecedor orienta diretamente o arquivista a não realizar a correção que se impõe. Aí há um nexo de causalidade, de concordância entre o comportamento dos agentes, que é penalmente relevante. Todavia, não se pode olvidar o afastamento da responsabilidade penal do arquivista, quando presente a inexigibilidade de outra conduta (ordem coativa do superior hierárquico).

Há concurso de crimes quando, v.g., a autoridade judiciária determina a correção da informação, e o sujeito ativo desobedece à ordem do juiz (art. 330, CP). O concurso é material.

Pode existir concurso de crimes com o estelionato (art. 171, *caput*, CP), v.g., quando um arquivista/agente ativo, por deixar de corrigir a informação recebida sobre o consumidor inadimplente, com isso obtenha uma vantagem em dinheiro (os 10%), causando prejuízo à empresa, que volta a vender àquele consumidor inadimplente. O concurso é formal.

Há concurso também formal com falsidade ideológica, quando o fornecedor não corrige a informação inexata e ainda a insere numa declaração (art. 299, CP), visando a prejudicar o consumidor na obtenção de um empréstimo, por exemplo.

Descartamos a ocorrência da *tentativa*, pois não se pode tentar deixar de corrigir uma informação. Esta é corrigida, e o agente cumpre o dever imposto; ou não é, e há o fato criminoso. Na verdade, tratando-se de crime omissivo próprio inexiste tentativa.

6.12.5. Prescrição

As prescrições da pretensão punitiva ou executória ocorrem em 02 (dois) anos. Caso tenha sido imposta somente a pena de multa, esta prescreve em dois anos.

6.13. OMISSÃO NA ENTREGA DO TERMO DE GARANTIA ADEQUADO

"*Art. 74. Deixar de entregar ao consumidor o termo de garantia adequadamente preenchido e com especificação clara de seu conteúdo.*

Pena - Detenção de 1 (um) a 6 (seis) meses ou multa."

O art. 74 do CDC está ligado à garantia do produto e também diz respeito ao direito de informação plena do consumidor, que deve saber se existe, quais e em que medida se dá a garantia ao produto adquirido ou ao serviço prestado.

O dispositivo foi considerado "providência altamente elogiável",[305] mas também criticado, pois a conduta "poderia facilmente ser alvo de disposição civil" ou com "multa administrativa que atuaria com maior tempestividade e eficácia".[306]

Realmente, como já registramos, o crime fere o princípio da insignificância, o princípio da intervenção mínima, eis que, a omissão não parece ser tão grave e relevante a ponto de ensejar um processo-crime.

Mas, aí está o crime. O que se verifica na realidade é que pode ocorrer de o fornecedor ou prestador de serviços desejar oferecer uma garantia adicional ao produto ou ao serviço, fora (além) daquela prevista em lei (art. 26, incs. I e II, CDC). Alguns, porque confiam naquilo que entregam ao consumidor, ou porque velam pelo bom nome que seus produtos e serviços ostentam; outros, vêem nisso uma vantagem relativamente à concorrência. Pode se dar a garantia, também, como lembra Filomeno, para reparar eventuais defeitos, sabendo-se que na produção em massa alguns exemplares fabricados fatalmente apresentarão algum defeito.[307]

Fala-se, então, de uma garantia contratual, que é complementar à legal e que sempre deve vir através de um escrito, o denominado termo de garantia. A norma do artigo em comento pretende fazer valer, portanto, o art. 50 do CDC.

É dever legal do fornecedor, portanto, quando confere uma garantia adicional ao consumidor, fazê-lo de forma escrita, por termo, devidamente preenchido, esclarecendo devidamente o consumidor sobre a forma, o prazo e o lugar em que a garantia pode ser exercitada, bem como os ônus a cargo do consumidor. Tem este o direito, quando

[305] Manoel Pedro Pimentel. RT, 661/256.

[306] Toron Alberto Zacharias. "Aspectos Penais da Proteção do Consumidor". *In Fascículos de Ciências Penais*. Porto Alegre: Sergio Fabris, 1991, p. 52.

[307] Geraldo Brito Filomeno. *Manual de Direitos do Consumidor*. São Paulo: Atlas, 1999, p. 282.

existir tal garantia, de receber o termo escrito em língua portuguesa, legível, no momento em que adquire o produto ou recebe o serviço. O termo de garantia deve estar acompanhado do manual de instruções, para instalação e correta utilização do produto, quando for o caso, mas a omissão de entrega deste (manual de instruções) ao consumidor não tem qualquer relevância penal. São deveres impostos no art. 50 e seu parágrafo único do CDC.

A lei do consumidor não tornou o termo de garantia obrigatório, pois já existe uma garantia legal. Ele é apenas *complementar* ao contrato, como diz o próprio art. 50, CDC.

O termo de garantia que, às vezes, vem em benefício negocial do *fornecedor*, por aquelas razões já elencadas, pode se tornar o próprio gume que lhe causa a ferida.

6.13.1. O crime

O crime é omissivo puro, de mera conduta, sendo desnecessário qualquer resultado, ou seja, desimporta se houve ou não qualquer problema alguma vez com o produto ou com o serviço, enfim, atenta-se tão-somente ao termo de garantia.

Em se tratando de crime omissivo, deve existir uma regra anterior que é descumprida. Assim, descumpre o fornecedor/prestador de serviços a norma que lhe obriga a, quando conceder uma garantia extra ao consumidor, fazê-lo por escrito padronizado e adequadamente, nos termos do art. 50 referido. Como disse Dotti: a lei incrimina aquele que, tendo o dever jurídico de entregar o termo de garantia do produto e com especificações claras de seu conteúdo, deixa de fazê-lo.[308]

Não se exige qualquer resultado para sua consumação, bastando a omissão de preenchimento. O crime é doloso, pelo que alguns agentes podem ser beneficiados até por omissão a que não deram causa, caracterizando-se um comportamento meramente culposo, que não é albergado pela norma. Então, o consumidor não precisa ser prejudicado com a omissão.[309]

Na espécie, ainda, é de se observar que o delito analisado contém três condutas típicas:[310]

1) omitir a entrega do termo de garantia;

2) omitir a entrega do termo de garantia preenchido adequadamente, ou seja, o termo entregue é inadequado no preenchimento; e

308 *Op. cit.*, p. 294.

309 Contra: Paulo Costa Jr. *Op. cit.*, p. 251.

310 Francisco Cavalcanti entende que são duas condutas típicas apenas. *Op. cit.*, p. 156.

3) omitir a entrega de um termo de garantia com conteúdo claro, isto é, ele está adequadamente preenchido, mas o seu conteúdo não é compreensível, omitindo-se circunstâncias relevantes para a correta garantia ou de difícil atendimento pelo consumidor. Basta uma ou outra dessas condutas para configurar o crime. Mas ele deve ser observado sob esses três aspectos.[311]

Note-se que muitas vezes há uma entrega do termo de garantia e ele está devidamente preenchido em seus espaços. Todavia, quando se vai fazer valer a garantia ele é completamente omisso na extensão desta, é incompreensível a garantia. Neste caso, pode haver concurso de pessoas entre o fornecedor, que é, via de regra, quem entrega o termo ao comerciante e este, que vê e concorda com o termo; passa adiante um termo omisso, não-claro no seu conteúdo, agindo com vontade de causar dúvida e aquiescendo à conduta do fornecedor. Ambos tinham o dever de agir no sentido de informar claramente o consumidor.

Outras vezes o termo é mal preenchido por um funcionário do comerciante. O fornecedor está em São Paulo e repassa um termo de garantia adequado, correto, claro em seu conteúdo, na extensão da garantia, cumprindo seu dever de agir. Porém, o preposto do revendedor/comerciante atua ilicitamente. Preenche mal o termo, as datas, os nomes, as especificações do produto etc. Quem responde é o empregado que tinha o dever de agir corretamente e neste caso até pode aparecer a responsabilidade pela participação do comerciante, que pode ter orientado mal ou nem mesmo orientado seu empregado. Jamais pode haver participação do fornecedor, porque completamente alheio ao liame criminoso e não tinha a obrigação de agir nesse caso.

Finalmente, a omissão na entrega do termo fica por conta do comerciante ou do seu preposto, exceto naquelas hipóteses onde o fornecedor ou não passou o termo de garantia ao comerciante ou passa direto ao consumidor o seu produto com o termo de garantia. Pode haver participação apenas no primeiro caso, jamais no segundo.[312] Então, o concurso de pessoas deve ser visto caso a caso, sem generalizações, como se faz por aí.

Disso decorre que a consumação se dá no momento em que o fornecedor (a) não entrega o termo de garantia, (b) entrega em branco, incompleto ou mal preenchido, (c) ou o termo é entregue, devidamente preenchido, mas o seu conteúdo é lacunoso, não permitindo verificação da exata extensão da garantia concedida.

---

311 Essa circunstância também foi notada por Herman Benjamin. *In* RDC, 3/119.

312 No mesmo sentido: Benjamin. *Op. cit.*, p. 119.

O crime não é afastado sequer pela alegação do fornecedor que cumpriu os termos da garantia e que o consumidor não teve qualquer prejuízo.

Para uns o crime é "de omissão na entrega de termo de garantia adequadamente preenchido";[313] para outros, é "omissão na entrega de termos de garantia".[314] As duas denominações atendem ao interesse da norma.

6.13.2. Elementos objetivos do tipo

O verbo do tipo é *deixar*, que significa abandonar, não fazer, descumprir um compromisso legal anterior. O dever anterior do fornecedor, que é descumprido na espécie, já foi expresso linhas atrás.

A norma exige também que, depois de adequadamente preenchido, estando claro no conteúdo, se faça *a entrega do termo de garantia* ao consumidor. Assim, seria bom que o fornecedor ficasse com recibo daquela, uma assinatura do consumidor, enfim, para posteriormente, caso necessite, provar que no mínimo fez a entrega da garantia contratual.

O termo de garantia deve dizer qual é a garantia prestada, "devendo ser preciso quanto aos itens que efetivamente a compõem", daí que se responsabilidade do preenchimento do documento pode ser do comerciante, aquela é de estrita responsabilidade do fornecedor.

É comum na compra de equipamentos de informática o envio de termos de garantia que devem retornar à fábrica, ao fornecedor, às expensas do consumidor. Isso deve ser desconsiderado, uma vez que a norma impõe tal dever ao próprio fornecedor, que não pode transferi-lo ao consumidor.[315] Daí que tais comportamentos equivalem a uma não-entrega do termo de garantia, sendo ilícitos, portanto.

O *termo de garantia* é um documento, que pode vir em papel comum, cartolina ou cartão, plástico ou não. Como refere Maria Helena Diniz citando Othon Sidou: "Instrumento formal e padronizado que complementa o contrato de compra e venda ou de prestação de serviço, conferindo garantia temporária ao bem vendido ou pelo serviço prestado".[316]

O termo é informativo apenas dos limites da garantia, não sendo de sua substância outras informações, tais como, qualidade do produto, características do serviço, funcionamento etc., como pretende

---

[313] Benjamin. *Op. cit.*, p. 117.

[314] Filomeno. *Op. cit.*, p. 281.

[315] Carlos Eduardo Manfredini Hapner. *Comentários ao CDC*. Rio de Janeiro: Forense, p. 164.

[316] *In, Dicionário Jurídico*, ed. Saraiva, vol. 4, p. 537.

Dotti.[317] Estas informações geralmente ficam por conta do Manual de Instrução, que deve acompanhar o termo, como exige a lei ou pela própria natureza do produto.

6.13.3. Os sujeitos ativo e passivo

Sujeito ativo do crime é o fornecedor prestador de garantia adicional à legal; pode ser pessoa física e, no caso de estar presente uma pessoa jurídica, o sujeito ativo é aquele que está na obrigação de entregar o termo adequadamente preenchido.

Veja-se em certas relojoarias, onde o termo é preenchido pela própria vendedora. Esta é que tem o dever jurídico no preenchimento (e tantas vezes não o faz). Todavia, não se pode afastar a participação do proprietário ou gerente, quando orienta a seu empregado que não preencha o termo de garantia ou preencha inadequadamente.

Circunstância também não expressa pela doutrina é a de que o sujeito ativo pode ser também o prestador de serviços, aquele que conserta determinado aparelho e concede garantia sobre o serviço realizado. Por isso que a garantia deve ser expressa, para expressar sua extensão, se abrange só o serviço ou também as eventuais peças substituídas.

Sujeito passivo é a coletividade de consumidores, forma direta; na via indireta, eventual consumidor contrariado com a conduta do fornecedor.

Tutela-se com a norma a relação de consumo e o dever de informação.

6.13.4. Tentativa, concurso de crimes e de pessoas

Não vislumbramos caso de concurso de crimes, mas o concurso de pessoas comporta alguma discussão, eis que de crime omissivo se trata, onde é de se verificar a quem se dirige o dever de agir. Para tal análise, enviamos o leitor ao subitem 6.13.1 (O crime).

O delito não admite a tentativa, porque omissivo puro.

Como bem doutrina Benjamin, se o fornecedor informa o consumidor, na embalagem ou em qualquer documento, que o produto ou o serviço não tem qualquer garantia, pratica ele o crime do art. 66, CDC, pois "não pode ele exonerar-se da garantia legal (arts. 24 e 51, inc. I)".[318]

---

317 *Op. cit.*, p. 295.

318 Antonio Herman V. Benjamin. "Crimes de Consumo no Código de Defesa do Consumidor". RDC, 3/118.

6.13.5. Prescrição

As prescrições das pretensões punitiva e executória ocorrem em 02 (dois) anos. Caso a pena de multa seja a única imposta, a prescrição desta ocorre também em dois anos.

Capítulo VII

A fiança no Código de Defesa do Consumidor

7.1. GENERALIDADES

Embora matéria processual-penal, prevista na Carta Magna entre os direitos e garantias individuais (art. 5º, inc. LXVI, CF), resolvemos enfrentar essa questão ao nível do consumidor, considerando que diz respeito diretamente ao *status libertatis* do cidadão.

A liberdade cessa nos termos da lei. A sentença, por seu turno, é a lei do caso concreto. Então, a sentença pode determinar a restrição daquele direito da personalidade. Diz-se que o valor liberdade só assume sua importância no direito quando é suprimido.

A liberdade pode ser cerceada cautelarmente, com o conseqüente recolhimento do indivíduo. A esse recolhimento é que se denomina *prisão temporária, prisão preventiva, prisão cautelar, ou prisão provisória,* ou *prisão processual, custódia provisória, ou prisão por flagrante,* ou *prisão em virtude de pronúncia, ou em virtude de sentença condenatória recorrível.*

Daí por que surgem a liberdade provisória e a fiança, que visam a "tirar o réu da prisão, quando ela não se apresenta necessária para o processo".[1] Destarte, é também através da fiança criminal que se chega à liberdade.

Como se sabe, é de garantia o escopo da fiança nas suas variadas espécies nos ramos do Direito.

Diz-se que a fiança pode ser civil, comercial, conjunta, judicial, convencional, excessiva ou *in duriorem causam,* ou *in leviorem causam,* legal, limitada, voluntária, enfim, mas aqui interessa-nos somente a *fiança criminal.*

A *fiança criminal* é o direito que tem o preso de, pela caução, pela garantia monetária que presta ao Estado, defender-se em liberdade da acusação que lhe é imputada. Se no aspecto subjetivo, como se viu,

[1] Valdir Sznick. *Liberdade, prisão cautelar e temporária.* São Paulo: LEUD, 1994, p. 212.

ela é um direito, no plano objetivo ela é a própria garantia. Uma caução, uma caução real.

O instituto da fiança já era conhecido dos romanos e dos gregos[2] e no Brasil, desde o Império, teve abrigo constitucional.

A Carta Federal de 1988 dispõe que "ninguém será levado à prisão ou nela mantido, quando a lei admitir a liberdade provisória, com ou sem fiança" (art. 5º, inc. LXVI). Daí por que se disse que a liberdade é limitada pela lei. A liberdade provisória também o é, como se vê da própria Constituição.

A liberdade provisória é instituto que substitui a prisão cautelar. Como disse Mirabete: "Por esse instituto o acusado não é recolhido à prisão ou é posto em liberdade quando preso, vinculado ou não a certas obrigações que o prendem ao processo e ao juízo, com o fim de assegurar a sua presença ao processo sem o sacrifício da prisão provisória".[3]

A fiança, por seu turno, como dizia Magalhães Noronha, é *meio* de liberdade provisória. Com ela o acusado não é preso ou se o estiver é solto. *Fiança* vem a ser, assim, um direito subjetivo do acusado, que lhe permite, mediante caução e cumprimento de certas obrigações, conservar sua liberdade até a sentença condenatória recorrível.[4]

Pode ser prestada no início do inquérito, ainda no flagrante, ou em qualquer termo do processo (arts. 304 e 334, CPP).

É de se atentar para diferenças num cotejo da fiança criminal com a fiança civil. Esta tem caráter pessoal, porque dada por uma ou mais pessoas, que assumem o compromisso de pagar a obrigação, se o devedor não o fizer[5] e a fiança criminal é caução real.[6] porque vincula bens móveis, imóveis, do réu ou de terceiro, com finalidade tipicamente processual. Todavia, seja na seara civil como penal ou comercial, a fiança não se separa da função de garantir alguma coisa. Ela garante o pagamento da obrigação no plano civil; ela também garante o pagamento de obrigações do réu para com o processo penal, garantindo-lhe a própria liberdade.

A denominação *fiança* não é das mais felizes, porque é uma caução real. Aqui está o sentido objetivo da fiança de que falamos.

É a fiança a modalidade mais antiga de liberdade provisória;[7] substitutivo da custódia do acusado[8] e também garantia do processo.[9]

---

[2] Pereira e Souza. *Primeiras linhas sobre o processo criminal*. 4. ed. 1831, nota 201, p. 84.

[3] *In Processo Penal*. São Paulo: Atlas, 3.ed. 1994, p. 386.

[4] *In Curso de Direito Processual Penal*. São Paulo: Saraiva, 1984, p. 181.

[5] Lauro Laertes de Oliveira. *Da Fiança*. São Paulo: Saraiva, 1981, p. 3.

[6] Eduardo Espinola. *Código de Processo Penal Brasileiro Anotado*. v.3. Ed. Rio, p. 487.

[7] João Francisco Moreira Viegas. *Liberdade Provisória e Fiança*. Ed. Jalovi, 1986, p. 15.

[8] Noronha. *Op. cit.*, p. 182.

[9] Valdir Sznick. *Op. cit.*, p.270.

Chegou-se a discutir se a fiança era um direito. Entende-se que é realmente um direito; um direito subjetivo público, ou seja, um direito que o cidadão, o particular, exerce perante o Estado, em face do Estado, como ocorre com a liberdade provisória. Assim, a fiança é o direito que tem o réu de, mediante caução, defender-se solto da acusação que lhe é irrogada. É a caução, prestada em juízo, para, em liberdade, poder se defender, como ensina Sznick.[10]

7.2. FIANÇA AO FORNECEDOR

Alguns autores referem que a fiança ficou relegada à plano secundário, ou "praticamente esvaziada de todo seu conteúdo prático e de utilidade".[11] Assim não pensamos. Nas leis penais do consumidor (Lei 8.078/90 e 8.137/90), que são leis especiais, a fiança tem sentido real, prático, sendo que nelas só se aplicam os casos de livramento do preso sem a fixação de fiança se o processo for afeto ao JEC.

Ocorre que o art. 321, CPP, dispõe que o réu livrar-se-á solto, independentemente de fiança, quando a infração não preveja a pena restritiva de liberdade, isolada ou cumulativa à multa e quando a pena privativa de liberdade não exceder a três meses. Ora, a lei penal do consumidor prevendo penas privativas de liberdade (detenção) e não possuindo em qualquer delas pena de prazo inferior a três meses (como pena máxima), *impede que o indiciado ou réu seja posto de imediato em liberdade sem a fiança.*

À evidência, podem existir casos excepcionais, porque previstos expressamente em lei, em que o réu/indiciado seja colocado em liberdade provisória sem fiança. E outros casos em que a própria lei simplesmente impede a concessão da fiança. Isso em algumas das hipóteses do Código de Processo Penal, as quais aqui veremos.

Veja-se o caso de agente em exclusão de criminalidade do art. 310, *caput*, do CPP, ou seja, quando o juiz verifica já no auto de prisão em flagrante que o crime foi praticado nas condições do art. 23 do Código Penal. Óbvio, será difícil encontrar-se hipótese em que o fornecedor pratique crime contra o consumidor em legítima defesa ou em estrito cumprimento do dever legal, mas é bem possível que ocorra um exercício regular de direito, quando, *v.g.*, a autoridade administrativa, encarregada de preencher uma norma penal em branco, o

[10] *Op. cit.*, p. 269.
[11] Valdir Sznick. *Op. cit.*, p. 268.

faça equivocadamente e com isso "legalize" o agir do fornecedor. Assim, não se quer fechar absolutamente tais hipóteses.

Outros casos existem até da impossibilidade de concessão de fiança, mas que devem ser apurados *in concreto* pelo juiz.

Existe até certo contra-senso dizer-se que haverá caso de impossibilidade da concessão da fiança por ser o fornecedor vadio ou viver na mendicância (art. 323, inc. II, CPP), mas é bem possível o não-deferimento da fiança para fornecedor ou prestador de serviços já condenado por crime doloso, em sentença transitada em julgado (art. 323, inc. III, CPP). E a condenação anterior não precisa ser por crime contra o consumidor, para que se impeça a fiança.

Também, descabe fiança na existência de casos que autorizam a prisão preventiva (art. 310, parágrafo único c/c 311 e 312, todos do CPP), pois *a imposição da prisão preventiva significa a existência de razões que exigem a segregação do acusado e que excluem a possibilidade de liberdade provisória.*[12]

Assim, como no processo penal comum, a redação da Lei nº 6.416, de 24.5.77, ao art. 310, parágrafo único, do CPP, veio a reduzir as hipóteses de aplicação da fiança, como disse Valdir Sznick,[13] temos que isso não pode ser aplicado na lei penal do consumidor, eis que, nela existe regra específica sobre fiança para os crimes ali elencados. Ali presente, portanto, o princípio da *especialidade,* sendo que todos os ilícitos admitem e requerem fiança.

Com a Lei Antitruste (Lei 8.884, de 11.7.94), foi alterado o art. 312 do CPP, incluindo-se a possibilidade de prisão preventiva como *garantia da ordem econômica.*

Em que pese o sentido demagógico da nova redação, segundo apontado por alguns autores, não é de se afastar eventual pedido de prisão preventiva no tocante a crimes contra o consumidor, os quais também *são crimes que ferem a ordem econômica* (art. 312, CPP: garantia da ordem econômica), como dissemos no início.

Destarte, ou é caso de prisão preventiva, ou é caso de fiança cabível e necessária, porque presente alguma hipótese vista acima, ou é caso submetido ao Juizado Especial Criminal. Deve-se arbitrar a fiança, pois, ressalvadas as hipóteses já citadas, inexiste caso de infração a que o réu se livre solto na lei penal do consumidor.[14]

Isso deve ser bem analisado quando da vigência da Lei dos Juizados Especiais, pois, alguns crimes da lei penal do consumidor fo-

---

[12] Ada Pellegrini Grinover. *A nova lei processual penal.* 2.ed. São Paulo: RT, 1979, p. 142.

[13] *Op. cit.*, p. 267.

[14] No mesmo sentido doutrina o Min. Cernicchiaro. *Op. cit.*, p. 319.

ram chamados de "menor potencial ofensivo". Nestes casos (crimes de menor potencial ofensivo), cometido o crime contra o consumidor de competência do juizado especial criminal, se o réu concordar em ser encaminhado ao juiz não se imporá a prisão em flagrante nem se exigirá fiança (art. 69, par. único, da Lei 9.099/95).

Pode ser dito que aquelas alternativas são radicais, uma vez que o fornecedor preso em flagrante, a rigor, sempre deve pagar fiança (exceto nos crimes considerados de menor potencial ofensivo) ou ir à prisão, com a excepcional preventiva. Mas justificamos dizendo que a lei penal do consumidor visa exatamente a proteger a parte mais fraca da relação de consumo (o consumidor), tornando graves algumas condutas do fornecedor. Ademais, se o fornecedor tem no bolso, na maioria das vezes, a sua parte sensível, e é muito danosa a sua conduta criminosa, nada mais justo que se lhe imponha, no mínimo, uma fiança para processar-se solto.

Com isso se atende ao rigor da lei penal, que para uns é característica das normas de direito penal econômico. Se é para proteger o consumidor, que se o faça devidamente.

Na hipótese de prisão preventiva, o Delegado de Polícia ou o agente do Ministério Público representam quanto ao indiciado ou acusado, e o juiz a decreta, até de ofício, fundamentadamente, como sabemos.

Se a fiança é incabível, conforme o texto legal, a autoridade policial envia os autos ao Ministério Público que, denunciando ou não, se manifesta sobre eventual concessão de liberdade provisória vinculada ou pela prisão preventiva.

Nos crimes da lei do consumidor sempre a autoridade deve se pronunciar sobre a fiança, seja deferindo-a nos casos expressos, seja encaminhando o feito imediatamente ao juiz, em casos do Juizado Especial Criminal, sob pena de incorrer no ilícito penal do abuso de autoridade (art. 3º, letra *a*; 4º, letra *e*, Lei Federal nº 4.898, de 9 de dezembro de 1965).

"Art. 79. O valor da fiança, nas infrações de que trata este Código, será fixado pelo Juiz, ou pela autoridade que presidir o inquérito, entre 100 (cem) e 200.000 (duzentas mil) vezes o valor do Bônus do Tesouro Nacional - BTN, ou índice equivalente que venha substituí-lo.

Parágrafo único. Se assim recomendar a situação econômica do indiciado ou réu, a fiança poderá ser:

a) reduzida até a metade de seu valor mínimo;

b) aumentada pelo juiz até 20 (vinte) vezes".

Assim, tanto o juiz quanto a autoridade policial *devem* arbitrar a fiança, quando for o caso, eis que, de direito subjetivo do preso se trata. Não há *faculdade* a nenhuma das autoridades mencionadas na lei quanto ao arbitramento da fiança, pois estando presentes os requisitos legais as autoridades devem sobre ela se pronunciar.

Na verdade, o art. 310, *caput*, do CPP, já aludia a que o juiz "poderá, depois de ouvir o Ministério Público, conceder ao réu liberdade provisória" e tal entendimento ficou sendo um "deverá", afinal, "direito do indiciado ou réu, a ser necessariamente satisfeito, desde que preenchidas as condições legais. Negada a providência, caberá *habeas corpus*",[15] havendo a possibilidade de representar-se contra a autoridade pelo abuso cometido.

Quando se tratar de crime contra o consumidor afeto ao Juizado Especial Criminal, a autoridade policial é a competente, quando o indiciado não pretende comparecer ao Juizado Especial. Se o crime contra o consumidor não for de menor potencial ofensivo (inclusive aqueles crimes contra o consumidor da Lei 8.137/90), tanto a autoridade policial quanto o juiz, nos momentos legalmente previstos, podem estipular a fiança. Se o réu/indiciado já tiver sido condenado por crime doloso, a pena privativa de liberdade, em sentença transitada em julgado, não será concedida fiança (art. 323, incs. II e III, CPP).

O Ministério Público não tem interferência inicial na determinação da fiança, podendo, no entanto, posteriormente, pretender o aumento da fiança arbitrada, seja porque irrisória, seja porque tem o indiciado/réu maiores e melhores condições econômico-financeiras do que aquelas apresentadas quando da fixação. Claro, para o reforço da fiança deve haver prova ou indício evidente que a fiança fixada foi insuficiente; ou que houve depreciação material dos bens dados em garantia (arts. 338 a 340, CPP).

Só o juiz, por seu turno, pode determinar a revogação, cassação, perecimento ou quebramento da fiança. Ao réu ou ao Ministério Público resta o recurso em sentido estrito (art. 581, incs.V e VII, do CPP) e até o *habeas corpus*.

A fiança pode ser paga pelo indiciado, réu ou terceiro, desimporta ao Estado quem paga, inclusive se houver pedido de reforço. Neste caso, impago o reforço, prisão ao réu.

Se a fiança nos crimes da lei do consumidor for concedida a caso inafiançável (réu já condenado, por exemplo, ou a tipos penais da Lei 8.137/90) surge sua cassação, que pode ocorrer em qualquer fase do

[15] Grinover. *Op. cit.*, p. 136.

processo, determinado pelo Tribunal ou pelo próprio Juiz, de ofício (arts. 338 e 339, CPP) ou a requerimento do *parquet*.

Perecimento é o mesmo que *perdimento da fiança* e ocorre quando o réu for condenado - por sentença transitada em julgado, note-se - e não se apresenta à prisão, ou à audiência admonitória.

No *quebramento da fiança*, também decretado pelo Juiz, onde ocorre a perda de metade do seu valor, o réu legalmente intimado para ato do processo deixa de comparecer, sem provar motivo justo, ou quando pratica outra infração penal na vigência daquela fiança (arts. 341 a 343, CPP).

Se na fiança da lei penal comum é permitida a garantia através de bens econômicos em geral, até pedras preciosas, na lei penal do consumidor parece se exigir seja aquela prestada em dinheiro, em moeda corrente nacional, em valores monetários. É que a lei penal do consumidor se refere a "valor da fiança" para em seguida estabelecer seu limite, que é "entre 100 e 200.000 vezes o Valor do BTN ou índice que venha a substituí-lo".

Tal entendimento é equivocado, até porque às vezes o dinheiro nem garante qualquer indenização que venha a decorrer da imposição de uma condenação. Ademais, com a instabilidade monetária de nosso país, já tem acontecido de fiança prestada em cruzeiros ou cruzeiros reais tornada ínfima pelo advento da unidade monetária do real. Pensamos que é de se admitir a lei do processo, para o fim de aceitação plena de bens móveis ou imóveis, devidamente avaliados na forma da lei.

7.3. ÍNDICES DE ATUALIZAÇÃO MONETÁRIA DA FIANÇA

A lei penal do consumidor se refere a Bônus do Tesouro Nacional (BTN), que não é moeda liberatória, e sim outro índice de correção monetária hoje extinto.

É de se lembrar, como disse Fabio Konder Comparato,[16] que chegamos a tal ponto de insegurança nas relações econômicas que quase ninguém sabe, ao certo, distinguir o lícito do ilícito no campo das estipulações pecuniárias. Na lei penal do consumidor, o próprio legislador confessou a perplexidade da lei perante a economia, expressando-se vagamente "ou índice equivalente que venha a substituí-lo" (art. 79, *caput*, CDC).

[16] *In* "Cláusulas contratuais de indexação de preços". *Revista de Direito Mercantil*, ed. RT, 1992, n. 85, p. 34.

O Bônus do Tesouro Nacional (BTN) surgiu no bojo da sexta reforma monetária do Brasil, em maio de 1989, através da MP-57, depois ratificada pela Lei nº 7.777/89.[17] Apesar de a Lei nº 7.799/89 ter criado o BTN Fiscal, de freqüência de reajuste diário, entendeu-se que a lei penal do consumidor adotou para a fixação da fiança o chamado BTN-cheio, isto é, de reajuste mensal. O BTN, na verdade, era um indexador econômico mensal determinado pelo Governo Federal, semelhante à antiga OTN, esta extinta em janeiro de 1989, pelo Plano Verão, quando se pretendia desindexar a economia.

Depois do Plano Verão (nome vinculado à estação do ano em que foi baixado) ainda tivemos os Planos Collor (15.3.90) e Collor II (1º.2.91) e o Plano Real (28.2.94), que reduziu nossa reserva cambial a níveis assustadores.

Adotou a lei penal do consumidor, portanto, um *índice*, um indexador monetário, que, como adverte Diogo de Figueiredo Moreira Neto, é "usado para corrigir o valor da moeda nesse perverso sistema valorista, onde pouco ou quase nada vale o direito, é sempre discriminatório, pois beneficia alguns créditos e avilta outros".[18]

A parte penal do consumidor (no CDC) trouxe o BTN como parâmetro, a fim de manter atualizado o valor da fiança, mas não chegou a utilizá-lo. Aliás, já se adequando à instabilidade da desmoralizada economia brasileira, previu o CDC que se pudesse substituí-lo (o BTN) "por índice equivalente" (art. 79, *caput*, final). Ainda na *vacatio legis* da lei penal do consumidor, surge a Lei nº 8.177, de 1º.3.91, extinguindo o BTN (art. 3º, II) e outorgando ao Banco Central competência para divulgar a Taxa Referencial (TR), que passou a ser adotada como novo indexador, em substituição do BTN. Então, o BTN, para a lei penal do consumidor, já nasceu morto.

Ainda, surgiu discussão sobre a inconstitucionalidade da TR como índice de correção monetária (ADin 493-0, STF, Pleno, *in* DJ 4.9.92, Rel. Min. Moreira Alves), "porque reflete as variações do custo primário da captação dos depósitos a prazo fixo, não se constituindo, por isso, em índice que projeta a variação do poder aquisitivo da moeda".[19] Devemos, no entanto, na falta de rumo melhor, adotar a TR como indexador e parâmetro para a estipulação da fiança.

Mas, à luz da parafernália de índices e cálculos, entendemos que atualmente assim deve ser estabelecida a fiança na lei penal do consumidor, que é a solução também alvitrada por Luiz Luisi:[20] "tomar

[17] V. Letácio Jansen. *A face legal do dinheiro*. Rio de Janeiro: Renovar, 1993.

[18] *In* "Estabilização Monetária". *Revista de Direito Administrativo* n. 196/14.

[19] *Apud* Leon Frejda Szklarowsky. *O Real e o Plano de Estabilização Econômica*. RIL, 123/185.

[20] *Op. cit.*, p. 74.

o valor do BTN quando extinto e acrescê-lo com a TR, ou seja, a taxa referencial que é como vêm sendo corrigidos os valores para atualizá-los".

O valor do BTN quando de sua extinção, em fevereiro de 1991, ficou estipulado em Cr$ 126,8621. É a solução que alvitramos ao início deste.

Suponhamos, portanto, que o juiz ou a autoridade policial fixe a fiança em 150 vezes o valor do BTN. Aplica-se a TR e converte-se para Cruzeiros, até julho/93, quando chegaremos a Cr$ 5.872.120,00; aplica-se a TR até junho/94, convertendo-se para Cruzeiros Reais, quando teremos CR$ 236.168,56; este valor transforma-se em URV, quando teremos 85,88; ao final, em abril/99, aquele valor atualizado pela TR será de R$ 180,10. [21]

7.4. CONDIÇÕES ECONÔMICAS DO FORNECEDOR

Na fixação da fiança, seja o juiz ou a autoridade policial, devemos levar em consideração a condição econômico-financeira do afiançado (RT-512/384). Só assim se evita suprema injustiça, elevando-se em demasia o valor da fiança; ou uma ninharia, com valor ínfimo para um indiciado/réu poderoso.

Sabe-se que a fixação da fiança em valor impossível de ser pago equivale a uma verdadeira negativa, daí o cuidado que se deve ter em sua fixação.

Segundo a letra *a* do parágrafo único do artigo comentado, a fiança poderá ser *reduzida* até a metade de seu valor mínimo. É a hipótese de *redução de fiança*. O Código de Processo Penal também permite a redução da fiança (art. 325, parágrafo único, inc. I), mas o norte a ser aplicado é o da lei especial (CDC).

Surge a dúvida: em sendo o réu pobre, o juiz deve obrigá-lo a pagar fiança, nem que seja reduzida pela metade, porque assim determina a lei?

Embora alguns autores entendam que se o réu for pobre a fiança deve ser reduzida pela metade, sem qualquer consideração[22] sobre a possibilidade de eventual não-recolhimento, entendemos que o juiz pode substituí-la por obrigações pessoais e vinculativas ao processo (como veremos abaixo).

---

[21] Cálculo realizado pela Contadora Maria Dolores Lorscheiter.

[22] Eduardo Arruda Alvim. *Código do Consumidor Comentado*. São Paulo: RT, 1995, p. 341.

Não basta, portanto, que o juiz somente leve em consideração a condição econômica do réu e fixe-lhe uma fiança pela metade, porque se não puder pagá-la, porque pobre, por isso pode acabar preso. Então, a possibilidade da redução pela metade deve ser vista *cum granus salis*, distinguindo-se o que deve ser distinguido. Note-se o caso de humilde encanador (prestador de serviços de hidráulica) preso em flagrante. É a hipótese do art. 350, CPP, para réu pobre, cuja liberdade só pode ser deferida pelo juiz do processo, o qual pode transformar a fiança em *obrigações*, tais como: comparecer a todos os atos do processo, não mudar de residência sem permissão do juízo, ou ausentar-se da Comarca do processo por mais de oito dias, etc., nos termos dos arts. 327 e 328, CPP.

Aí também se distingue: excetuados aqueles casos do Juizado Especial Criminal, se o Delegado de Polícia pode arbitrar a fiança, não pode determinar a soltura do preso réu pobre, porque deve ser ouvido previamente o agente do Ministério Público. O Delegado fixa a fiança, mas, se impaga, não pode expedir alvará de soltura.

7.5. COMPETÊNCIA PARA AGRAVAR A FIANÇA

Em se tratando de fornecedor indiciado/réu de ótimas ou boas condições econômicas, surge-nos a questão do teor do parágrafo único do art. 78, letra *b*, pelo qual a fiança pode ser aumentada pelo Juiz até vinte vezes.

A doutrina ora defende a corrente restritiva de que *só o Juiz pode aumentar* a fiança,[23] considerado seu valor elevado; ora que também o Delegado pode fazê-lo.[24]

A matéria é polêmica, dizendo Paulo Costa Jr. que se a fiança pode ser estabelecida pela autoridade que presidir o inquérito, não se vê razões para que não possa esta última majorar ou reduzir o seu *quantum*, a fim de adaptá-la à situação econômica do indiciado. Ademais, o próprio parágrafo único refere-se a "indiciado", que surge durante o inquérito policial. Atribui isso a um cochilo do legislador.[25]

Óbvio, podemos alinhar outros argumentos favoráveis ao Delegado, até na prática, tal como naquele caso de cidades onde existam grandes fornecedores e às vezes inexiste Comarca instalada (ausência do juiz), ou em que o Juiz de Direito esteja em regime de substituição,

[23] V. Cernicchiaro. *Op. cit.*, p. 320.

[24] Costa Jr. *Op. cit.*, p. 268.

[25] *Op. cit.*, p. 268.

que aparece uma ou duas vezes por semana. Isso, por certo, implicaria ter o Delegado de fixar uma fiança irrisória, a fim de não manter o indiciado preso mais do que o tempo necessário.

Também, favoravelmente é de se referir que a lei processual penal comum dispôs que o Delegado de Polícia só pode conceder fiança nos casos de infrações punidas com detenção (art. 322, CPP), o que é o caso da lei do consumidor.

No entanto, a lei é clara: *só o Juiz pode aumentar a fiança em vinte vezes*. E como se trata de direito subjetivo público, a interpretação deve ser a mais benéfica possível. Aliás, em se tratando de lei especial, que dispõe expressamente sobre a questão, é de se afastar interpretação diversa, eis que, presente a regra da especialidade.

O parágrafo único em questão refere, ainda, que *se assim recomendar a situação econômica do indiciado ou réu, a fiança poderá ser*. Quando se refere a indiciado, porque o parágrafo, no caso, excepciona, dirige-se ao inquérito, logo, à autoridade policial. Assim, está na razão da letra *a*. E quando se refere ao réu (ou réu), dirige-se ao juiz, à letra *b*, dizendo-se, assim, que só este pode aumentá-la, afinal, o juiz já pode aumentar em relação ao indiciado pela força do *caput*.

Consigne-se que se a fiança é um direito subjetivo do indiciado/réu, também é seu direito vê-la fixada, ou aumentada, nos exatos termos legais e pela autoridade legalmente competente, uma vez que a fiança por demais elevada pode prejudicá-lo. E diz respeito ao *status libertatis*.

7.6. LIMITES DA FIANÇA NA LEI PENAL DO CONSUMIDOR

Agora, tratemos de analisar os limites da fiança, considerados o mínimo e o máximo, bem como aqueles eventualmente impostos pela letra *b* do parágrafo único do art. 78, CDC.

Segundo a lei, a fiança fica entre 100 e 200.000 *vezes* o valor do BTN, atualmente atualizado pela TR. Normalmente, o mínimo da fiança é de 100 (cem) vezes o valor da BTN, ou seja, multiplica-se o valor fixado (entre 100 e 200.000) pelo valor do BTN congelado (CR$126, 8621) e atualiza-se por TR. O cálculo é difícil, mas deve ser realizado nos termos da lei. Adiante, tecemos outras considerações acerca desse cálculo e do BTN.

Quando a lei diz que a fiança pode ser *reduzida* pela metade, alguns autores entendem que se refere ou (a) à metade daquele valor aleatório fixado pelo juiz/autoridade policial, segundo as condições econômicas do réu/indiciado, ou (b) deve o juiz/autoridade dividir o valor mínimo por dois. Neste caso (b), tomado o valor mínimo previsto na lei (100 vezes), divide-se-o por dois (metade), encontrando-se 50 BTN's (atualizado por TR). Destarte, 50 (cinqüenta) vezes o valor do BTN (atualizado por TR) seria o valor mínimo da fiança no CDC, segundo uma corrente.

Para a primeira hipótese (a), significa que a autoridade fixa um valor de fiança, que pode ser 150 BTN's atualizadas (abril/98: R$180,10), v.g., e aí divide-o por dois, assim encontrando a metade (R$90,00). Esse seria o valor mínimo de redução, pois como diz Filomeno: *para a redução ou então aumento da fiança, é mister que a mesma já tenha sido fixada antes.*[26]

Há diferenças, porque no caso (a) a fiança partiu de 150 x BTN; no caso (b) a fiança partiu da metade de seu mínimo (50 vezes o BTN).

Outra questão também diz respeito à letra *b*, quanto ao *valor máximo*.

Uma alternativa é a de que o juiz pode multiplicar vinte vezes o limite máximo da fiança, ou seja, 20 x 200.000, o que daria 4.000.000 vezes a BTN (atualizada) e aí estará o máximo da fiança;[27] para outros, o juiz deve respeitar o limite de 200.000 x BTN, ou seja, o valor multiplicado por vinte deve ficar *até o limite apontado* (200.000 x BTN atualizado por TR); e ainda em derradeira alternativa poderia o juiz fixar um valor aleatório (x) e multiplicá-lo por vinte, sem a consideração daquele limite.[28]

Entendemos que com relação ao limite mínimo, a autoridade somente poderá reduzir dentro do próprio limite fixado pela lei, isto é, 100 x BTN, o que dará 50 x BTN, que é sua metade. É que se o juiz prefixar o valor da fiança, para depois dividi-la, estará ainda fixando a fiança acima do limite mínimo. Então, assim não há redução, porque só poderá fixá-la a partir de 100 x BTN (atualizado) e dividindo por dois pode vir a fixar mais do que 50 BTN (atualizado por TR). Daí por que a razão está com nosso Des. Tupinambá.

Relativamente ao limite máximo, também, o juiz está atrelado às 200.000 vezes a BTN, porque se trata de direito do indiciado/réu, devidamente explicitado pela lei. Mesmo assim, o valor é rigoroso, como sabemos.

A fiança implica obrigações ao fornecedor afiançado, obviamente. Não é por ter depositado a fiança que fica sem obrigações processuais, não. Deve o fornecedor comparecer perante a autoridade

[26] José Geraldo Brito Filomeno. *Manual de Direitos do Consumidor*. São Paulo: Atlas, 1991, p. 174.

[27] Nascimento. *Op. cit.*, p. 148.

[28] Filomeno. *Op. cit.*, p. 173.

policial ou juiz todas as vezes em que for chamado, sob pena de dar-se como quebrada a fiança e ser recolhido, preso. Também, não pode mudar de residência sem permissão da autoridade/juiz e nem ausentar-se do distrito da culpa por mais de oito dias, sem avisar à autoridade processante. Aplicam-se, portanto, os arts. 327 e 328 do CPP. Em cometendo outro crime, também está quebrada a fiança (art. 341, CPP).

Claro, fiança quebrada implica, além da prisão, a perda da metade do seu valor. Enquanto não for preso, o processo segue à revelia do fornecedor (art. 343, CPP), regras de processo penal que se aplicam inteiramente ao processo penal do consumidor.

Diz-se que o fornecedor perde a fiança quando, condenado, não se apresenta ao juízo condenatório, seja para audiência admonitória, seja para recolher-se à prisão (art. 344, CPP). Aqui, deduzidas as despesas processuais a cargo do réu, o saldo da fiança é recolhido ao Tesouro Nacional.

Capítulo VIII

Lei 8.137/90 e a defesa do consumidor

8.1. GENERALIDADES

Ao deparar-me com qualquer das novas leis penais, recordo o saudoso e genial Alfredo Augusto Becker, quando, no seu Direito Tributário, que tanto dominava, passou a vislumbrar um verdadeiro *Carnaval* na criação das leis tributárias. Primeiro, pelo colorido das estampilhas, os selos dos tributos de antanho; depois, pela sucessão de leis e portarias que as revogavam. Só havia confusão, muito papel colorido e até era divertido, como escreveu certa feita.[1]

Da mesma forma, só falta a estampilha colorida no Direito Penal atual, porque já existe quase um Carnaval, pelo atropelo de outras leis penais. Têm-se inúmeros tipos inúteis, que ferem o princípio da insignificância; repetição de artigos, bem como a emissão desenfreada de "tipos hediondos", tipos abertos e de perigo abstrato, que atentam contra a segurança jurídica. Na dúvida, devem pensar os legisladores, criemos um tipo hediondo e tudo estará resolvido(?).

O estudo do atual Direito Penal no Brasil ainda acabará desmoralizado, tal como se deu com o Direito Tributário atual, pela parafernália legislativa vigente, onde a Medida Provisória virou a regra. Hoje, os tributaristas contam-se nos dedos, escassearam-se, e quando escrevem, parecem figuras de um coral desafinado, onde os princípios tributários cederam lugar à "globalização fiscalista". No mesmo rumo caminha o Direito Penal.

A *Lei 8.137, de 27.12.90*, então, mesma forma, faz-me recordar o penalista holandês Louk Hulsman. Em certa manifestação, dizia o abolicionista que via claramente como as leis penais eram produzidas: "*geralmente feitas por reles funcionários e emendadas precipitadamente e por compromissos políticos; não têm absolutamente nada de democráticas*

[1] Ver *Carnaval Tributário*, ed. Saraiva, 1989.

e, dificilmente, são frutos de uma coerência ideológica. Pior ainda: são editadas na ignorância de situações sobre as quais vão influir".[2]

O advento da *Lei 8.137/90*, a rigor, apenas mostra o descaso com que as leis penais surgem no Brasil, numa panacéia de normas e completa desorganização dos encarregados de legislar, que não apresentam um processo lógico de aprovação legislativa. Afinal, se era para criar-se uma lei penal de defesa do consumidor, era de se agrupar a matéria num só corpo legislativo. Todavia, aprovado o Código de Defesa do Consumidor (Lei 8.078/90) em setembro/90, ainda, em dezembro/90 se editava a Lei 8.137, versando matéria de relações de consumo, também. Tudo isso, como disse o Des. Tupinambá Pinto de Azevedo, *"abastardando a sistematização da matéria"* (RT-736/698). Claro, apresentar-se-ão as velhas "razões de oportunidade" a justificar a tal divisão, mas não se pode negar que tal "sistemática legislativa" até atrapalha a efetiva defesa do consumidor. *Em outras palavras*: os legisladores legislam na contra-mão consumerista.

O *art. 7º, incs. I a IX e parágrafo único, da Lei 8.137/90*, arrolou, ao lado da Lei 8.078/90, outros crimes contra as relações de consumo, ou seja, crimes cuja objetividade jurídica é a relação de consumo.

Como já dissemos alhures, a relação de consumo é um bem jurídico, uma relação jurídica, um bem imaterial, que se insere dentro da proteção maior da ordem econômica. Tem-se nela dois pólos: um ativo, o consumidor; no pólo passivo, o fornecedor. No aspecto penal, há uma espécie de inversão nessa relação, restando como sujeito ativo desses crimes o fornecedor; como sujeito passivo a coletividade de consumidores e o consumidor, este em si considerado.

Temos constatado, na prática, a quase inexistência de comentários acerca da *Lei 8.137/90*, no que se refere à defesa do consumidor. Talvez porque essa lei penal, como escreveu nosso Prof. Cesar Bitencourt, no prefácio deste, também, tenha se tornado outro *"imprestável diploma repressivo"*.

Apesar disso, vigente a norma, resolvi tecer algumas considerações sobre os tipos penais ali descritos, fazendo a devida remissão ao CDC, quando for o caso.

8.2. O CRIME

"Art.7º Constitui crime contra as relações de consumo".

---

[2] Ver, *Penas Perdidas. O sistema penal em questão*, LUAM, 1993, p. 20.

O art. 7º é um dos quatro artigos que formam o Capítulo II da Lei 8.137/90 - Dos crimes contra a ordem econômica e as relações de consumo.

A Lei repetiu a fórmula já empregada na edição da Lei 8.078/90 (Código de Defesa do Consumidor - CDC), eis que, o Código, no seu art.61, já referira-se aos "crimes contra as relações de consumo", praticamente, definindo e fechando a *objetividade jurídica*. O rol do art. 7º, então, forçosamente deve ser entendido como sendo um *acréscimo* naquele rol de crimes do CDC.

Na espécie, delimita-se sua *objetividade jurídica:* as relações de consumo (arts. 2º e 3º da Lei 8.078).

8.2.1. Favorecimento de compradores

"I - Favorecer ou preferir, sem justa causa, comprador ou freguês, ressalvados os sistemas de entrega ao consumo por intermédio de distribuidores ou revendedores;"

O Código Penal referiu-se apenas ao "favorecimento", com o sentido de "induzir", "atrair", "facilitar" ou "impedir" (art. 228), "auxiliar" (art. 348) ou "prestar auxílio" (arts. 348, § 2º, e 349).

O tipo em análise revive saudosamente o *inc. II do art. 2º da Lei de Economia Popular (Lei 1.521/51): "favorecer ou preferir comprador ou freguês em detrimento de outro, ressalvados os sistemas de entrega ao consumo por intermédio de distribuidores ou revendedores"*, agora, apenas inserindo uma ilicitude especial, que é a "justa causa". Não consta tenha sido revogado o art. 2º da LEP, pelo que o legislador copiou um artigo, que se inseria na ordem de proteção à economia popular, transferindo-o para a ordem de proteção à relação de consumo.

Apesar de óbvias diferenças entre os dois dispositivos, porque a "*preferência a comprador ou freguês*", da Lei de Economia Popular (LEP), refere-se a quaisquer discriminações, mesmo entre fornecedores, sendo que o artigo sob comento aplica-se tão-somente às relações de consumo, isto é, somente quando houver um *consumidor* (destinatário final do produto ou do serviço) a ser protegido perante um mau *fornecedor*.

Repete-se a técnica equivocada, porque *favorecer* tem o significado de *preferir*, afinal, quem favorece, prefere; significa beneficiar, conceder vantagens ou regalias a alguém. É o que ocorre quando o fornecedor oferece certas facilidades a um determinado adquirente (consumidor) de seus serviços ou produtos.

Preferir, além de englobar o "favorecer", significa escolher, optar, privilegiar alguém, concedendo-lhe, ou não, regalias que não concedeu a terceiro. Dá-se primazia a um em detrimento do outro. O que deve ficar claro, a rigor, é a "discriminação", que fere sem uma justa causa. Daí a existência da *ilicitude especial: a justa causa*, isto é, se havia uma ordem de chegada (ordem de preferência) no adquirir do produto/serviço, deve e pode existir a preferência ora vedada. Esta é a justa causa de que fala a Lei. O que não se pode é quebrar-se a justa causa, ou afastá-la pela preferência.

A norma traz evidentes imperfeições técnicas, porque, com essa redação, jamais poderia estar incluída na ordem de proteção ao consumidor, ou às relações de consumo. Veja-se que a ressalva da própria lei (*"ressalvados os sistemas de entrega a consumo por intermédio de distribuidores ou revendedores")* é quase inútil ao consumidor, eis que, como é sabido, o consumidor raramente se utiliza diretamente da "distribuição". O distribuidor (que faz a distribuição) "distribui" ao revendedor. O distribuidor é o atacadista.[3] Este repassa o produto ao consumidor. A relação de consumo, na maioria das vezes, só existe depois de efetivada a distribuição e/ou a revenda. Estas operações (distribuição e revenda) dizem mais respeito ao fornecedor e ao comerciante (equiparado ao fornecedor). O consumidor é o *destinatário final*, pelo que não poderia inserir-se nessa ordem de ressalva.

Para complicar, ainda, o artigo implicitamente faz outra ressalva, a "justa causa", ou seja, se houver uma "boa causa" o fato não é criminoso. *Em outras palavras*: quando é que se aplica o dispositivo a uma relação de consumo? Quem é que atesta se a causa é justa ou é injusta?

O crime é doloso (*elemento subjetivo do tipo*) e comissivo. Traz, para a configuração do dolo (direto ou eventual), a ilicitude especial, ou seja, é necessária a ausência de *justa causa, isto é,* em havendo justa causa (motivo plenamente aceitável nas condições do negócio), pode-se preferir ou favorecer freguês ou comprador, sem que exista crime contra o consumidor. Suponha-se o caso de fornecedor que "guarda" a mercadoria até determinado horário para certo freguês que foi buscar seu dinheiro ou cheque. Há uma preferência não criminosa, seja porque o consumidor chegou antes ao fornecedor, seja porque plenamente aceitável a hipótese de que não tinha dinheiro na ocasião. É justa a causa, portanto. Não pode haver crime nessa preferência.

Vê-se, ainda, a impropriedade técnica da lei ao utilizar-se dos termos "comprador" e "freguês", quando o substantivo "consumidor" é o que melhor se adequa às relações de consumo. Ora, se a norma visa a proteger a relação de consumo, mais certo seria falar-se

[3] Moreira, Pasquale e Dubner. *Dicionário de Marketing*, Atlas, p. 126.

em consumidor, não em comprador ou freguês. Estas expressões são do tempo da Lei de Economia Popular. Isso que o Direito Penal Econômico é *un droit technique*, como ensina Jean-François Renucci.[4] A distinção entre "comprador" e "freguês", se era válida nos crimes de economia popular (que têm outra objetividade jurídica), no Direito Penal do Consumidor é um desastre, porque tanto o comprador, quanto o freguês, se enquadram no conceito de consumidor.

O crime não admite *tentativa*. Veja-se que se o agente do crime tentar favorecer alguém e for advertido por terceiro, já terá consumado o crime, através do verbo "preferir". Assim, quem tenta favorecer já manifestou sua preferência consumando o crime.

Na modalidade de preferência, igualmente, não existe tentativa, porque *"não é possível tentar preferir"*.[5]

Sujeito ativo do crime é o fornecedor/comerciante/produtor/prestador de serviços, enfim, aquele que discrimina o consumidor sem a justa causa.

Sujeito passivo é o consumidor prejudicado pela conduta do fornecedor; é o desfavorecido ou o não-preferido.

8.2.2. Venda de mercadorias em desacordo com as especificações indicadas

"II - vender ou expor à venda mercadoria cuja embalagem, tipo, especificação, peso ou composição esteja em desacordo com as prescrições legais, ou que não corresponda à respectiva classificação oficial".

No plano consumerista civil, ficou assegurada a responsabilidade do fornecedor por vício do produto que não esteja adequado, ou seja impróprio ou inadequado ao consumo (art. 18, CDC).

Ademais, é direito básico do consumidor ter a informação adequada e com especificação correta de quantidade, características, composição e qualidade de diferentes produtos e serviços (art. 6º, inc. III, CDC).

O inciso II, ora comentado, visa a implementar segurança ao consumidor quando da compra de produtos/mercadorias. Embora bem mais detalhado, tem certo "parentesco" com o *art. 2º, inc. III, da Lei de Economia Popular (Lei 1.521/51):* "expor à venda ou vender mercadoria ou produto alimentício, cujo fabrico haja desatendido a determinações oficiais, quanto ao peso e composição", bem como com o tipo do estelionato (art. 171, *caput*, CP) e com o art. 175, inc. I, da lei penal comum. Mas com eles não se confunde.

[4] *In: Doit pénal économique.* Paris: Masson/Armand Colin, 1995, p. 8.

[5] Costa Júnior, Paulo. *Comentários, op. cit.*, p. 386.

O crime é comissivo e de resultado material, quanto à venda, porque se exige a efetiva *venda* do produto, ou seja, troca da mercadoria por dinheiro, embora o recebimento deste não seja determinante na configuração do crime. Não escusa o agente a circunstância de ele não haver fabricado o produto, como já se decidiu (RT-742/656, TACrimSP).

Quanto ao "expor à venda" é crime de perigo abstrato, não se exigindo resultado material.

O crime em análise pode ser *doloso*, ou *culposo*, para este, como determina o parágrafo único do art. 7º, da Lei 8.137/90. Deve o agente ter a vontade livre e consciente de que sua mercadoria viola a prescrição legal (dolo), ou agir de forma negligente, imperita ou imprudente, quanto às especificações da mercadoria, como arroladas no tipo (embalagem, tipo, especificação, peso ou composição).

É preciso atentar-se, pois, quando se tratar de *crime culposo*, faz-se necessária a menção direta ao elemento subjetivo do tipo (culpa), porque da referência legal, apenas, não se extrai a modalidade culposa (Ap. Crim. 9 56.865/7, 11ª CCrim, TACRIM-SP, *apud*, Filomeno, *op. cit.*,p.187). Em outras palavras: deve-se narrar a conduta culposa na denúncia, aliás, preferindo-a, até, em caso de dúvida, porque, em sendo denunciado por dolo não se poderá desclassificar, ocorrendo verdadeira *mutatio libelli.*[6]

Trata-se de *norma penal em branco*, porque se exige que a venda ou a exposição do produto para venda, esteja em desacordo com as prescrições legais, ou que não corresponda à respectiva classificação oficial. As prescrições legais e as classificações oficiais devem ser normatizadas e provadas pelo órgão de acusação, já ao pórtico da eventual ação penal. Exige-se ora a lei ordinária, ora a determinação (classificação) oficial do poder público. A exigência pode ser do próprio CDC, como no caso do art. 18, § 6º, inc.I, CDC, relativamente aos prazos de validade.

Sujeito ativo do crime é o fornecedor ou o comerciante, que praticam o "engano" em prejuízo do consumidor. O produtor/fornecedor "concorrente" não é sujeito passivo neste crime, como se disse alhures, porque dele não é consumidor. Pode-se vislumbrar o concorrente como *sujeito passivo* inserido na coletividade de consumidores. Deve-se considerar o consumidor lesado como um dos sujeitos passivos do crime.

Vender vem do latim *vendere*; é alienação de coisa; é transacionar; é ato jurídico consistente em ceder mercadoria/produto/serviço

[6] No mesmo sentido: Filomeno, *op. loc. cit.*, p. 196

mediante pagamento de certo preço. Para configurar-se o tipo, obviamente, a mercadoria deve ser fraudada. *Expor à venda* é a conduta daquele que coloca, isto é, expõe (na vitrine ou similar) a mercadoria fraudada diante do público consumidor. Nesta modalidade, tanto o fabricante, quanto o comerciante, podem ser agentes do crime. Na hipótese de o fabricante expor a mercadoria para venda a distribuidores/revendedores, apenas, não teremos configurado o tipo, porque inexiste uma exposição da mercadoria ao consumidor. Pensamos que o crime se refere à exposição direta ou potencial, o que não ocorre quando a venda só se faz a revendedores ou comerciantes.

8.3. MERCADORIA E PRODUTO SÃO SINÔNIMOS?

No plano comum, mercadoria é todo produto que se compra ou que se vende.[7] É conceito ligado ao Direito Comercial, porque "*coisa que serve de objeto à compra e venda mercantil*".[8] Assim, mercadoria equivaleria a produto. Todavia, para os direitos de defesa do consumidor, isso inocorre, porque o conceito legal de *produto* (art. 3º § 1º, CDC) é muito mais amplo do que o conceito de mercadoria. É *amplíssimo*, como diz a maioria dos autores. Essa é, portanto, a diferença deste artigo com aqueles similares do CDC (art. 63, *caput*, *v.g.*). Veja-se que o conceito de *produto*, na lei, abrange bens incorpóreos, mas isso inocorre com as mercadorias. Estas dizem respeito a coisas materiais e móveis que constituem objeto de uma compra e venda. Refere-se a coisas móveis, postas no mercado,[9] sendo que os produtos dizem respeito a imóveis, inclusive (art. 3º, CDC).

Embalagem é aquilo que embala a mercadoria; é aquilo que a envolve, que a guarnece, que a protege no mercado de consumo Existem mercadorias que exigem determinadas embalagens, outras não. O artigo não é técnico, porque não segue o conceito de embalagem da ABNT. Para esta, aliás, existem três tipos de embalagens: a de despacho (própria para proteger o produto quando transportado), a intermediária (que somente acondiciona produtos dentro dela servindo para transporte interno) e a individual (aquela que normalmente acompanha o produto no ato de aquisição pelo consumidor final).

Para a lei penal consumerista não se confunde a embalagem com o *recipiente*, nem com o *invólucro* (art. 63, *caput*, CDC). A mercadoria

[7] Sandroni, Paulo. *Dicionário de Economia*, p. 196.

[8] Diniz, Maria Helena. *Dicionário Jurídico*, Saraiva, v. 3, p. 256.

[9] De Plácido e Silva, *Dicionário*, v. 3, p. 1015.

pode ter o seu recipiente, o seu invólucro, porém, embalagem, para a lei, é conceito mais amplo do que estes, porque engloba (embala) o recipiente e o seu invólucro.

Tais diferenças são sutis, mas úteis, sob pena de não se configurar o crime contra o consumidor.

Tipo, conceito que no Direito Penal tem significado próprio, aqui tem o significado de *modelo, forma, classe da mercadoria, sua qualidade, espécie*, enfim. Parece-nos que mais se aplica o conceito de "tipo" do Direito Alfandegário, quiçá, porque a lei em si esteja ligada àquele Direito: "*cada classe de mercadoria admitida no comércio, segundo a qual o direitos de alfândega são pagos*".[10]

Especificação, conceito que no Direito Civil tem significado próprio (art. 611, Código Civil), na lei tem o significado comum, *i.é, ato ou efeito de especificar, de indicar a espécie da mercadoria, seu enquadramento normativo, inclusive*. Veja-se o caso de um automóvel, cujos faróis ou freios não correspondam às normativas oficiais de normas de segurança do Código Brasileiro de Trânsito.

Peso liga-se à quantidade de mercadoria, o que já vimos quando do estudo do art. 66, do CDC. Pode vir em toneladas, quilos ou gramas. É a massa. Aqui que reside a maior parte dos comportamentos criminosos, ou seja, fraude pelo peso das mercadorias.

Na Ap.Crim. 957.791/9, 12ª Cam. Crim. TACRIM-SP, o réu foi condenado porque vendia feijão em saquinhos de três quilos, que na verdade não continham essa massa.[11]

Tem sido comum a condenação pelo dispositivo, com relação aos denominados "pãezinhos franceses" ou "cacetinhos", cujo peso não estão de acordo com a regulamentação oficial.

Composição tem seus significados próprios no Direito Civil (transação), no Processo Civil (acordo), no Direito Autoral (obra musical acabada), mas na lei em estudo é aquilo que compõe a mercadoria, que a forma como elemento intrínseco (determinada substância química) ou extrínseco.

Agora, podemos "montar" a espécie delituosa. O crime exige que exista, previamente, uma *prescrição legal*, ou uma *classificação oficial*, ou seja, uma norma legal ou administrativa, esta desde que oriunda da autoridade competente. Esta prescrição/classificação deve trazer no seu corpo regulamentação(ões) acerca de embalagem, ou tipo, ou especificação, ou peso, ou composição das mercadorias, enfim, um ou outro, uma ou outra. Havendo a colocação dessa mercadoria no mer-

[10] Diniz, *op. cit.*, v. 4, p. 562.

[11] *Apud*, Filomeno, *op. loc. cit.*, p. 190.

cado, em desobediência à prescrição referida, o crime está configurado, independente de o consumidor tê-la adquirido. Por tratar-se de norma penal em branco, o Ministério Público deve demonstrar a existência e vigência da norma preenchedora.

O crime não exige um *resultado* material, isto é, um prejudicado, porque consuma-se tão-somente desde que a mercadoria seja colocada à venda. Veja-se que a mera *exposição* ao público consumidor da mercadoria violadora das prescrições legais, que seria a "tentativa" de venda, já consuma o crime. Não há tentativa, portanto.

"Crime contra as relações de consumo. Art. 7º, IX, da Lei. Matéria-prima apreendida que não era objeto de comercialização, mas apenas se destinava à fabricação de medicamentos. Falta de justa causa configurada. Ordem concedida". (STF, 1ª Turma. HC 76.959-SP. Rel. Min. Sepúlveda Pertence, j. 15-9-98, vu, Inf. Do STF 123, *in* DJU 23.9.98 (*apud Revista do IBCCRIM* 24/337).

Já se entendeu que a venda de bebidas alcoólicas, sem que a embalagem trouxesse qualquer indicação de procedência e especificação do produto não seria crime (com voto vencido) (Ap. Crim. 887.675/1, 1ª Ccrim, TACRIM-SP, *apud*, Filomeno, p. 187).

Nas lojas de *fast food* em geral (MacDonald's, Bob's, etc.) entende-se que tais produtos alimentícios não necessitam trazer nas embalagens sua composição, prazo de validade ou data de fabricação, porque representam apenas "um modo de servir o produto para pronto consumo" (*RT-739/632*). Não há crime, portanto.

"Em sede do delito previsto no inciso II do art. 7º da Lei nº 8.137/90, não se pode afirmar irregular a peça pericial que visa a apurar a existência de adulteração em combustível pelo fato de ter sido elaborado pelo Instituto de Criminalística, e não pelo Departamento Nacional de Combustíveis, vez que este órgão não detém competência exclusiva para tal finalidade" (HC n. 253.766, 11ª Câm., rel. Juiz Renato Nalini, j. 11.1.94, rolo-flash 782/035, *apud*, Boletim IBC-Crim-junho/94, p.55).

8.3.1. Mistura de mercadorias de espécies diferentes

"III - misturar gêneros e mercadorias de espécies diferentes, para vendê-los ou expô-los à venda como puros; misturar gêneros e mercadorias de qualidades desiguais para vendê-los ou expô-los à venda por preço estabelecido para os de mais alto custo".

Veja-se o art. 2º, inc.V, da Lei 1.521/51: *"misturar gêneros e mercadorias de espécies diferentes, expô-los à venda ou vendê-los, como puros;*

misturar gêneros e mercadorias de qualidades desiguais para expô-los à venda ou vendê-los por preço marcado para os demais alto custo".

Ora, literalmente trata-se do mesmo artigo, com os mesmos equívocos. Mas há diferença, porque na Lei de Economia Popular o bem jurídico protegido é a economia popular; aqui, a relação de consumo é a objetividade jurídica.

A lei de economia popular se aplica apenas entre as negociações entre os próprios fornecedores (comerciante e fabricante, p. ex.); aqui, a lei se aplica apenas na relação de consumo, ou seja, precisamos de um consumidor no pólo ativo da relação jurídica. Na lei de economia popular protege-se indiretamente o consumidor; aqui, a proteção é direta. Inocorreu revogação.

O crime pode ser *doloso* ou *culposo* (parágrafo único do art. 7º). Na culpa, o agente pode, *v.g.*, porque desatento (negligente) misturar mercadorias para vendê-las posteriormente. Neste caso, a pena detentiva pode ser reduzida de 1/3 ou reduzindo-se a multa de 1/5.

A redação do artigo cometeu os equívocos da lei anterior, daí sua escassa aplicação. Ocorre que a lei traz três conceitos diversos ligados por conjunção aditiva, o que ocasionar alguma confusão. Ademais, traz conceitos dificilmente conciliáveis, na prática. *Um*, objetivo, concreto, palpável (a mercadoria); *outros*, subjetivos, abstratos, mutáveis (o gênero e a espécie). O melhor seria ter trazido a conjunção alternativa "ou": gêneros *ou* mercadorias.

Vimos o conceito de mercadoria no artigo anterior. O conceito de gênero e de espécie é mais fluido. *Gênero* é conjunto de espécies com características comuns, sendo por tal razão agrupadas sob uma designação geral. As *espécies* compõem o gênero. Daí por que, dificilmente, o agente ativo vai misturar gênero e mercadoria de espécie diferente para vendê-los como puros.

Estaria revogado o art. 175, inc. I, do C. Penal?

Dito dispositivo está assim redigido:

"Art. 175. (...)

I - vendendo, como verdadeira ou perfeita, mercadoria falsificada ou deteriorada.

(...)"

Para alguns doutrinadores, o artigo está revogado, porque "*solução diversa implicaria uma diversidade de tratamento profundamente injusta: o comerciante poderia vir a ser apenado com a sanção prevista pelo Código Penal, ao passo que o produtor só poderia incorrer nas sanções mais drásticas da presente lei*".[12]

[12] Costa Jr. Paulo José da. *Op. cit.*, p. 389.

Pensamos que está vigente todo o art. 175 do C. Penal.

Primeiro, porque o art. 7º da Lei 8.137/90 tem objetividade jurídica diversa, algo que não havia ao tempo do Código Penal, uma objetividade ampla, difusa, a relação de consumo.

Segundo, porque devemos analisar o seguinte exemplo para melhor compreensão.

Vejamos o *gênero* dos *produtos alimentícios*. Fruta e legume são *espécies* do gênero *produtos alimentícios*. Se, *v.g.*, o agente criminoso mistura algumas cenouras num saco fechado de laranjas, para tudo vender como se laranja fosse (fraude de peso), está misturando mercadorias, mas de *espécies diferentes* (legumes com frutas). Note-se: mercadorias de mesmo *gênero* (produtos alimentícios). Então, não está misturando gêneros, como exige a lei consumerista. Seu comportamento é abjeto, criminoso, até. Caso vendesse ao consumidor, neste caso, cenoura por laranja, não estaria incurso no artigo sob comento, porque *não está misturando gênero e mercadoria de espécie diferente*. A mercadoria é de espécie diferente, mas de mesmo gênero. Está *enganando* o consumidor e entregando uma mercadoria (cenoura) por outra (laranja). Daí que está incurso no art. 175, inc. II, do C. Penal.

Terceiro, porque a se entender o artigo 175, inc. I, C. Penal, como revogado, estaríamos suprimindo dispositivo legal que abarcaria situações não previstas pelo tipo consumerista (art. 7º, III).

Veja-se que o artigo 7º, III, comentado, menciona a venda ou a exposição à venda, de mercadorias de espécies diferentes, como se puros fossem. *Puros* liga-se à ordem de qualidade da mercadoria. Tal venda/exposição dar-se-ia a consumidor. O art. 175, *caput* do C. Penal, refere-se também a "adquirente" que pode não ser o consumidor. Um comerciante pode adquirir de um fabricante certa mercadoria, para fins de revenda, e na hora da entrega, o comerciante pode receber mercadoria diversa. Não estaríamos diante de um crime contra a economia popular, porque o lesado é um comerciante e não a economia popular; não estaríamos diante do estelionato, porque temos tipo adequado para isso, a fraude em comércio (art. 175, inc. II, C. Penal).

Note-se, a venda ou a exposição deve ser a consumidor. Se a venda/exposição ocorre numa feira para atacadistas, aplica-se a lei de economia popular, e não a presente lei.

Quarto, porque se fosse a intenção do legislador revogar o art. 175, CP, teria feito expressamente no texto legal, assim como o fez com o art. 279, CP (Lei 8.137/90, art. 23).

O *sujeito ativo* do crime é o fornecedor, neste enquadrado o comerciante; *sujeito passivo* é a coletividade de consumidores, bem como o consumidor enganado. O crime é doloso e comissivo.

A segunda parte do artigo se refere ao âmbito da *qualidade das mercadorias*, ou seja, o agente vende/expõe mercadorias de qualidade superior misturadas com mercadorias de qualidade inferior, optando pelo preço mais alto. Neste caso o legislador foi mais preciso do que na primeira parte do artigo.

Pode ocorrer de o agente realizar a conduta acima e ainda veicular anúncio publicitário a tal respeito, quando estará incurso no CDC (arts. 66 a 69) pela publicidade enganosa. Pode haver concurso formal de crimes.

O relevante na segunda parte do artigo é o conceito de preço, porque o crime liga-se ao "alto custo" da mercadoria. Assim, o crime está na mistura de mercadorias de qualidades diferentes, que cause prejuízo econômico efetivo ao consumidor, porque vendidas/expostas à venda por alto custo, ou seja, custo superior ao estabelecido.

Quem é que "estabelece" o custo das mercadorias?

É um problema que se apresenta, uma vez que se o fornecedor não possuir as duas mercadorias (alto e baixo custo), difícil será a constatação acerca do mais alto custo" da mercadoria. Não me parece seja uma norma penal em branco, porque isso inviabilizaria a aplicação do artigo. Destarte, apenas se o comerciante/fornecedor (suposto agente do crime) possuir as mercadorias de preços diversos é que se configura o tipo em estudo, porque se não as tiver, a solução será pela lei penal comum (estelionato, p. ex.). Pode ocorrer, todavia, de o produto ser "tabelado" pelo seu mais alto custo, o que soluciona a questão do alto custo.

É possível a tentativa, tanto na primeira quanto na segunda parte do inciso.

8.3.2. Fraudar preços ou mercadorias

"IV - fraudar preços por meio de:"

Preço é palavra que expressa a relação de troca de um bem por outro.[13]

O verbo *fraudar* vem da utilização pela lei penal comum (art. 179, CP, *v.g.*). Tem o sentido de lesão, logro, fraudar tem sentido de "estelionato". É conceito que grassa do Direito Tributário (fraudar o fisco) ao Direito Penal Econômico (fraudar preços) e ao Direito Civil (fraudar credores).

Fraudar preços é a conduta do agente que se utiliza de meios írritos (enganosidade), abjetos, espertos, para burlar valores estabelecidos na troca de mercadorias. É a própria fraude penal.

[13] Sandroni, Paulo: *Dicionário de Economia*, p. 248.

A fraude de pesos e medidas padronizados em lei ou regulamentos, para efeitos de comércio, sabendo estarem fraudados pode configurar crime contra a economia popular (art. 2º,inc. XI, Lei 1.521/51).

"a) alteração, sem modificação essencial ou de qualidade, de elementos tais como denominação, sinal externo, marca, embalagem, especificação técnica, descrição, volume, peso, pintura ou acabamento de bem ou serviço;"

No tipo em estudo, o agente frauda preço alterando elementos da mercadoria ou do serviço, sem que haja qualquer modificação essencial nestes. Em outras palavras: o bem ou serviço é o mesmo, porém, porque o agente alterou a denominação do bem ou do serviço, passa a exigir preço maior em prejuízo do consumidor. É a tal "maquiagem de produtos".[14]

O tipo é doloso e comissivo. Implica a alteração fática dos aspectos objetivos do tipo. Pode haver crime tentado, quando o agente é impedido de fazer as alterações visando ao fim criminoso.

O sujeito ativo é o fornecedor *lato sensu*. Tanto pode ser o fabricante, como o comerciante, basta que promova a fraude alterando o bem ou serviço, sem modificar-lhe a essência.

A *essência* do produto/serviço diz respeito à sua característica principal, isto é, se certo serviço é prestado com determinada máquina, a mera pintura da máquina ou alteração de seu nome não significa tenha sido modificada na essência. A máquina é a mesma, o serviço essencialmente é o mesmo.

A alteração não diz respeito apenas àqueles tópicos mencionados na lei, porque pode ocorrer modificação outra que não prevista na lei, sem que se modifique a essência, quando o tipo estará perfectibilizado. Em outras palavras: o rol é meramente exemplificativo. No entanto, dificilmente uma alteração escapará ao rol legal. Mudando-se o recipiente, p. ex., que não está naquele rol, muda-se o acabamento, a descrição ou até a embalagem.

A que o agente visa com sua conduta é um ganho no preço do bem ou do produto. Se, havendo a alteração, inocorrer qualquer variação de preço, o crime não estará configurado, pela absoluta ausência de prejuízo.

Configura-se a fraude quando o agente modifica as características do produto, sem nada alterar na sua essência. Há uma espécie de colorido no produto/serviço, que se apresenta como novo, mas nada mais é do que a mera repetição do antigo.

---

[14] Filomeno, *op. cit.*, p. 179.

"b) divisão em partes de bem ou serviço, habitualmente oferecido à venda em conjunto;"

Nesta alínea, o agente divide, isto é, reparte o bem ou o serviço, que normalmente é oferecido à venda em conjunto, com o fim de tirar lucro pela fraude no preço.

É crime doloso e comissivo.

Obviamente, o tipo deve ser bem entendido, porque muitas vezes o próprio consumidor não tem interesse em adquirir todo o bem ou todo o serviço. Com isso, postula ao fornecedor a bipartição do produto/serviço. Neste caso, não vemos crime, porque se atendeu ao interesse do consumidor.

Reserva-se o crime apenas àquelas condutas que vêm em prejuízo do consumidor, ou seja, quando a partição do bem/serviço é imposição do fornecedor, que, com isso, lucra no preço final.

Na maior parte das vezes, o agente do crime é o comerciante, mas o fabricante pode nele estar incurso. O sujeito passivo é o consumidor, lesado ou não, bastando que esteja potencialmente sujeito à conduta criminosa.

É de se notar que o bem/serviço deve ser *habitualmente* oferecido em conjunto ao consumidor. Isso implica dizer-se que existem certos bens que ora são oferecidos de uma maneira, ora de outra, a forma não é habitual, portanto. Ditos produtos/serviços estão fora da consideração legal. Parece-nos que o legislador deveria ter sido mais preciso no tipo, porque o "habitualmente" pode variar até de região para região, com o que não se pode configurar o crime.

O crime admite a tentativa e se consuma quando existe a divisão que contrarie os interesses de consumidores certos. É crime que exige um resultado, portanto.

"c) junção de bens ou serviços, comumente oferecidos à venda em separado".

O crime é doloso e comissivo. Nele, o agente ativo realiza uma conduta que, no seu âmago, é contrária à alínea anterior, isto é, *junta* bens entre si, ou serviços entre si, ou bens com serviços, que comumente são vendidos/prestados em separado, com o fim de obter preço mais oneroso ao consumidor.

Note-se: os bens ou serviços devem "comumente" ser oferecidos em separado, porque se existir hipótese de serem oferecidos em conjunto, o crime não estará configurado. Veja-se o caso de certa "promoção" onde o bem é oferecido a preço que, englobado o serviço, favoreça o consumidor. Neste caso, crime não haverá.

A rigor, o tipo em estudo alarga-se em demasia, porque exige do magistrado o conhecimento comum, do povo, a fim de saber o que é "comumente" oferecido à venda em separado. Existem bens e serviços que ontem foram oferecidos à venda em junção, mas hoje são separados e vice-versa.

A consumação ocorre quando existe a junção e esta é potencialmente prejudicial ao consumidor, porque havendo a possibilidade, mínima que seja, de favorecer determinados consumidores, crime não haverá. Isso é comum naquelas promoções do "leve três, pague dois".

O sujeito ativo do crime tanto pode ser o fabricante/fornecedor como até o comerciante. Aquele, quando já providencia na origem (fábrica) a junção dos bens; este, quando, no interior de sua loja, providencia a fraude ora em estudo.

Pode haver concurso formal de crimes com a mesma lei do consumidor. No caso de o fornecedor/fabricante fazer uma afirmação falsa acerca da junção dos bens ou serviços, ou até relativamente ao seu preço, poderá estar incurso também no art. 66, CDC.

Não se confunde a alínea em estudo com a conhecida "venda casada" (art. 39, I, CDC), porque nesta a intenção do agente não é a de fraudar preços. Na venda casada, condiciona-se à venda de certo produto à de outro de maior procura. No tipo em estudo a intenção é de lucro, a fraude de preços.

"d) aviso de inclusão de insumo não empregado na produção do bem ou na prestação dos serviços".

A rigor, a alínea tipifica uma falsidade ideológica ou material, um verdadeiro estelionato.

A fraude de preços através de avisos de inclusão de insumo, que não foi empregado na produção de bem ou serviço, mais se parece com a tipificação do art. 66, CDC. A diferença é que o art. 66 diz respeito a aspectos "relevantes" do produto ou do serviço e na alínea *d*, supra, qualquer aviso fraudulento nele se enquadra. Isso significa que se a conduta não estiver tipificada no art. 66, CDC, a alínea *d* do art. 7º funciona como "soldado de reserva". Neste caso, eventual conflito de normas é apenas aparente.

O *insumo* é aquilo que compõe o produto ou o serviço, faz parte, diretamente do ciclo de produção ou de prestação de serviços. O insumo está no produto ou no serviço. O crime se consumo no instante em que se lança ao mercado de consumo um aviso falso, escrito ou não, inclusive por publicidade, dando conta de que em certo produto/serviço consta determinado insumo.

Trata-se de crime doloso, não se considerando crime a afirmação falsa leviana, negligente. Claro, não se pode considerar negligente a afirmativa surgida do próprio fabricante, porque neste caso o dolo será eventual.

8.4. COBRANÇA DE VALORES ILEGAIS, RECUSA OU INDUÇÃO DE VENDA

"V - elevar o valor cobrado nas vendas a prazo de bens ou serviços, mediante a exigência de comissão ou de taxa de juros ilegais".

O tipo é muito mal redigido, afetando a certeza e a segurança necessárias à lei penal. Ocorre que o agente ativo deve *elevar (subir)* o valor *já cobrado* do consumidor, ainda, exigindo comissão ou taxa de juros ilegais.

Ora, se há a exigência de comissão ou de taxa de juros *ilegais*, já há crime, porque a Lei de Economia Popular (Lei nº 1.521/51) prevê a usura pecuniária no art. 4º, alínea *a*. Tal artigo de há muito vinha sendo aplicado na proteção de consumidores, mesmo porque se trata de norma protetiva indireta do consumidor.

Podemos, fins de estudo, identificar os pressupostos para a configuração do tipo: a) deve existir uma elevação de valor cobrado nas vendas de bens ou serviços, ou seja, há de existir uma variação, para cima, do preço previamente estabelecido e contratado. Neste caso, verificamos difícil a prova, porque nas vendas desse tipo (que trazem uma exigência indevida) no mais das vezes ocorre na "penumbra". Ademais, em se tratando de elevação de valor, exige-se a prova documental da atuação do agente ativo.

Ainda, que b) a venda seja a *prazo*, isto é, na modalidade de prestações mensais e sucessivas. *A contrario sensu*, se a elevação do preço se der em uma venda à vista, de bens ou serviços, não se configurará o tipo em questão, mesmo que haja a elevação do valor.

A c) exigência de comissão deve ser ilegal, ou seja, há de existir norma legal regulamentando a comissão, o que é assaz difícil no ramo consumerista. Neste ponto, verificamos a existência de norma penal em branco, porque o agente ministerial deve provar a existência de lei regularizando a questão da comissão na venda do bem ou do serviço.

A exigência de juros também deve ser ilegal. A questão dos juros no Brasil tem dado causa a intensa polêmica, porque é a eles que se debita o cerne da crise econômica. Na verdade, o próprio Governo

Federal incentiva a violação do dispositivo, pelo que não podemos falar em crime quando o próprio Estado (criador da norma penal) não impõe política coerente na questão dos juros.

Pelo tipo, os juros não poderiam ir além dos 12% ao ano, tal como dispõe a Carta Federal (art. 196, § 3º CF). No entanto, tem-se visto o fornecedor (Bancos, p. ex.) cobrar muito além da taxa constitucional, sem que isso seja coibido.

O crime é doloso e comissivo. É possível a tentativa, quando, v.g., a fiscalização competente obsta o comportamento do fornecedor.

De outra banda, o tipo deixa sem solução a questão da inflação, afinal, é sabido que em nosso país os juros não repõem a atualidade da moeda. Se o agente elevar o valor em virtude da inflação ou de correção monetária, crime não haverá, portanto.

Consuma-se o crime no momento em que ocorre a elevação do valor cobrado, independente de o consumidor ter adquirido a mercadoria ou não. Basta o prejuízo potencial.

"VI- sonegar insumos ou bens, recusando-se a vendê-los a quem pretenda comprá-los nas condições publicamente ofertadas, ou retê-los para o fim de especulação".

Tem-se, aqui, o denominado "processo especulativo".[15]

Sonegar é ocultar dolosamente, é encobrir, desviar.

No tipo em análise temos: a) a ocultação de insumos ou bens; b) a recusa em vender insumos ou bens a quem se disponha a comprá-los pelo preço ofertado; c) a retenção de insumos ou bens para o fim de especulação.

A ocultação de insumos a) ou bens é crime grave contra o consumidor que, dispondo do dinheiro, a eles não tem acesso. Pode-se dizer que quem sonega insumos ou bens logicamente recusa-se a vendê-los. Mas isso inocorre, porque muitas vezes o agente sonega e faz preferência de consumidor. Neste caso, pode estar violando o inc. I do art. 7º da mesma Lei.

O agente pode recusar-se a vender insumos ou bens a quem pretenda adquiri-los nas condições publicamente ofertadas. Neste caso, exige-se: a) consumidor certo, determinado, identificado; b) que a oferta da venda seja pública, ou seja, de conhecimento de todos os consumidores.

O agente ministerial, portanto, deve provar que determinado consumidor tenha desejado adquirir certo insumo ou mercadoria e não tenha obtido sucesso, em virtude do escondimento criminoso do fornecedor. A mera sonegação não configura o crime em análise.

---

[15] Filomeno, *Op. loc. cit.*, p. 179

Há de ser provado, ainda, que a oferta do bem, antes da sonegação, era pública, ou seja, exposta ao universo de consumidores.

Também, o crime se configura com a retenção, que é forma de sonegação. Exige-se um fim na conduta do agente, uma ilicitude especial, que é a especulação".

No Direito Penal, *especulação* é conduta que consiste em obter, num negócio, lucro acima do normal, usando de meios inescrupulosos e fraudulentos para provocar uma situação no mercado que lhe seja favorável.[16]

O Código Penal prevê, no art. 174, o crime de *induzimento à especulação*, consistente em "abusar, em proveito próprio ou alheio, da inexperiência ou da simplicidade ou inferioridade mental de outrem, induzindo-o à prática de jogo ou aposta, ou à especulação com títulos ou mercadorias, sabendo ou devendo saber que a operação é ruinosa".

Como se vê, diverge o artigo acima daquele sob comento, porque o Código Penal se refere à especulação "com títulos ou mercadorias" em operações sabidamente ruinosas. Uma espécie de engano a que é levado o terceiro.

Na espécie em estudo, a especulação diz respeito às operações de compra e venda com lucros indevidos.

O mero armazenamento de insumos ou bens, sem expô-los à venda, pode não configurar o crime em estudo. Pode ocorrer de o armazenamento decorrer de disciplinamento na própria distribuição. Ademais, os insumos ou bens não estariam com condições "publicamente ofertadas", como exige o tipo.

Exige-se, na configuração do crime, a especulação, como atividade finalisticamente dirigida, ou seja, há de se provar que o agente visava à especulação no mercado de consumo.

Sujeito ativo do crime tanto pode ser o fabricante (quando esconde os insumos ou os próprios bens) como o comerciante ou o distribuidor.

O *art. 2º, segunda parte, da Lei 1.521/51*, prevê como crime "sonegar mercadoria ou recusar vendê-la a quem esteja em condições de comprar a pronto pagamento". Obviamente, não está revogado o artigo em questão, pois, há de se identificar o bem jurídico violado quando da aplicação da lei. A existência da relação de consumo determina a aplicação da Lei 8.137/90. *Em outras palavras*: se não estiver presente um consumidor (destinatário final do produto ou do serviço) na operação de venda e compra, aplica-se a lei de economia popular.

16 Diniz, *op. cit.*, vol. 2, p. 387.

"VII- induzir o consumidor ou usuário a erro, por via de indicação ou afirmação falsa ou enganosa sobre a natureza, qualidade de bem ou serviço, utilizando-se de qualquer meio, inclusive a veiculação ou divulgação publicitária".

O crime é doloso e comissivo.

Induzir é verbo já utilizado na lei penal consumerista, no art. 68, CDC, quando a publicidade é feita ou promovida como "capaz de induzir o consumidor a se comportar de forma prejudicial ou perigosa a sua saúde ou segurança".

Repetimos, induzir é criar na mente do consumidor um desejo incontido pelo produto ou pelo serviço. Como disse o mestre Dotti: induzir significa persuadir ou levar alguém a praticar alguma ação, não se confundindo com instigar nem com auxiliar.[17] Na instigação, o agente que a recebe já tem na mente uma idéia que é "instigada"; na indução, a idéia é *criada* na mente de quem a recebe pelo agente criminoso, pelo agente indutor.

Consumidor, já vimos, é o destinatário final dos produtos ou dos serviços, conceito do art. 2º do CDC; já usuário diz respeito àquele que se utiliza dos produtos e serviços não como destinatário final, mas como agente prestador, distribuidor de produtos e de serviços. Neste caso, parece-nos que a lei foi mais abrangente, para abrigar também o comportamento do intermediário de produtos e serviços, o qual é enganado pelo fornecedor.

Erro é conceito tanto do Direito Civil quanto do Direito Penal, mas aqui nos interessa o conceito da lógica jurídica: erro é a falta de conformidade entre o juízo e o real. Trata-se da falsidade, como ensina Maria Helena Diniz.[18]

Indicação é a ação de indicar. Neste inc.VII, através dela, o agente criminoso dá a entender ao usuário ou consumidor certa característica indevida, falsa, enganosa, acerca do produto ou do serviço.

Afirmação falsa ou enganosa, natureza e qualidade, já vimos nos comentários do art. 66, CDC, para onde enviamos o prezado leitor, eis que, a utilização aqui é a mesma.

Quanto aos demais elementos do tipo, a norma dá a entender similitude com a previsão do art. *66, CDC*: fazer afirmação falsa ou enganosa, ou omitir informação relevante sobre a *natureza*, característica, *qualidade*, quantidade, segurança, desempenho, durabilidade, preço ou garantia de produtos ou serviços.

Mas divergem, todavia.

---

[17] Dotti, René Ariel. *Comentários ao CDC, op. cit.*, p. 271.

[18] *Dicionário Jurídico*, vol. 2, p.359.

Primeiro, porque o art. 66, CDC, refere-se a aspectos "relevantes" do produto ou do serviço, ou seja, aspectos sem os quais o produto ou serviço não seriam adquiridos.

Segundo, porque o inc.VII em estudo, refere-se à indução, como a exigir um resultado material, o que inocorre no art. 66, CDC, crime de mera conduta. Neste ponto, colacionamos a lição de Paulo José da Costa Jr., para quem necessário se faz que o consumidor ou usuário venha a ser induzido a erro, por via de indicação ou afirmação falsa ou enganosa.[19]

Terceiro, porque o inc. VII é mais amplo, quanto aos vitimados, a ponto de proteger também aquele que se utiliza eventualmente (usuário) do produto ou do serviço não como destinatário final.

Quarto, porque no inc. VII a falsidade afirmada se refere apenas sobre a natureza ou a qualidade do produto ou serviço, sendo que no art. 66, CDC, são abrangidas outras peculiaridades do produto ou do serviço (quantidade, segurança, desempenho, durabilidade, preço ou garantia).

Quinto, porque o art. 66, CDC, é um *crime de marketing*, ou seja, vinculado à publicidade. No inc.VII, analisado, o crime é mais amplo de forma a abranger qualquer meio de veiculação da indução, inclusive, o meio publicitário.

Sexto, o crime analisado "fica a meio caminho entre os delitos absolutamente formais dos arts. 66 a 69 do CDC e os de natureza material, tais como o estelionato e o de falsidade".[20]

O crime admite a *tentativa*, que ocorre quando se impede, pela contra-informação à indicação falsa ou enganosa do fornecedor, que o usuário/consumidor incida no erro quanto ao bem ou o serviço. Neste caso não terá ocorrido resultado material a considerar (o erro), e o crime fica na tentativa.

A norma abrange, como meios de prática da indução, não só a veiculação, mas a divulgação publicitária. Na *veiculação*, o agente é o próprio emissor da indicação falsa indutiva; na *divulgação*, o agente é retransmissor da indicação falsa. Veja-se que se o agente induz alguém pelo jornal, através de falsidades, sem que tenha sido solicitado, está divulgando indevidamente característica falsa sobre determinado produto ou serviço. Se esta divulgação fizer o consumidor agir em erro, pode incidir o agente divulgador no crime. Veja-se o caso de divulgação indevida acerca da característica de certo produto. Uma

[19] *Op. cit.*, p. 397.

[20] Filomeno, *op. loc. cit.*, p.179.

divulgação "inventada" pelo agente criminoso, em um meio de comunicação, acerca de qualidade inexistente de certo produto.

O agente ministerial deve *provar* que a vítima (consumidor ou usuário) foi induzida pela indicação ou afirmação falsa do fornecedor (agente ativo do crime) a agir em erro ao adquirir o produto ou o serviço. Deve provar que, se não fosse a afirmação falsa ou enganosa, não teria o consumidor se utilizado do bem ou do serviço; deve provar, enfim, que houve a utilização do bem ou do serviço. Em se tratando de crime material, há de existir laudo pericial ou auto de exame de corpo de delito, que comprove a materialidade do crime, porque crime que deixa vestígios. Já se decidiu, aliás, que tem-se por inepta denúncia que não juntou nenhuma peça publicitária ou documento idôneo que lastreasse a conclusão do órgão de acusação (STJ, *RT-744/534*).

8.4.1. Jurisprudência

"CRIME CONTRA AS RELAÇÕES DE CONSUMO. Inocorrência. Colocação à venda de produtos sem manuais traduzidos para a língua portuguesa. Conduta que não caracteriza crime, podendo, no máximo, ser considerada infração administrativa. Inteligência das Leis 8.078/90 e 8.137/90" (*RT-746/599*, TACrimSP, Rel. juiz José Urban).

"CRIME CONTRA O CONSUMIDOR. CONFIGURAÇÃO. Quando da venda dos frangos, apontavam os acusados que eram do tipo caipira, modalidade que possui maior valor econômico, decorrente da alimentação recebida pelas aves, que melhora a composição de suas carnes, tornando-as maiores e mais saborosas para o consumo.

Todavia, tratava-se de frangos normais, embora apresentassem a coloração amarelada, em razão do açafrão que os acusados passaram nas peles para que permanecessem com a característica do tipo caipira.

E o laudo pericial elaborado nas aves apreendidas definiu que recebiam coloração artificial para que ficassem com a tonalidade mais amarela, característica do frango caipira. Essa peça somente não chegou a precisar qual a substância utilizada para essa finalidade.

Ficou, assim, evidente o ardil utilizado pelos acusados. E estes não se preocuparam em demonstrar que a intenção era, apenas, de conservar os frangos, permanecendo essa ponderação solta nos autos, divorciada das provas.

Logo, comete o crime de indução do consumidor a erro, por afirmação falsa e enganosa sobre a qualidade do bem (art. 7º, VII, da

Lei 8.137/90), o agente que colore frangos resfriados de amarelo, com açafrão, e os vende como se fossem do tipo caipira, de maior valor." (TACrimSP, Ap. 1.093.569/1, Nuporanga, 1ª Câm. Juiz Luís Ganzerla, j. 30.4.98, v.u., *apud* CD-ROM Juizados Especiais Cíveis e Criminais).

8.4.2. Provocar alta de preços por danificação de mercadorias

"VIII- destruir, inutilizar ou danificar matéria-prima ou mercadoria, com o fim de provocar alta de preço, em proveito próprio ou de terceiros".

O art. 3º, inc.I, da Lei 1.521/51 assim dispõe: *"destruir ou inutilizar, intencionalmente e sem autorização legal, com o fim de determinar alta de preços, em proveito próprio ou de terceiro, matérias-primas ou produtos necessários ao consumo do povo".*

Como se vê, o inc.VII, além de inserir o verbo "danificar", modifica e amplia sobremodo a redação da Lei de Economia Popular.

Destruir tem um sentido amplo e engloba o tornar inútil, o inutilizar. Destruir é estragar, rasgar, exterminar, queimar, deixar apodrecer, enfim, fazer desaparecer do mundo fático a matéria-prima, apenas enquanto matéria-prima, ou a mercadoria, enquanto mercadoria, visando a provocar a alta de preços no mercado consumidor.

Danificar é causar danos, ou seja, a conduta do agente ativo não inutiliza a matéria-prima, mas ocasiona danos de modo a não permitir sua utilização posterior, com isso ocasionando elevação do preço do produto final ou da própria matéria-prima.

Matéria-prima é toda substância corpórea, procedente ou não da natureza, utilizada, pela transformação, para produzir outro produto ou mercadoria. Com a matéria-prima cria-se uma nova espécie de mercadoria ou produto. A matéria-prima é indispensável à criação da nova espécie, ou seja, sem a matéria-prima o produto não seria criado como o foi. Exemplos: a folha de fumo ou erva-mate é indispensável na criação do fumo e da erva-mate, respectivamente.

É importante considerar que muitas matérias-primas, mesmo que desaparecidas, podem ser substituídas. Todavia, a finalidade do artigo é coibir a elevação do preço da mercadoria considerada. Veja-se que o desaparecimento do couro pode determinar a alta dos preços dos calçados, mas estes poderão continuar sendo feitos com plásticos ou material similar. Mesmo com a existência de calçados de plásticos configurar-se-á crime se o desaparecimento do couro, v.g., determinar aumento do preço dos calçados de couro.

Observo, ainda, que se o desaparecimento da matéria-prima implicar o desaparecimento da própria mercadoria, crime inocorrerá.

Afinal, mesmo com a alta de preços o produto/mercadoria estará fora do mercado de consumo.

Existem mercadorias que são matérias-primas para a fabricação de outros produtos. Aqui também se englobam, portanto, no gênero matéria-prima aquelas matérias já transformadas.

O crime é doloso, exigindo do agente ativo um fim especial: provocar, não o desaparecimento do bem, mas a alta de seu preço no mercado.

Se a destruição da mercadoria visar a prejudicar a concorrência? Não se configurará o crime desta Lei, exceto se a destruição provocar, também, a elevação do preço da mercadoria da concorrência, o que deve ficar devidamente provado.

Sujeito ativo do crime tanto pode ser o fabricante como o comerciante, aliás, pode ser qualquer pessoa. É aquele que destrói, inutiliza ou danifica a matéria-prima ou a mercadoria, desde que presente a finalidade da conduta: elevar preços.

O crime deixa vestígios, logo, há de existir o competente laudo de *materialidade*. Não é crime formal, eis que, deve existir a prova do preço elevado em virtude da conduta do agente ativo.

Sujeito passivo é o consumidor ou a coletividade de consumidores, jamais o comerciante enquanto comerciante. Se este for vitimado, o crime é o da Lei de Economia Popular referida no início. Justifica-se, porquanto, a lei em análise só diz respeito às relações de consumo, onde o consumidor/coletividade de consumidores são sempre as vítimas.

8.4.3. Venda de mercadorias impróprias para consumo

"IX- vender, ter em depósito para vender ou expor a venda ou, de qualquer forma, entregar matéria-prima ou mercadoria, em condições impróprias ao consumo".

Não há disposição similar na Lei de Economia Popular (Lei 1.521/51), mas o Código Penal dispôs:

"Art.279 - Vender, ter em depósito para vender ou expor à venda ou, de qualquer forma, entregar a consumo substância alimentícia ou medicinal avariada".

O art. 279 do CP foi revogado expressamente pelo art. 23 da Lei 8.137/90, mas indevidamente ao que pensamos.

Ocorre que é preciso identificar a objetividade jurídica para bem aplicar os dispositivos. Como não houve a identificação, revogou-se a norma penal indevidamente. Veja-se que o inc.IX diz respeito diretamente ao consumidor, porque norma de defesa direta à relação de consumo. O art. 279, CP, tem como objetividade jurídica a saúde pública.[21] O inc. IX aplica-se tão-somente às relações consumidor-fornecedor, sendo que o art. 279 aplica-se, também, às relações profissionais, aliás, referindo-se expressamente à substância medicinal avariada. O que houve, a rigor, foi uma separação de condutas, que foram indevidamente avaliadas pela revogação. Ora, sempre que o consumidor não estivesse envolvido (vitimado) na "venda de mercadoria imprópria ao consumo" aplicar-se-ia o Código Penal. Agora, se um fornecedor vender mercadoria estragada para outro fornecedor, qual a norma a ser aplicada? Estelionato? Obviamente, não se poderá aplicar o inc. IX em estudo, porque diversa é a objetividade jurídica. Assim, teremos uma conduta não punida criminalmente. É preciso reavaliarmos esse assunto pela via legislativa.

O inc. IX é complementado pelo art. 18, § 6º, do CDC,[22] pelo que este crime é visto como "*norma penal em branco*" (Ap. n. 986.761/2, 2ª Câm.Crim. TACrimSP, Juiz Erix Ferreira, j. 30.11.95, Boletim IBCCrim nº 39/96), *tem-se um crime de perigo abstrato, cujo tipo se aperfeiçoa com a mera transgressão da norma incriminadora, independentemente de indagações sobre a eficácia do produto ou a ausência de efeitos colaterais para o consumidor* (*RT-750/600*, TJSP: Rel.Cerqueira Leite). Destarte, a autoridade encarregada do inquérito policial deve trazer elementos que preencham a norma penal em branco, sob pena de atipicidade (RT-739/633).

Já analisamos as condutas de "*vender*" e de "*expor à venda*", quando dos comentários ao inc.II, retro, que aqui devem ser aplicados. No primeiro verbo se exige a efetiva venda, embora o recebimento do dinheiro ou a fabricação não sejam determinantes na configuração do tipo, eis que, pode ocorrer também na venda a prazo ou na venda de produtos de outro fabricante.

Ter em depósito para vender é a conduta de quem guarda consigo, no local próprio de ofício, a mercadoria ou a matéria-prima sem condições de consumo, para fins de venda. Parece-nos importante que se defina o "ter em depósito para vender" como apenas naquele local destinado ao comércio, à venda ou à exposição à venda aos consumidores.[23] Ocorre que alguns fornecedores "têm em depósito"

---

21 Damásio de Jesus, *Código Penal*, p. 744.

22 "Art. 18 (...). §6º. São impróprios ao uso e consumo: I - os produtos cujos prazo de validade estejam vencidos; II - Os produtos deteriorados, alterados, adulterados, avariados, falsificados, corrompidos, fraudados, nocivos à vida ou à saúde, perigosos ou, ainda, aqueles em desacordo com as normas regulamentares de fabricação, distribuição ou apresentação; III - os produtos que, por qualquer motivo, se revelem inadequados ao fim a que se destinam"

23 Contra: Paulo Costa Jr., *op. cit.* p. 400.

na sua residência, mercadorias avariadas. Não está presente, *prima facie*, neste caso, o depósito para venda, exceto se devidamente provado que o fornecedor guarde mercadorias (fins de venda ao consumidor) em depósito na sua própria residência.

Também, é preciso distinguir quando o fornecedor coloca a matéria-prima ou a mercadoria de condição imprópria ao consumo em uma "exposição", para venda a lojistas ou a revendedores. Neste caso, como ausente o consumidor como destinatário da venda/exposição, este crime não se caracteriza. Aplica-se a Lei de Economia Popular na espécie (art. 2º, incs. III, ou IV) ou o Código Penal. (arts. 171, *caput*, 175, etc.)

Sujeito ativo do crime é apenas o fornecedor (comerciante ou fabricante). Ao contrário do que pensam alguns, "qualquer pessoa" não pode ser agente ativo deste crime, porque se o cidadão "A" vende ao cidadão "B", em ato civil de compra e venda, certa mercadoria estragada não estamos diante de crime contra as relações de consumo. Não estamos diante de um "ato de consumo", pela ausência de fornecedor.

Sujeito passivo só pode ser o consumidor, sendo que o comerciante só o será se incluído na "coletividade de consumidores", mas jamais como comerciante[24] (*rectius*: jamais como praticante de atos comerciais). É preciso observar que apenas o consumidor pratica *atos de consumo*; o comerciante pratica atos comerciais (ver essa distinção na teoria geral deste livro), sendo isso determinante na configuração do crime.

O crime *consuma-se* de diversas formas: pela venda (não a mera promessa de venda); pela guarda em depósito para venda (não a mera guarda para destruição ou devolução da matéria-prima ou mercadoria pelo comerciante); ou pela entrega (gratuita ou onerosa), desde que presente o pressuposto especial do tipo: em condições impróprias ao consumo. O rol de condutas é meramente exemplificativo, porque o fornecedor pode até doar mercadoria ou matéria-prima estragada, que estará incurso no tipo.

Se o agente guarda em depósito para *destruir* a mercadoria ou a matéria-prima imprópria ao consumo, é preciso verificar se não está ocorrendo outro crime desta mesma lei (fraude de preços, sonegação de insumos ou para provocação de alta de preços - incs. IV, VI e VIII, respectivamente) ou de outra. (art. 3º, I, da Lei de Economia Popular, *v.g.*)

---

[24] Contra: Ibidem.

A matéria-prima ou a mercadoria devem estar *"sem condições de consumo"*, ou em condições *"impróprias ao consumo"*. Como ensina Filomeno, a impropriedade para consumo visou exatamente a espancar as dúvidas sobre saber se, para tanto, se deveria ou não considerar o dano efetivo à saúde pública ou se bastaria a simples constatação de avaria ou outra anomalia sanitária.[25] Neste aspecto, igualmente, é crime formal e consubstancia norma penal em branco no que toca à definição das "condições impróprias ao consumo" (Ap. n. 986.761/2, 2ª Câm. Crim. TACrimSP, Juiz Érix Ferreira, j. 30.11.95, Boletim IBCCrim nº 39/96).

Não se exige *prova pericial*, porque o crime é de perigo abstrato, aperfeiçoando-se com a mera transgressão da norma incriminadora. Veja-se, v.g., o caso de farmácia que vende medicamentos com prazo de validade vencido (RT-730/566 e 750/601), embora exista quem pense o contrário (voto vencido no TAMG, na RT-731/630). Todavia, o só-fato do prazo de validade do produto estar vencido caracteriza a infração penal, porque a lei de defesa do consumidor já predetermina que tal produto é impróprio ao uso e ao consumo (*art. 18, § 6º, inc. I, CDC*). Não há o que tergiversar, porque a lei do consumidor deve ser vista como um microssistema, onde nela nada ocorre por acaso. Da mesma forma, o crime será facilmente caracterizado, quando as *condições impróprias* ao consumo forem facilmente verificáveis por comprovação visual até de leigos no assunto ou prova testemunhal. Veja-se o caso de um leite ou de um iogurte malconservados, fins de venda ao consumidor, porque fora do devido recipiente ou da refrigeração adequada quando violados. Qualquer pessoa sabe que isso é condição imprópria ao consumo. Desnecessária a perícia, bastando a materialidade (auto de apreensão da matéria ou da mercadoria) e/ou prova testemunhal.

Precisamos estar atentos, porém, porque a venda de mercadoria, *v.g.*, com prazo de validade vencido, outras vezes, pode configurar um *concurso de crimes*. Veja-se que esta conduta pode se enquadrar também no art. 66 do CDC, quando se fizer publicidade; ou no art. 7º inc.II, desta Lei ou até neste inc. IX. Precisamos verificar caso a caso. Quando o fornecedor publica anúncio para a venda da mercadoria e ela é imprópria ao consumo, temos violadas duas ordens: a ordem de regulamentação da informação e a ordem de proteção à saúde do consumidor. Há concurso formal, portanto.

É discutível a possibilidade de *tentativa*. Quando o agente é revendedor e não possui consigo a mercadoria ou a matéria-prima

[25] *Op. cit.*, p. 190.

estragada, *v.g.*, que está com o fabricante. Há a descoberta do "depósito" e, posteriormente, chega o pedido feito pelo revendedor. Se comprovar-se que este sabia que a mercadoria estava mal-estocada, pode incidir no crime ao lado do fornecedor. Este, porque a mantinha em depósito; aquele (revendedor) porque a vendeu, ou tentou vendê-la, se a operação não se concretizar.

É possível *a culpa* no crime em questão (art. 7º, parágrafo único, Lei 8.137/90). Veja-se quando o comerciante, porque não visita seus depósitos, deixa que terceiros guardem sua mercadoria perecível em condições impróprias ao consumo. Ora, o dever da guarda adequada da mercadoria é do comerciante (art. 13, III, CDC), pelo que responde por *negligência*.

8.4.4. Jurisprudência

Outros casos existem, como a *venda de cerveja* com prazo de validade vencido, que é criminosa (Ap. Crim. 997.685-1, 8ª Câm.Crim. TACRIM-SP, Rel. Juiz Barbosa de Almeida).

Exposição à venda de pães com prazo de validade vencido é crime: Ap.Crim. 964.575/5, 1ª Câm.Crim. TACRIM-SP.

Venda/exposição de medicamentos com prazo de validade vencido é crime: Ap. Crim. 992.185, 6ª Câm.Crim. TACRIM-SP.

"CRIME CONTRA AS RELAÇÕES DE CONSUMO. PRODUTO AVARIADO. INOCORRÊNCIA. Hipótese: inocorre o delito previsto no art. 7º inc. IX, da Lei 8.137/90, quando o produto apreendido, mesmo que avariado, não se qualifica como impróprio ao consumo ou mesmo nocivo à saúde" (Rec. Of. n. 796.987, 12ª Câm., rel. Juiz Walter Guilherme, j. 21.6.93, rolo-flash 747/560, *apud* Boletim IBC-Crim-junho/94, p. 55).

"INCORRE NAS SANÇÕES DO ART. 7º, IX, da Lei 8.137/90, o agente que efetua abate clandestino de gado e de suíno em local inadequado e sem as mínimas condições de higiene e segurança, transportando as carnes, em seguida, para seu estabelecimento comercial, em veículo próprio, sendo irrelevante o fato de não ter descarregado o produto por ter sido pilhado no desembarque, pois visível sua intenção de comercialização" (Ap. n. 734.249, 2ª Câm., rel. Juiz José Urban, j. 16-9-93, rolo-flash 774/038, *apud* Boletim IBCCrim-junho/94, p. 55).

"VENDA DE MERCADORIAS EM CONDIÇÕES IMPRÓPRIAS AO CONSUMO. Ausência de definição da data da avaria. Configuração. Impossibilidade. Para a apuração de prática do crime de venda de mercadorias em condições impróprias ao consumo mister se faz esclarecer quando ocorreu a avaria que danificou o produto, para se estabelecer o responsável pelos fatos, e se isto não for feito, deve ser arquivado inquérito instaurado com esse fim" (Rec. Of. 743.119, 3ª Câm., rel. Juiz Ciro Campos, rolo-flash 700/277, Boletim idem).

8.5. AS AGRAVANTES NA LEI 8.137/90

Previu-se na mesma lei hipóteses de *agravantes*. Na Lei 8.137/90, estranhamente, repetem-se as agravantes do CDC (art. 76 e incisos) com outras palavras. Veja-se que a hipótese do art. 12, inc. I, da Lei 8.137/90, corresponde ao art. 76, inc. II, do CDC; o art. 12, inc.III, corresponde ao art. 76, inc. V, do CDC.

Assim, como entendemos quanto ao CDC, não cremos que a lei quis criar um sistema de agravantes único, ou seja, desvinculado do Código Penal ou do próprio Código de Defesa do Consumidor. Temos que quando o réu for reincidente, v.g., aplica-se esta agravante, embora presente no Código Penal e ausente no CDC.

Ademais, mesma forma, se o crime da Lei 8.137/90 for praticado por servidor público, v.g., agravante da lei consumerista (art. 76, inc. IV, letra *a*, CDC). Aplica-se a agravante mesmo que não prevista na Lei 8.137/90, porque de acordo com o sistema de proteção ao consumidor.

Enviamos o leitor aos nossos comentários ao art. 76, CDC, que devem ser adaptados à espécie.

8.5.1. Jurisprudência

"CRIME CONTRA AS RELAÇÕES DE CONSUMO. Venda de carne imprópria para o consumo. Voto vencido." (RT-736/699).

Apêndice

Parte Penal da Lei nº 8.078, de 11.9.90 - CDC

(...)

Título II - Das infrações penais

Art. 61. Constituem crimes contra as relações de consumo previstas neste Código, sem prejuízo do disposto no Código Penal e leis especiais, as condutas tipificadas nos artigos seguintes.

Art. 62. (vetado)

Art. 63. Omitir dizeres ou sinais ostensivos sobre a nocividade ou periculosidade de produtos, nas embalagens, nos invólucros, recipientes ou publicidade:

Pena - detenção de 6 (seis) meses a 2 (dois) anos e multa.

§ 1º. Incorrerá nas mesmas penas quem deixar de alertar, mediante recomendações escritas ostensivas, sobre a periculosidade do serviço a ser prestado.

§ 2º. Se o crime é culposo:

Pena - Detenção de 1 (um) a 6 (seis) meses ou multa.

Art. 64. Deixar de comunicar à autoridade competente e aos consumidores a nocividade ou periculosidade de produtos cujo conhecimento seja posterior à sua colocação no mercado.

Pena - Detenção de 6 (seis) meses a 2 (dois) anos e multa.

Parágrafo único. Incorrerá nas mesmas penas quem deixar de retirar do mercado, imediatamente quando determinado pela autoridade competente, os produtos nocivos ou perigosos, na forma deste artigo.

Art. 65. Executar serviço de alto grau de periculosidade, contrariando determinação de autoridade competente:

Pena - Detenção de 6 (seis) meses a 2 (dois) anos e multa.

Parágrafo Único. As penas deste artigo são aplicáveis sem prejuízo das correspondentes à lesão corporal e à morte.

Art. 66. Fazer afirmação falsa ou enganosa, ou omitir informação relevante sobre a natureza, característica, qualidade, quantidade, segurança, desempenho, durabilidade, preço ou garantia de produtos ou serviços.

Pena - Detenção de 3 (três) meses a 1 (um) ano e multa.

§ 1º. Incorrerá nas mesmas penas quem patrocinar a oferta.

§ 2º. Se o crime é culposo:

Pena - Detenção de 1 (um) a 6 (seis) meses ou multa.

Art. 67. Fazer ou promover publicidade que sabe ou deveria saber ser enganosa ou abusiva:

Pena - Detenção de 3 (três) meses a 1 (um) ano e multa.

Parágrafo único. (vetado.)

Art. 68. Fazer ou promover publicidade que sabe ou deveria saber ser capaz de induzir o consumidor a se comportar de forma prejudicial ou perigosa a sua saúde ou segurança:

Pena - Detenção de 6 (seis) meses a 2 (dois) anos e multa.

Parágrafo único. (Vetado.)

Art. 69. Deixar de organizar dados fáticos, técnicos e científicos que dão base à publicidade:

Pena - Detenção de 1 (um) a 6 (seis) meses ou multa.

Art. 70. Empregar, na reparação de produtos, peças ou componentes de reposição usados, sem autorização do consumidor:

Pena - Detenção de 3 (três) meses a 1 (um) ano e multa.

Art. 71. Utilizar, na cobrança de dívidas, de ameaça, coação, constrangimento físico ou moral, afirmações falsas, incorretas ou enganosas ou de qualquer outro procedimento que exponha o consumidor, injustificadamente, a ridículo ou interfira com seu trabalho, descanso ou lazer.

Pena - Detenção de 3 (três) meses a 1 (um) ano e multa.

Art. 72. Impedir ou dificultar o acesso do consumidor às informações que sobre ele constem em cadastros, banco de dados, fichas e registros:

Pena - Detenção de 6 (seis) meses a 1 (um) ano ou multa.

Art. 73. Deixar de corrigir imediatamente informação sobre consumidor constante de cadastro, banco de dados, fichas ou registros que sabe ou deveria saber ser inexata:

Pena - Detenção de 1 (um) a 6 (seis) meses ou multa.

Art. 74. Deixar de entregar ao consumidor o termo de garantia adequadamente preenchido e com especificação clara de seu conteúdo:

Pena - Detenção de 1 (um) a 6 (seis) meses ou multa.

Art. 75. Quem, de qualquer forma, concorrer para os crimes referidos neste Código incide nas penas a esses cominadas na medida de sua culpabilidade, bem como o diretor, administrador ou gerente da pessoa jurídica que promover, permitir ou por qualquer modo aprovar o fornecimento, oferta, exposição à venda ou manutenção em depósito de produtos o a oferta e prestação de serviços nas condições por ele proibidas.

Art. 76. São circunstâncias agravantes dos crimes tipificados neste Código:

I - serem cometidos em época de grave crise econômica ou por ocasião de calamidade;

II - ocasionarem grave dano individual ou coletivo;

III - dissimular-se a natureza ilícita do procedimento;

IV - quando cometidos:

a) por servidor público, ou por pessoa cuja condição econômico-social seja manifestamente superior à da vítima;

b) em detrimento de operário ou rurícola; de menor de 18 (dezoito) ou maior de 60 (sessenta) anos ou de pessoas portadoras de deficiência mental, interditadas ou não;

V - serem praticados em operações que envolvam alimentos, medicamentos ou quaisquer outros produtos ou serviços essenciais.

Art. 77. A pena pecuniária prevista nesta Secção será fixada em dias-multa, correspondente ao mínimo e ao máximo de dias de duração da pena privativa da liberdade cominada ao crime. Na individualização desta multa, o juiz observará o disposto no art. 60, § 1º, do Código Penal.

Art. 78. Além das penas privativas de liberdade e de multa, podem ser impostas, cumulativa ou alternadamente, observado o disposto nos arts. 44 a 47, do Código Penal:

I - a interdição temporária de direitos;

II - a publicação em órgãos de comunicação de grande circulação ou audiência, às expensas do condenado, de notícia sobre os fatos e a condenação;

III - a prestação de serviços à comunidade.

Art. 79. O valor da fiança, nas infrações de que trata este Código, será fixado pelo juiz, ou pela autoridade que presidir o inquérito, entre 100 (cem) e 200.000 (duzentas mil) vezes o valor do Bônus do Tesouro Nacional - BTN, ou índice equivalente que venha substituí-lo.

Parágrafo único. Se assim recomendar a situação econômica do indiciado ou réu, a fiança poderá ser:

a) reduzida até a metade de seu valor mínimo;

b) aumentada pelo juiz até 20 (vinte) vezes.

Art. 80. No processo penal atinente aos crimes previstos neste Código, bem como a outros crimes e contravenções que envolvam relações de consumo, poderão intervir, com assistentes do Ministério Público, os legitimados indicados no art. 82, incisos III e IV, aos quais também é facultado propor ação penal subsidiária, se a denúncia não for oferecida no prazo legal.

Lei nº 8.137, de 27.12.90

Define os crimes contra a ordem tributária, econômica e contra as relações de consumo, e dá outras providências.

(...)

Art. 7º. Constitui crime contra as relações de consumo.

I - favorecer ou preferir, sem justa causa, comprador ou freguês, ressalvados os sistemas de entrega ao consumo por intermédio de distribuidores ou revendedores;

II - vender ou expor à venda mercadoria cuja embalagem, tipo, especificação, peso ou composição esteja em desacordo com as prescrições legais, ou que não corresponda à respectiva classificação oficial;

III - misturar gêneros e mercadorias de espécies diferentes, para vendê-los ou expô-los à venda como puros; misturar gêneros e mercadorias de qualidades desiguais para vendê-los ou expô-los à venda por preço estabelecido para os de mais alto custo;

IV - fraudar preços por meio de:

a) alteração, sem modificação essencial ou de qualidade, de elementos tais como denominação, sinal externo, marca, embalagem, especificação técnica, descrição, volume, peso, pintura ou acabamento de bem ou serviço;

b) divisão em partes de bem ou serviço, habitualmente oferecidos à venda em conjunto;

c) junção de bens ou serviços, comumente oferecidos à venda em separado;

d) aviso de inclusão de insumo não empregado na produção do bem ou na prestação do serviço.

V - elevar o valor cobrado nas vendas a prazo de bens ou serviços, mediante a exigência de comissão ou de taxas de juros ilegais;

VI - sonegar insumos ou bens, recusando-se a vendê-los a quem pretenda comprá-los nas condições publicamente ofertadas, ou retê-los para o fim de especulação;

VII - induzir o consumidor ou usuário a erro, por via de indicação ou afirmação falsa ou enganosa sobre a natureza, qualidade de bem ou serviço, utilizando-se de qualquer meio, inclusive a veiculação ou divulgação publicitária;

VIII - destruir, inutilizar ou danificar matéria-prima ou mercadoria, com o fim de provocar alta de preço, em proveito próprio ou de terceiros;

IX - vender, ter em depósito para vender ou expor à venda ou, de qualquer forma, entregar matéria-prima ou mercadoria, em condições impróprias ao consumo:

Pena - Detenção, de 2 (dois) a 5 (cinco) anos, ou multa.

Parágrafo único. Nas hipóteses dos incisos II, III e IX pune-se a modalidade culposa, reduzindo-se a pena e a detenção de 1/3 (um terço) ou a de multa à quinta parte.

(...)

Art. 11. Quem, de qualquer modo, inclusive por meio de pessoa jurídica, concorre para os crimes definidos nesta Lei, incide nas penas a estes cominadas, na medida de sua culpabilidade.

Parágrafo único. Quando a venda ao consumidor for efetuada por sistema de entrega ao consumo ou por intermédio de distribuidor ou revendedor, seja em regime de concessão comercial ou outro em que o preço ao consumidor é estabelecido ou sugerido pelo fabricante ou concedente, o ato por este praticado não alcança o distribuidor ou revendedor.

Bibliografia

ALMEIDA, Carlos Ferreira de. *Os direitos dos Consumidores*. Coimbra: Almedina, 1982.

ALMEIDA, João Batista de. *A proteção jurídica do consumidor*. São Paulo: Saraiva, 1993.

ALVES, Geraldo Magela. (organizador). *Comentários ao Código do Consumidor*. Rio de Janeiro: Forense, 1992.

ALVIM, Arruda; Thereza; Eduardo; MARINS, James. *Código do Consumidor Comentado*. 2ª ed. São Paulo: RT, 1995.

AMARAL JÚNIOR, Alberto do. Proteção do Consumidor no Contrato de Compra e Venda. São Paulo: RT, 1993.

ANDRADE, Carlos Fernando de. *Pequeno Guia da Fiança*. São Paulo: RT, 1991.

ARAUJO Jr., João Marcelo de. *Dos crimes contra a ordem econômica*. São Paulo: RT, 1995.

ASÚA, Luis Jiménez de. *Principios de Derecho Penal. La Ley y el delito*. Buenos Aires: Abeledo-Perrot, 1990.

BACIGALUPO, Enrique. *Cuestiones penales de la nueva ordenación de las sociedades y aspectos legislativos del Derecho Penal Económico*. Buenos Aires: Astrea, 1974.

——. *Delitos impropios de omisión*. Colombia: Temis, 1983.

BANDEIRA DE MELLO, Celso Antonio. *Apontamentos sobre os agentes e órgãos públicos*. São Paulo: RT, 1981.

BARBOSA, Marcelo Fortes. *Garantias Constitucionais de Direito Penal e de Processo Penal*. São Paulo: Malheiros, 1993.

BATISTA, Nilo. *Concurso de Agentes*. Rio de Janeiro: Liber Juris, 1979.

BAUDRILLARD, Jean. *La Societé de Consommation*. Trad. Artur Morão. Rio de Janeiro: Ed. 70, 1991.

BENJAMIN, Antonio Herman de Vasconcelos. *Código Brasileiro de Defesa do Consumidor*. Rio de Janeiro: FU, 1991.

——. *Revista de Direito do Consumidor*. nºs 1, 3 e 5. São Paulo: RT.

BEVILÁQUA, Clóvis. *Código Civil dos EUB*. Rio de Janeiro: Ed. Rio. Histórica. 2 vls. 7ª ed.

BITENCOURT, Cezar Roberto. *Lições de Direito Penal - parte geral*. 3.ed. Porto Alegre: Livraria do Advogado Editora, 1995.

——. *Falência da Pena de Prisão*. São Paulo: RT, 1993.

——. "Princípios garantistas e a delinqüência do colarinho branco". *Revista do IBCCRIM*. nº 11/118, 1995. São Paulo: RT.

——. *Juizados Especiais Criminais e Alternativas à Pena de Prisão*. 3ª ed. Porto Alegre: Livraria do Advogado Editora, 1997.

—— e PRADO, Luiz Régis. *Elementos de Direito Penal, Parte Geral*. São Paulo: RT, 1995.

BITTAR, Carlos Alberto. "O controle da publicidade: sancionamentos e mensagens enganosas e abusivas". *Direito do Consumidor*. nº 4. São Paulo: RT.

BOURGOIGNIE, Thierry. *Introduction apud Revue Internationale de droit comparé*, 1988.

CALAIS-AULOY e STEINMETZ, Jean e Frank. *Droit de la consommation*. Paris: Dalloz, 4ª ed. 1996.

CARVALHO, Márcia Dometila Lima de. *Fundamentação Constitucional do Direito Penal*. Porto Alegre: Ed. Sergio Fabris, 1992.

CAS et FERRIER, Gérard e Didier. *Traité de droit de la consommation*. Paris: PUF, 1986.

CASTILHO, Ela Wiecko V. de. O controle penal nos crimes contra o sistema financeiro nacional. Belo Horizonte: Livraria Del Rey Editora. 1998.

CAVALCANTI, Francisco. *Comentários ao Código de Proteção e Defesa do Consumidor*. Belo Horizonte: Del Rey, 1991.

CENEVIVA, Walter. *Publicidade e Direitos do Consumidor*. São Paulo: RT, 1991.

CERNICCHIARO, Luis Vicente. *Comentários ao Código do Consumidor*. Rio de Janeiro: Forense, 1992.

——. *Direito Penal na Constituição*. São Paulo: RT, 1990.

CERVINI, Raúl. "La protección penal del consumidor y el desafio de la regionalización". *A proteção do consumidor no Brasil e no MERCOSUL*. Porto Alegre: Livraria do Advogado Editora, 1994.

——. "Macrocriminalidad económica. Apuntes para una aproximación metodológica". *Revista do IBCCRIM*. nº 11/50, 1995. São Paulo: RT.

CÓDIGO Brasileiro de Defesa do Consumidor comentado pelos autores do anteprojeto. Rio de Janeiro: FU, 1991.

COELHO, Fábio Ulhoa. *O empresário e os direitos do consumidor*. São Paulo: Saraiva, 1994.

COELHO, Walter. *Teoria Geral do Crime*. Porto Alegre: Ed. Sergio Fabris, 1991.

COMPARATO, Fábio Konder. "A proteção do consumidor na Constituição Brasileira de 1988". *In Revista de Direito Mercantil* nº 80. São Paulo: RT, 1990.

——. "Cláusulas contratuais de indexação de preços". *In Revista de Direito Mercantil* nº 85. São Paulo: RT, 1992.

——. "Proteção dos Consumidores: importante capítulo do Direito Econômico". *Revista de Direito Público*, nº 80/185. São Paulo: RT, 1986, .

CONDE, Francisco Muñoz. "Principios politicocriminales de los delitos contra el orden socioeconómico". *Revista Brasileira de Ciências Criminais*, nº 11/7. São Paulo: RT.

——. "Delincuencia economica: estado de la cuestion y propuestas de reforma". *In Hacia un derecho penal económico europeo*. Madrid: BOE, 1995, p. 265.

CORREIA, Eduardo. *Direito Criminal*. Coimbra: Almedina, 1968.

CORREIA, Eduardo e Outros. *Direito Penal Econômico*. Coimbra: Centro de Estudos Judiciários, 1985.

COSTA JÚNIOR, Olímpio. A Relação Jurídica Obrigacional. São Paulo: Ed. Saraiva, 1994.

COSTA JÚNIOR., Paulo José da. *Comentários ao Código de Proteção do Consumidor*. São Paulo: Saraiva, 1991.

CROALL, Hazel. *White Collar Crime*. Great Britain. Buckingham-Philadelphia: Open University Press, 1994.

DEL-CAMPO, Eduardo Roberto A. *Penas Restritivas de Direitos. Considerações sobre a Lei nº 9.714, de 25.11.98*. São Paulo: Ed. Juarez de Oliveira, 1999.

DELMANTO, Celso. *Código Penal Comentado*. São Paulo: Renovar, 1991.

DENARI, Zelmo. "A comunicação social perante o CDC". *Revista de Direito do Consumidor*, nº 4. São Paulo: RT.

DOMINGUES, Caio. "Publicidade enganosa e abusiva. Direito do Consumidor". *Revista de Direito do Consumidor*, nº 4. São Paulo: RT, 1992.

DOTTI, René Ariel. *Comentários ao Código do Consumidor*. Rio de Janeiro: Forense, 1992.

——. *O novo sistema de penas. Reforma Penal*. São Paulo: Saraiva, 1985.

——. "A incapacidade criminal da pessoa jurídica". *Revista IBCCRIM* nº 11/184, 1995.

___ . *Bases Alternativas para o sistema de Penas*. São Paulo: Editora RT, 1998.

ESPÍNOLA. Eduardo. *Código de Processo Penal Brasileiro Anotado*. Ed.Rio, 4 vls. hist.

ESTUDIOS JURÍDICOS. *Hacia Un Derecho Penal Europeo*. Madrid: BOE, Série Derecho Público, 1995.

FAYET, Ney. *A sentença criminal e suas nulidades*. Rio de Janeiro: Aide, 1987.

FASCÍCULOS de Ciências Penais. *Criminalidade Econômica e contra o consumidor*. nº 4. Porto Alegre: Ed. Sergio Fabris, 1991.

FERRAZ, Nelson. *Dosimetria da Pena*. 5.ed. Florianópolis: 1982.

FILOMENO, José Geraldo Brito. *Manual de Direitos do Consumidor*. São Paulo: Atlas, 3.ed. 1999.

——. *Código Brasileiro de Defesa do Consumidor*. Rio de Janeiro: FU, 1991.

FRADERA, Vera M. Jacob de. "A interpretação da proibição de publicidade enganosa e abusiva à luz do princípio da boa-fé: o dever de informar no CDC". *Revista de Direito do Consumidor*, nº 4. RT.

FRAGOSO, Heleno. *Lições de Direito Penal*. Rio de Janeiro: Forense, 1989.

——. *Comentários ao Código Penal*. Rio de Janeiro: Forense, 1982.

——. *Revista de Criminologia e Direito Penal*, nº 1. Rio de Janeiro: Forense, 1977.

FRANCO, Alberto Silva *et al*. *Código Penal e sua interpretação jurisprudencial*. São Paulo: RT, 1995.

FRONTINI, Paulo Salvador. "Crime econômico por meio da empresa. Relevância da omissão causal". *Revista de Direito Mercantil*, nº 5/41. São Paulo: RT.

GALBRAITH, John Kenneth. *A sociedade justa*. Rio de Janeiro: Ed. Campus, 1996.

GALLINO, Rafael Miranda. *Delitos contra el orden económico*. Buenos Aires: Ed. Pannedille, 1970.

GOMES, Luiz Flávio. *Suspensão Condicional do Processo Penal*. São Paulo: RT, 1995.

——. *Penas e Medidas Alternativas à Prisão*. São Paulo: Ed. RT, 1999.

GRAU, Eros Roberto. *A ordem econômica na Constituição de 1988*. São Paulo: RT, 1991.

——. *Direito, conceitos e normas jurídicas*. São Paulo: RT, 1988.

GRECO FILHO, Vicente. *Dos crimes da lei de licitações*. São Paulo: Saraiva, 1994.

GRINOVER, Ada Pellegrini. *A nova lei processual penal*. São Paulo: RT, 1979.

GUERREIRO, José Alexandre Tavares. *Comentários ao Código do Consumidor*. Rio de Janeiro: Forense, 1992.

HASSEMER, Winfried. "Três Temas de Direito Penal". *Estudos MPRS*, 7. ESMP, 1993.

JANSEN. Letácio. *A face legal do dinheiro*. Rio de Janeiro: Renovar, 1993.

JESUS, Damásio E. *Direito Penal*. 4 vols. São Paulo: Saraiva, 1985

——. *Prescrição Penal*. São Paulo: Saraiva, 1995.

——. *Nova visão da natureza dos crimes contra as relações de consumo*. nº 696. São Paulo: Revista dos Tribunais.

——. *Novas questões criminais*. São Paulo: Saraiva, 1993.

HUNGRIA, Nelson. *Comentários ao Código Penal*. Vols. 1, 2 e 3. Rio de Janeiro: Forense, 1982.

KAISER, Günter. *Introducción a la criminologia*. 7ª ed. Trad. José Arturo R. Núñez. Dykinson. Madrid, 1988.

LOBO, Paulo Luiz Neto. *Condições Gerais dos Contratos e Cláusulas Abusivas*. São Paulo: Saraiva, 1991.

LOPES, José Reinaldo de Lima. *Responsabilidade Civil do Fabricante e a Defesa do Consumidor*. São Paulo: RT, 1992.

LUISI, Luiz. "A tutela penal do consumidor". Os princípios constitucionais penais. Porto Alegre: Ed. Sergio Fabris, 1991, pp. 55 e ss. Também: In, *Fascículos de Ciências Penais*. Porto Alegre: Ed. Sergio Fabris, 1991.

LUNA, Everardo da Cunha. *Estrutura Jurídica do Crime*. São Paulo: Saraiva, 1993.

——. "O crime de omissão e a responsabilidade penal por omissão". *Revista de Criminologia*, nº 1. Rio de Janeiro: Forense, 1977.

——. *O resultado no Direito Penal*. São Paulo: J. Bushatsky, 1976.

MACHADO; FREITAS, Passos de. *Interdição e Curatela*. São Paulo: Jalovi, 1989.

MAGGIORE, Giuseppe. *Derecho Penal*. 5 vls. Bogotá: Ed. Temis, 1972.

MARQUES, Claudia Lima. (Organização) *A proteção do consumidor no Brasil e no Mercosul*. Porto Alegre: Livraria do Advogado Editora, 1994.

——. *Contratos no Código de Defesa do Consumidor*. 3ª ed. São Paulo: RT, 1999.

MARQUES, José Frederico. *Da competência em matéria penal*. São Paulo: Saraiva, 1953.

MAZZILI, Hugo Nigro. *A defesa dos interesses difusos em juízo*. São Paulo: RT, 1991.

MILHOMENS; ALVES, Magela; Jônatas; Geraldo. *Manual do Direito do Consumidor*. Rio de Janeiro: Forense, 1994.

MIRABETE, Julio Fabbrini. *Manual de Direito Penal*. 3 vols. 12ª ed. São Paulo: Atlas, 1997.

——. *Código Penal Interpretado*. São Paulo: Ed. Atlas, 1999.

MOKHIBER, Russel. *Crimes Corporativos*. Trad. James F.S.Cook. São Paulo: Ed. Página Aberta Ltda. 1988.

MONREAL. Eduardo Novoa. *O direito como obstáculo à transformação social*. Trad. Gérson Pereira dos Santos. Porto Alegre: Ed. Sergio Fabris, 1988.

MORAES, Voltaire de Lima. *Comentários ao CDC*. Rio de Janeiro: Forense.

——. "Da tutela do Consumidor". *Revista do MPRS*, nova Fase, nº 24, Porto Alegre, 1990.

MOREIRA NETO, Diogo de Figueiredo. "Estabilização Monetária". *Revista de Direito Administrativo*, n.196. São Paulo: FGV, 1994.

NASCIMENTO, Tupinambá M. Castro do. *Comentários ao Código do Consumidor*. Rio de Janeiro: Aide, 1991.

NERY JR., Nelson. *Código Brasileiro de Defesa do Consumidor*. Rio de Janeiro: FU, 1991.

NORONHA, Magalhães. *Do crime culposo*. São Paulo: Saraiva, 1974.

——. *Curso de Direito Processual Penal*. São Paulo: Saraiva, 1984.

OLIVEIRA, Juarez de. (Organizador) *Comentários ao Código de Proteção do Consumidor*. São Paulo: Saraiva, 1991.

OLIVEIRA, Lauro Laertes de. *Da fiança*. São Paulo: Saraiva, 1981.

OTTENHOF, Reynald. "La protection des consommateurs en droit comparé". *Revue Internationale de Droit Penal*, v. 53.

PASQUALOTTO, Adalberto. "Os serviços públicos no Código de Defesa do Consumidor". *Revista do Ministério Público do RS*, nº 26. Porto Alegre, 1992.

——. *Os efeitos obrigacionais da publicidade no CDC*. São Paulo: RT. 1997.

PASSOS, Paulo Roberto da Silva. *Crimes Econômicos e Responsabilidade Penal de Pessoas Jurídicas*. São Paulo: Edipro, 1997.

PIERANGELLI, José Henrique. "Das Penas: Tempos primitivos e legislações antigas". *Fascículos de Ciências Penais*, v.5. Porto Alegre: Ed. Sergio Fabris, 1992.

——. *Códigos Penais do Brasil*. São Paulo: Jalovi, 1980.

PIMENTEL, Manoel Pedro. *Crimes de Mera Conduta*. São Paulo: RT, 1975.

——. *Aspectos Penais do Código de Defesa do Consumidor*, n.661. São Paulo: RT,

——. *Crimes contra o Sistema Financeiro Nacional*. São Paulo: RT, 1987.

PLÁCIDO E SILVA. *Vocabulário Jurídico*. 4 vls. Rio de Janeiro: Forense, 1978.

PRADO, Luiz Régis. *Multa Penal, Doutrina e Jurisprudência*. São Paulo: RT, 1993.

RAMIRES, Juán Bustos. *A pena e suas teorias. Fascículos*. Porto Alegre: Sergio Fabris, 1992.

——. "Perspectivas atuais do Direito Penal Econômico". *Fascículos de Ciências Penais*, nº 4. Porto Alegre: Ed. Sergio Fabris, 1991.

RANDAZZO, Sal. *A criação de mitos na publicidade*. Rio de Janeiro: Rocco, 1997.

REALE, Miguel. *Aplicações da Constituição de 1988*. Rio de Janeiro: Forense, 1990.

REALE JÚNIOR, Miguel. "Avanços e retrocessos". *In Estudos Jurídicos em homenagem a Manoel Pedro Pimentel*. São Paulo: RT, 1991.

——. *Penas e Medidas de Segurança no Novo Código*. Rio de Janeiro: Forense, 1985.

RENUCCI, Jean-François. *Droit Pénal Économique*. Paris: Masson/Armand Colin, 1995.

SANTOS, Gérson Pereira dos. *Direito Penal Econômico*. São Paulo: Saraiva, 1981.

——. "Societas delinquere non potest". *Fascículos de Ciências Penais*, nº 5. Porto Alegre: Ed. Sergio Fabris.

SANTOS, Juarez Cirino dos. *Teoria do Crime*. São Paulo: Acadêmica, 1993.

SANTOS, Ulderico Pires dos. *Teoria e prática do Código de Proteção e Defesa do Consumidor*. São Paulo: Paumape, 1992.

SILVA, Clovis V. do Couto e. *A obrigação como processo*. São Paulo: Bushatsky, 1976.

SILVA JR., Paulo José. *Leis penais especiais e sua interpretação jurisprudencial*. São Paulo: RT, 1995.

SOUTO, Marcos Juruena Villela. "Crimes de abuso de poder econômico". *Revista de Informação Legislativa* Brasília, nº 119.

SOUZA, Washington Peluso Albino de. *Direito Econômico*. São Paulo: Saraiva, 1980.

——. *Primeiras Linhas de Direito Econômico*. Belo Horizonte: FBPE, 1992.

SPODE, Guinther. *Juizados Especiais Cíveis e Criminais*. CD-ROM, Plenum Informática, 1999.

STIGLITZ, Gabriel A. *Protección jurídica del consumidor*. Buenos Aires: Depalma, 1990.

STRENGER, Irineu. *Comentários ao Código do Consumidor*. Rio de Janeiro: Forense, 1992.

STÜRMER, Bertram Antônio. *Banco de Dados e Habeas-Data no Código do Consumidor*. Ajuris-53/139.

SZKLAROWSKY, Leon Frejda. "O Real e o Plano de Estabilização Econômica". *Revista de Informação Legislativa do Senado Federal*. DF, nº 123/185.

SZNICK, Valdir. *Liberdade, prisão cautelar e temporária*. São Paulo: Leud, 1994.

TAVARES, Juarez. As controvérsias em torno dos Crimes Omissivos. Instituto Latino-Americano de Cooperação Penal. Rio de Janeiro: Tavares & Tristão, 1996.

TIEDEMANN, Klaus. "Responsabilidad penal de personas jurídicas y empresas en derecho comparado". *Revista do IBCCRIM*, nº 11/21, São Paulo: RT, 1995.

——. *Poder ecónomico y delito*. Barcelona: Editora Ariel, 1995.

TOLEDO, Francisco de Assis. *Princípios básicos de Direito Penal*. São Paulo: Saraiva, 1991.

—— e Outros. *Reforma Penal*. São Paulo: Saraiva, 1985.

TOMASETTI Jr. Alcides. "O objetivo da transparência e o regime jurídico dos deveres e riscos de informação nas declarações negociais para consumo". *Apud Direito do Consumidor*, nº 4/52. São Paulo: RT, 1992.

TORON, Alberto Zacharias. "Aspectos penais da proteção ao consumidor". *Fascículos de Ciências Penais*. Porto Alegre: Ed. Sergio Fabris, 1991.

VARGAS, José Cirilo de. *Introdução ao estudo dos crimes em espécie*. Minas Gerais: Del Rey, 1993.

VIANNA E BARROS, Carlos Machado e Hélio José Cavalcanti. *Comentários ao Código de Proteção e Defesa do Consumidor*. Rio de Janeiro: Lumen Juris, 1991.

VIEGAS, João Francisco Moreira. *Liberdade Provisória e Fiança*. São Paulo: Jalovi., 1986.

ZAFFARONI, Raul Eugenio. *Manual de Derecho Penal, Parte General*. Buenos Aires: Ediar, 1985.

——. "Panorama atual da problemática da omissão". *Revista de DP e Criminologia*, nº 1, Rio de Janeiro: Forense, 1977.

—— e José Henrique Pierangelli. *Da tentativa*. São Paulo: RT, 1988.

ZANELLATTO, Marco Antonio. "O sancionamento penal da violação do dever de informar no CDC". *Revista de Direito do Consumidor*, nº 4. São Paulo: RT.

WESSELS, Johannes. *Direito Penal*. Trad. Juarez Tavares. Porto Alegre: Ed Sergio Fabris, 1976.

Índice Analítico

(Os números se referem às páginas)

Abate clandestino de gado 275
Abolicionista 249
Abuso do poder econômico 27
Acesso à Justiça 24
Ação Penal 63
Afirmação 160, 208
Agravantes 98, 100, 102, 276
Norma penal em branco 126
Alimentos e medicamentos 125
Alto grau de periculosidade 153
Ameaça 207
Arquivamento do IP 63
Atenuantes 98, 102
Atividades desportivas 187
Autarquias 48
Autoridade competente 144, 145, 154, 183
Autorização 200
Arquivista 228
Art. 12, CP 48
Art. 61, CDC 43, 49,
Art. 63, CDC 60, 127
Art. 64, CDC 141
Parágrafo único 148
Art. 65, CDC 151
Parágrafo único 155
Art. 66, CDC 158
Crime culposo 170
Art. 67, CDC 171
Art. 68, CDC 183
Art. 69, CDC 190
Art. 70, CDC 197
Art. 71, CDC 63, 204
Art. 72, CDC 213
Art. 73, CDC 222
Art. 74, CDC 229
Art. 75, CDC 45, 54, 57
Art. 76, CDC 101
Art. 76, III, CDC 111
Art. 76, IV, CDC 113
Art. 76,V, CDC 123
Art. 77, CDC 76
Art. 78, CDC 81
Art. 79, CDC 239
Art. 330, CP 152
Art. 360, CP 49
Atacadista 252

Banco de dados 214, 220
Bebidas alcoólicas 257
Beyound expectaction 132
Briefing 178, 189

Cadastros 219
Calamidade 106
Características do produto 163
Caráter subsidiário do DPC 27
Carne imprópria ao consumo 276
Causas de aumento e de diminuição de pena 99
Causas modificativas da pena 93 e ss.
Cerveja 275
Cifra negra 23
Cifra oculta 23
Circunstâncias do crime 94, 95
Legais e judiciais 97
Cláusula Pétrea 20
Classificação oficial 256
Coação 208
Cobrança 205, 207
Combustível 257
Comerciante 52
Competência recursal 69
Composição 256
Comprador ou freguês 252
Comunicação aos consumidores 144, 146
Concurso de crimes 61
Concurso de pessoas 53

Condição imprópria ao consumo 274
Condição social 117
Conflito aparente de normas penais 61, 62
Confusão legislativa 23
Consórcio 182
Consumidor 27, 38, 47,
Ignorância dos 127
Relação de consumo e 46
Consumo 38,
Condições de consumo 274
Constrangimento 208, 211
Crime complexo 63
Crime consumado 59
Crime culposo 140
Crimes contra a ordem econômica 37
Crimes contra o consumidor 26, 28, 43
Na imprensa 28
Problemas dos 36, 37,
Crimes contra o sistema financeiro 22
Crimes culposos 52
Crimes de mera conduta 60
Crimes econômicos 21, 28, 37
Crimes formais e de mera conduta 37
Crimes impróprios 39
Acidentalmente do consumo 39
Reflexamente do consumo 39
Crimes contra o sistema financeiro nacional 40
Crimes omissivos 37, 129
Conceito 129
Crimes próprios 39
Criminalidade econômica 21, 48
Autores e relacionamento 28
Criminalidade moderna 21
Criminologia 21
Crise 105
Custo de mercadorias 260

Dados 193, 220
Destruição 196
Danificar 270
Dano 109, 216
Deficiente mental 122, 123
Deixar 224
Descaso nas normas 250
Destruir mercadorias 270, 273
Dias-multa 76, 80,
Dificultar 217, 218
Direito à verdade 161
Direito de cobrar 205
Direito de Informação 127, 128, 214
Direito do Consumidor 24
Política de John Kennedy 24
Direito Penal Ambiental 56
Direito Penal do Consumidor 21, 22,23, 27
Capítulo do DPE 27
No Brasil 26
Origem e conceito 25
Direito Penal Econômico 21, 22, 23
Autonomia do 21
Código Penal de 1940 e 22, 38,
Elaboração de leis de 23
Estudo do. 22,24,
Subúrbio imprestável 21
Direitos Difusos 136
Direitos fundamentais dos consumidores 24
Discriminação 252
Dissimulação 112
Distribuidores 52, 252,
Dívida 207
Divisão do bem ou serviço 262
Divulgação 268
Dizeres 130

Elementares 94
Elementos do crime 93
Embalagem 132, 255
Tipos de 255
Emprego de peças/componentes usados 199
Entes despersonalizados 52, 54
Erro 267
Especificação 256
Especulação 266
Executar 152
Exposição do consumidor 209, 273

Fabricante 52
Falsidade ideológica 166
Fast food 167, 257
Favorecimento 251
Fazer afirmação enganosa 160
Fazer afirmação falsa 160
Fazer boa a coisa vendida 143
Fazer publicidade 173
Fiança no CDC 235
Fichas e registros 219, 220, 221
Flagrante 66
Forma prejudicial/perigosa 188
Fornecedor 39, 47, 50, 53
Frangos adulterados 269
Fraude, fraudar 260
Funcionário Público 114

Garantia 163, 229
Gênero de produtos alimentícios 259

Habeas Data 214
Honra 206

Imediatamente 225
Impedir/dificultar 217
Imprensa 89
Inconstitucionalidade 20, 89
Indicação 267
Induzir 186, 267
Informação 131, 214, 227
  Cumulativa 133
  Incorreta 223
  Recipiente/embalagem 133
  Relevante 162
Infrações de menor potencial 66
Inocuidade 141
Inutilizar mercadorias 270
Insumo não empregado 263
Interdição temporária de direitos 87, 88
Invólucro 133, 255

Juizados Especiais Criminais 63, 64
  Competência recursal 69
Junção do bem ou serviço 262
Juros ilegais 264
Justa Causa 252

Lei 8.137/90 249
  Art.7º, *caput*, 250
  Art.7º, inc.I, 251
  Art.7º, inc.II, 253
  Art.7º, inc.III 257
  Art.7º, inc.IV 260
  Art.7º, inc.V 264
  Art.7º, inc.VI 265
  Art.7º, inc. VII 267
  Art.7º, inc.VIII 270
  Art.7º, inc. IX 271
Lei de Economia Popular 251 e ss.
Lei penal do consumidor
  Seus problemas 35
  Lei fundamental do sistema 49
Locador 51, 213
Locatário 213
Lugar do Crime 59

Majorantes 99
Maior de 60 anos 120
Manuais em língua portuguesa 269
Marketing 156, 178
Matéria-prima 270
Mauro Cappelletti 24
Menor de 18 anos 120
Mercadoria e matéria-prima 271
Mercadoria e Produto 255
Mercosul 60, 61,
Microssistema 35
Minorantes 99
Mokhiber 28
Multa 68, 73, 74, 75,
  Aplicação da pena de multa 77, 79
  Dívida de valor 78
  Execução da pena de multa 77
  Ministério Público e pena de. 78
  Valores da multa 77

Nocividade 131
Normas penais em branco 37, 126, 156
  E agravante 126
  No art. 63, CDC 132
  No art. 65, CDC 153
  No art.67, CDC 173
  Na Lei 8.137/90 254, 272
Notícia da condenação 89

Objetividade jurídica 46, 251
Obrigações de meio e de resultado 52
Omissão de informação e alerta aos consumidores 127
  Omissão a priori 137
  Omissão a posteriori 147
Ondas de acesso à justiça 24
Operário 118
Operações 124
Ordem econômica 21
  Bem jurídico imaterial 21
Organizar 192
  Deixar de. 193
Ostensividade 132
Outdoors 172

Patrocínio 169
Pão 275
Peças 198
Penas no CDC 71
  Aplicação das. 73
  Pecuniárias 75

Prestação de serviços 90
Princípio da equiparação 139
Privativas de liberdade 72
Regimes 74
Reincidência 74, 75, 82, 104
Restritivas de direitos 81, 89,
Substituição das. 74, 75, 79, 83, 86
Sursis 74
Unificação das. 73
Periculosidade 131
Peso 256
Pessoa Estrangeira 51
Pessoa Jurídica 51, 53, 55
Órgãos colegiados 54
Sociedades de fato 54
Preço 163, 260, 264,
Preferência a comprador ou freguês 251
Preferir 251
Prescrição 70
Prescrições legais L. 8.137 254, 256,
Prestador de serviços 138
Princípio da veracidade 128
Princípios 43, 44, 45, 54, 64, 68
Prisão 235
Produto e mercadoria 255
Profissionais liberais 52
Promover a publicidade 175, 186
Profissionais liberais 52
Promover a publicidade 175, 186
Prova e sua inversão 191
Prova pericial 274
Publicidade 134, 156, 157, 185
Abusiva 176
Denúncia 164
Enganosa 174, 176
Publicity 179
Raças 180

Qualidade 163, 260
Qualificadoras 100
Quantidade 163
Que sabe ou deveria saber 177
Queixa subsidiária 64

Recall 149, 150
Recipiente 133, 255
Relação de consumo 46
Responsabilidade de pessoas jurídicas 53
Responsabilidade do Estado 91
Responsabilidade Objetiva 51, 56
Restritivas de direitos 81
Retenção 266
Retirada do produto 149
Revendedores 52
Ridículo 209
Rigor 24, 36,
Rurícola 118, 120

Segurança 163
Servidor Público 115
Serviços perigosos 152, 153, 183
Serviços de reparação 200
Silêncio do fornecedor 162
Sinais 130
Societas delinquere non potest 46, 57
Sonegação de insumos ou bens 265
Sujeitos do crime 46, 49,
Sutherland (Edwin) 22 (nota), 28

Tecnicidade 24, 35, 125,
Tempo do Crime 58
Agravantes legais 104
Teoria da atividade 58
Termo de garantia 230, 231, 232
Ter em depósito 271
Tipo 256
Trabalho comunitário 90, 91
Traduzidos 164

Utilizar 207

Veiculação 268
Vender 253, 254, 271
Vida econômica 19
Mácula da 21, 22

White-collar Crime 21, 28

METRÓPOLE
Indústria Gráfica Ltda.